에듀윌과 함께 시작하면,
당신도 합격할 수 있습니다!

자소서와 면접, NCS와 직무적성검사의 차이점이 궁금한
취준을 처음 접하는 취린이

대학 졸업을 앞두고 취업을 위해 바쁜 시간을 쪼개며
채용시험을 준비하는 취준생

내가 하고 싶은 일을 다시 찾기 위해
회사생활과 병행하며 재취업을 준비하는 이직러

누구나 합격할 수 있습니다.
이루겠다는 '목표' 하나면 충분합니다.

마지막 페이지를 덮으면,

에듀윌과 함께
취업 합격이 시작됩니다.

누적 판매량 242만 부 돌파
베스트셀러 1위 3,615회 달성

공기업 NCS | 100% 찐기출 수록!

NCS 통합 기본서/실전모의고사
피듈형 | 행과연형 | 휴노형 봉투모의고사

매1N
매1N Ver.2

한국철도공사 | 부산교통공사
서울교통공사 | 국민건강보험공단
한국수력원자력+5대 발전회사

한국전력공사 | 한국가스공사
한국수자원공사 | 한국수력원자력
한국토지주택공사 | 한국도로공사

NCS 10개 영역 기출 600제
NCS 6대 출제사 찐기출문제집

대기업 인적성 | 온라인 시험도 완벽 대비!

20대기업 인적성 통합 기본서

GSAT 삼성직무적성검사
통합 기본서 | 실전모의고사

LG그룹 온라인 인적성검사

SKCT SK그룹 종합역량검사
포스코 | 현대자동차/기아

농협은행
지역농협

영역별 & 전공

공기업 사무직 통합전공 800제
전기끝장 시리즈 ❶, ❷

이해황 독해력 강화의 기술
PSAT형 NCS 수문끝

취업상식 1위!

공기업기출 일반상식

기출 금융경제 상식

언론사 기출 최신 일반상식

* 에듀윌 취업 교재 누적 판매량 합산 기준(2012.05.14~2024.10.31)
* 온라인 4대 서점(YES24, 교보문고, 알라딘, 인터파크) 일간/주간/월간 13개 베스트셀러 합산 기준(2016.01.01~2024.11.05 공기업 NCS/직무적성/일반상식/시사상식/ROTC/군간부 교재, e-book 포함)
* YES24 각 카테고리별 일간/주간/월간 베스트셀러 기록

더 많은
에듀윌 취업 교재

취업 대세 에듀윌!
Why 에듀윌 취업 교재

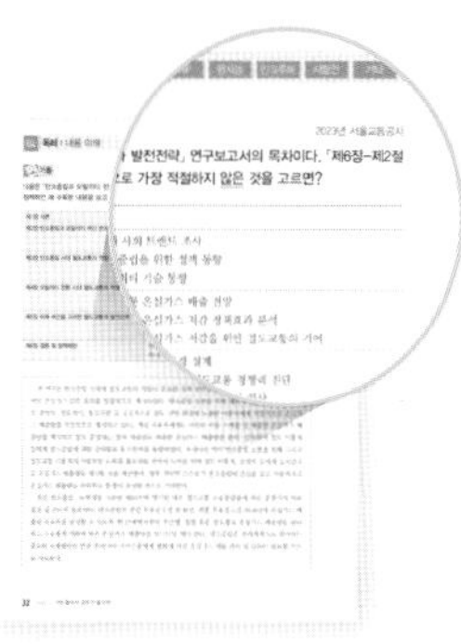

기출맛집 에듀윌!
100% 찐기출복원 수록

주요 공·대기업 기출복원 문제 수록
과목별 최신 기출부터 기출변형 문제 연습으로 단기 취업 성공!

공·대기업 온라인모의고사
+ 성적분석 서비스

실제 온라인 시험과 동일한 환경 구성
대기업 교재 기준 전 회차 온라인 시험 제공으로 실전 완벽 대비

합격을 위한
부가 자료

교재 연계 무료 특강
+ 교재 맞춤형 부가학습자료 특별 제공!

취업 교육 1위
에듀윌 취업 무료 혜택

교재 연계 강의

- NCS 기출복원 모의고사 문제풀이 무료특강 (수리 1강, 문제해결&자원관리 1강)
- NCS 주요 영역 문제풀이 무료특강(19강)

※ 2025년 4월 16일에 오픈될 예정이며, 강의명과 강의 오픈 일자는 변경될 수 있습니다.
※ 무료 특강 이벤트는 예고 없이 변동 또는 종료될 수 있습니다.

교재 연계 강의 바로가기

교재 연계 부가학습자료

다운로드 방법

STEP 1 에듀윌 도서몰 (book.eduwill.net) 로그인 ▶ STEP 2 도서자료실 → 부가학습자료 클릭 ▶ STEP 3 [최신판 부산시 공공기관 통합채용 +부산교통공사 실전모의고사] 검색

- 부산교통공사 관계법령 요약 및 OX문제 PDF
- 전공 모의고사(경영학/전기일반/기계일반/행정학) PDF
- 전공 개념노트(경영학/전기일반/기계일반/토목일반) PDF
- NCS 주요 영역 256제 PDF

온라인모의고사 & 성적분석 서비스

참여 방법

하기 QR 코드로 응시링크 접속 ▶ 해당 온라인 모의고사 [신청하기] 클릭 후 로그인 ▶ 대상 교재 내 응시코드 입력 후 [응시하기] 클릭

※ '온라인모의고사 & 성적분석' 서비스는 교재마다 제공 여부가 다를 수 있으니, 교재 뒷면 구매자 특별혜택을 확인해 주시기 바랍니다.

온라인 모의고사 신청

모바일 OMR 자동채점 & 성적분석 서비스

실시간 성적분석 방법

STEP 1 QR 코드 스캔 ▶ STEP 2 모바일 OMR 입력 ▶ STEP 3 자동채점 & 성적분석표 확인

※ 혜택 대상 교재는 본문 내 QR 코드를 제공하고 있으며, 교재별 서비스 유무는 다를 수 있습니다.
※ 응시내역 통합조회
에듀윌 문풀훈련소 → 상단 '교재풀이' 클릭 → 메뉴에서 응시확인

• 2023, 2022, 2021 대한민국 브랜드만족도 취업 교육 1위 (한경비즈니스)/2020, 2019 한국브랜드만족지수 취업 교육 1위 (주간동아, G밸리뉴스)

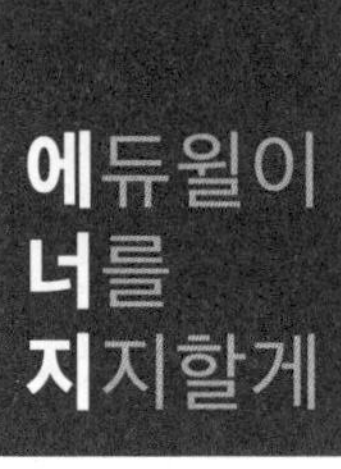

ENERGY

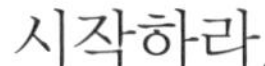

그 자체가 천재성이고,
힘이며, 마력이다.

– 요한 볼프강 폰 괴테(Johann Wolfgang von Goethe)

최신판

에듀윌 공기업 부산시 공공기관 통합채용 +부산교통공사 실전모의고사

부산시 공공기관 통합채용 분석

기본정보

1. 2025년 상반기 선발예정인원: 17개 기관 320명

※ 기관별 상황에 따라 채용정보는 변경될 수 있으며, 정확한 내용은 채용 공고를 통해 반드시 확인하시기 바랍니다.

2. 접수방법

- 부산시 통합채용 홈페이지(http://busan.saramin.co.kr) 접속 후 기관별 채용 홈페이지 이동을 통해 개별 접수
- 복수기관 또는 중복 접수 불가(1인 1기관 1분야 지원)

3. 필기시험 합격자 결정 방법

- 과목별 40% 이상을 득점하고 가산점을 합산한 총점이 필기시험 만점 기준 60% 이상인 사람 중 고득점자 순

※ 시험과목, 응시자격, 가산점 등이 기관별로 상이하므로 기관별 상세 채용 공고를 반드시 확인하시기 바랍니다.

채용일정

구분		공고일	서류 접수기간	필기시험	필기시험 합격자 발표	채용인원
2025년	상반기	2025. 04. 03.	04. 17~04. 23.	05. 17.	05. 28.	총 17개 기관(320명) ※ 부산교통공사 184명 포함
2024년	상반기	2024. 04. 09.	04. 22.~04. 29.	05. 18.	05. 29.	총 18개 기관(300명) ※ 부산교통공사 127명 포함
	하반기	2024. 09. 06.	09. 20.~09. 26.	10. 11.	10. 30.	총 15개 기관(183명)
2023년	상반기	2023. 04. 04.	04. 18.~04. 24.	05. 13.	05. 24.	총 12개 기관(237명) ※ 부산교통공사 94명 포함
	하반기	2023. 08. 29.	09. 12.~09. 19.	10. 14.	10. 25.	총 15개 기관(172명)
2022년	상반기	2022. 04. 14.	04. 28.~05. 04.	05. 21.	05. 31.	총 15개 기관(275명) ※ 부산교통공사 82명 포함
	하반기	2022. 09. 07.	09. 21.~09. 28.	10. 22.	11. 02.	총 14개 기관(188명) ※ 부산교통공사 60명 포함

※ 2024년에 부산교통공사, 부산도시공사, 벡스코는 상반기 채용만 진행하였으며, 부산관광공사는 하반기 채용만 진행하였음

채용절차

부산시 주요 공기업 필기시험 구성

부산시 공공기관

2025년 상반기 채용공고 기준

필기시험 출제영역		문항 수	시간
NCS직업기초능력평가	의사소통능력, 수리능력, 문제해결능력, 자원관리능력, 조직이해능력	50문항 (4지선다)	100분
전공	※ 기관별 전공 과목이 상이하므로 [p.6~7] 참고하여 전공 시험 과목을 확인하시기 바랍니다.	50문항 (4지선다)	

부산교통공사

2025년 상반기 채용공고 기준

필기시험 출제영역		문항 수	시간
NCS직업기초능력평가	의사소통능력, 수리능력, 문제해결능력, 자원관리능력, 정보능력	50문항 (4지선다)	100분
전공	(운영직) 행정학, 경영학, 경제학, 법학, 회계학 中 택1 (토목직) 토목일반 (기계직) 기계일반 (전기직) 전기일반 (신호직) 전기일반, 통신일반 中 택1	40문항 (4지선다)	
관계법령	지방 공기업법 지방공기업법 시행령 철도안전법 철도안전법 시행령 도시철도법 도시철도법 시행령	10문항 (4지선다)	

기관별 시험과목

※ 2025년 상반기 기준

부산시 공공기관

<table>
<tr><th>기관명</th><th>시험 구분</th><th colspan="2">직렬·직급</th><th>공통과목(문항수)</th><th colspan="2">전공과목(문항수)</th></tr>
<tr><td rowspan="12">부산교통공사</td><td rowspan="7">공개
경쟁</td><td colspan="2">운영(9급)</td><td rowspan="11">NCS 직업기초능력평가(50),
관계법령(10)</td><td>행정학(40), 경영학(40),
경제학(40), 법학(40), 회계학(40)</td><td>택1</td></tr>
<tr><td colspan="2">토목(9급)</td><td colspan="2">토목일반(40)</td></tr>
<tr><td colspan="2">건축(9급)</td><td colspan="2">건축일반(40)</td></tr>
<tr><td colspan="2">기계(9급)</td><td colspan="2">기계일반(40)</td></tr>
<tr><td colspan="2">전기(9급)</td><td colspan="2">전기일반(40)</td></tr>
<tr><td colspan="2">신호(9급)</td><td>전기일반(40), 통신일반(40)</td><td>택1</td></tr>
<tr><td colspan="2">통신(9급)</td><td colspan="2">통신일반(40)</td></tr>
<tr><td rowspan="5">경력(제한)
경쟁</td><td rowspan="2">장애인</td><td>운영(9급)</td><td>행정학(40), 경영학(40)</td><td>택1</td></tr>
<tr><td>전기(9급)</td><td colspan="2">전기일반(40)</td></tr>
<tr><td>2종면허</td><td>운전(9급)</td><td colspan="2">기계·전기일반(40)</td></tr>
<tr><td>보훈일반</td><td>운영(9급)</td><td colspan="2">행정학(40)</td></tr>
<tr><td colspan="2">공무직
(승강기안전문유지보수)</td><td>NCS 직업기초능력평가(50)</td><td colspan="2">-</td></tr>
<tr><td rowspan="11">부산도시공사</td><td rowspan="11">경력(제한)
경쟁</td><td colspan="2">행정(7급)</td><td rowspan="11">NCS 직업기초능력평가(50)</td><td rowspan="2">행정학·행정법혼용(50)
경영학·회계학혼용(50)</td><td rowspan="2">택1</td></tr>
<tr><td colspan="2">행정(7급)
(장애)</td></tr>
<tr><td colspan="2">전산(7급)</td><td colspan="2">전산학 전반(50)</td></tr>
<tr><td colspan="2">토목(7급)</td><td>토목공학 전반(50),
도시계획학 전반(50)</td><td>택1</td></tr>
<tr><td colspan="2">건축(7급)</td><td colspan="2">건축공학 전반(50)</td></tr>
<tr><td colspan="2">조경(7급)</td><td colspan="2">조경학 전반(50)</td></tr>
<tr><td colspan="2">기계(7급)</td><td colspan="2">기계공학 전반(50)</td></tr>
<tr><td colspan="2">전기(7급)</td><td colspan="2">전기공학 전반(50)</td></tr>
<tr><td colspan="2">통신(7급)</td><td colspan="2">정보통신공학 전반(50)</td></tr>
<tr><td colspan="2">공무직
(미화, 운전원)</td><td colspan="2">-</td></tr>
<tr><td colspan="2">아르피나 운영직(7급)
(체육지도자,안전요원)</td><td colspan="2">-</td></tr>
<tr><td rowspan="3">부산시설공단</td><td rowspan="3">공개경쟁</td><td colspan="2">행정(7급)</td><td rowspan="3">NCS 직업기초능력평가(50)</td><td colspan="2">행정학(25), 경영학(25)</td></tr>
<tr><td colspan="2">문화예술(7급)</td><td colspan="2">문화산업론(25), 예술경영개론(25)</td></tr>
<tr><td colspan="2">운영직(발매원)</td><td colspan="2">-</td></tr>
</table>

부산시설공단	경력(제한) 경쟁	행정(사서) (7급)	NCS 직업기초능력평가(50)	행정학(25), 경영학(25)
		기계(7급)		기계일반(25), 기계설계(25)
		전기(7급)		전기자기학(25), 전력공학(25)
		토목(7급)		응용 및 구조 역학(25), 토목시공학(25)
		건축(7급)		건축계획 및 시공학(25), 건축구조학(25)
		통신(7급)		통신이론(25), 전기자기학(25)
		전산(7급)		운영체제론(25), 자료구조론(25)
		방송(카메라)(7급)		방송학(25), 영상제작론(25)
		공무직 (시설관리, 장례지도, 식당조리, 체육지도사)	NCS 직업기초능력평가(50) ※4개 영역: 의사소통, 문제 해결, 자원관리, 조직이해	-
		공무직(복지매니저)	직무지식평가(50)	-
부산환경공단	공개경쟁	공무직 (비서, 조경, 관로)	NCS 직업기초능력평가(50)	-
	경력(제한) 경쟁	공무직 (운전_경력, 고졸, 장애, 보훈, 로더)		-
벡스코	공개경쟁	일반직(5급)	NCS 직업기초능력평가(50)	일반상식(50)
	경력(제한) 경쟁	전문직S(5급)		전기일반(50)
부산 신용보증재단	공개경쟁	일반직(6급)	NCS 직업기초능력평가(50)	경영학, 재무관리, 회계학(50) (고급회계, 원가 관리회계 제외)
부산 테크노파크	경력(제한) 경쟁	공무직 (시설관리_건축, 전기)	NCS 직업기초능력평가(50)	-
부산 경제진흥원	공개경쟁	일반직(7급)	NCS 직업기초능력평가(50)	일반상식(50)
부산 정보산업 진흥원	공개경쟁	일반직(5급) (디지털혁신)	NCS 직업기초능력평가(50)	정보통신학(50)
	경력(제한) 경쟁	공무직 (시설관리_기계, 감단직근로자)		-
부산 글로벌도시재단	공개경쟁	일반직(5급)	NCS 직업기초능력평가(50)	일반상식(50)
부산 사회서비스원	공개경쟁	일반직(6급)	NCS 직업기초능력평가(50)	일반상식(50)

부산 디자인진흥원	경력(제한) 경쟁	무기직(전기)	-	일반상식(50)
	공개경쟁	무기직(미화)		
부산문화재단	공개경쟁	일반직(6급)	NCS 직업기초능력평가(50)	예술경영(50)
영화의전당	공개경쟁	일반직(7급) (예술행정)	NCS 직업기초능력평가(50)	예술경영(50)
		일반직(7급) (영사_필름검색)		-
		공무직 (다급_전기, 건축, 경비)		-
부산과학기술 고등교육진흥원	공개경쟁	일반직(원급) (재무·회계)	NCS 직업기초능력평가(50)	-
부산문화회관	공개경쟁	기술직(6급) (무대감독, 무대기계, 무대조명)	NCS 직업기초능력평가(50)	무대감독(30), 공연장 안전 및 무대기술(20)
		기술직(6급) (시설관리_전기)		전기일반(50)
부산 기술창업투자원	공개경쟁	일반직(7급)	NCS 직업기초능력평가(50)	일반상식(50)

※ 전공과목 중 일반상식: 국어 30%, 한국사 30%, 시사경제문화 40% 비중으로 출제

시험분석

구분		출제경향 및 기출 키워드
NCS 직업기초능력평가 (2024년 기준)	의사소통능력	어휘·어법, 한자성어, 독해, 모듈형 문제 등이 출제된다. 어휘·어법 문제는 단어의 문맥적 의미와 맞춤법 규정 등이 출제되었으며, 독해 문제는 문단배열, 내용 일치/불일치 등의 문제가 출제되었다. **[기출 키워드]** 맞춤법(어쨋든/어쨌든, 쉽상/십상, 알맞는/알맞은, 도데체/도대체), 형태소·단어 개수, 영수증 환불, 골전도 이어폰, 자동차 운전의 학습 단계, 한국어 교원 자격 등
	수리능력	응용수리의 난이도가 높고 비중이 큰 편이다. 수추리, 자료해석, 응용수리 등이 출제되므로 다양한 유형에 대비해야 한다. **[기출 키워드]** 직각삼각형 둘레 차이, 중력가속도, 바둑알 배열, 닮음비, 거리·속도·시간 계산, 피보나치수열, 분수 비교, 전구 켜는 경우의 수, 할인율, 소금의 농도계산, 페인트 칠하는 면적, 증감율, 과녁에 맞히는 경우의 수
	문제해결능력	명제 문제, 조건추리 문제, 문제처리 문제, 모듈형 문제 등이 출제되었다. 모듈형 문제는 한국산업인력공단에서 제공하는 가이드북을 적극 활용하고 자주 출제되는 키워드를 암기하여 대비하는 것이 좋다. **[기출 키워드]** 창의적 사고 방법, 브레인스토밍, 명제 전제 구하기, 비판적 사고 요소, 아르바이트 휴가, 청렴, 퍼실리테이션, 문제해결과정, 로직트리, 삼단논법 등
	자원관리능력	제시된 조건(상황)에서 계산을 요구하는 형태의 PSAT형 문제가 주로 출제되었으며, 한국산업인력공단에서 제공하는 가이드북 내용을 바탕으로 한 모듈형 문제도 출제되었다. **[기출 키워드]** 시간의 특성, 일정관리, 일회용품 낭비 사례, 선택적 근무제, 직무 순환, 자격증 분실, 고객만족도, 배달비 구하기, 인력 예측, 주민등록번호 숫자 규칙 등
	조직이해능력	경영 상식 문제, 모듈형 문제 등이 출제되었다. 모듈형 문제는 한국산업인력공단에서 제공하는 가이드북을 적극 활용하고 자주 출제되는 키워드를 암기하여 대비하는 것이 좋다. **[기출 키워드]** 라인 조직, 기능식 조직, 사업부제 조직, 소집단·대집단 구분, 위원회 분류, 인적자원관리 사례, 시장의 비전 선포 방식, 조직 목표, 버나드 조직이론 등
	정보능력	모듈형 문제, 컴퓨터활용능력 문제 등이 출제되었다. 한글, 엑셀, 파워포인트 등에서 활용할 수 있는 기능을 묻는 문제가 다수 출제되어 이에 대한 대비가 필요하다. **[기출 키워드]** 캐시 메모리, 3×3칸 도형 규칙, 엑셀 인쇄 기능, 엑셀 함수, 군사코드, 엑셀 오류(#REF!, #N/A, #NAME?), 기호(세미콜론, 앰퍼샌드) 등
전공	경영학	**[기출 키워드]** 페이욜, 맥그리거 Y이론, 블루오션, 스캘론플랜/럭커플랜, 포드 시스템, 마케팅, 윌리엄슨 거래비용, 조직시민행동, 조직수명이론, 조하리의 창, 카르텔, 트러스트, 브룸의 기대이론, 형식지/암묵지/개인지/조직지, 균형성과표, 아웃소싱, 태도변화이론, JIT, 유한책임회사, 시스템이론, 앨더퍼, BCG매트릭스/GE매트릭스, 수송모형(입지선정), 병목공정/비병목공정, 동시공학, 클로즈드숍, 구매의사결정, 고전적 조건화, 관여도와 구매행동, GT, 블레이크&머튼 격자이론, 제품별배치/공정별배치 등
	전기일반	**[기출 키워드]** 부도체가 아닌 것(공기/기름/전해질/애자), 지구 반지름으로 정전 용량 구하기, 자성체 비교, 힘, 벡터, 두 점 좌표 주고 일 구하기, 변압기 등
	기계일반	**[기출 키워드]** 광선 정반, 펌프 축동력, 피스톤 왕복 운동, 절삭비/절삭량, 비압축성 유체, 무차원수, 손실 수두, 유동 에너지 등
	행정학	**[기출 키워드]** 대표관료제, 엽관주의, 예산편성절차, 조직군생태학이론, 피터스, 좋은 거버넌스, 동기요인이론, 예산 이용 조건, 조직발전(OD), 신공공서비스론, 미국 초기 정치 체제 등

※ 전공은 2024년, 2023년 기출 키워드를 포함하고 있습니다.

STRUCTURE

교재 구성

최신 출제경향을 완벽 반영하여 구성한 실전모의고사

기출복원 모의고사 1회분

2024년 상 · 하반기 시행된 부산시 공공기관 통합채용+부산교통공사 NCS 필기시험의 기출복원문항을 수록하여 최신 출제경향을 파악할 수 있도록 하였다.

실전모의고사 4회분

부산시 공공기관 통합채용+부산교통공사 최신 필기시험을 분석하여 실제 시험 난이도와 기출 유형을 반영한 NCS 실전모의고사 4회분을 제공하여 시험 전 실전 대비를 완벽하게 할 수 있도록 하였다.

전공모의고사 1회분+관계법령(부산교통공사) 2회분

4개년(2024~2021년) 기출 키워드를 반영한 경영학, 전기일반, 기계일반, 행정학 각 1회분의 전공모의고사를 제공하여 전공까지 실전처럼 대비할 수 있도록 하였다.
2025년 상반기 채용부터 관계법령(10문항)이 포함되는 부산교통공사 채용시험을 대비 할 수 있도록 2회분의 관계법령모의고사를 수록하였다.

■ 모바일 OMR 채점 서비스 제공

수험생들이 NCS 회차당 수록되어 있는 QR코드를 통해 접속하여 점수 및 타 수험생들과의 비교 데이터를 확인할 수 있도록 모바일 OMR 채점 및 성적분석 서비스를 제공하였다.

전 문항 상세한 해설이 담긴 정답과 해설

QUICK해설

학습한 문제 중 아는 문제의 경우, 정답과 정답에 대한 핵심 해설이 담긴 QUICK해설로 빠르게 확인하여 넘어갈 수 있도록 구성하였다.

상세해설 · 오답풀이

수험생들이 어려운 문항까지 확실하게 파악할 수 있도록 상세한 해설과 오답풀이를 제공함으로써 오답인 이유까지 완벽하게 이해할 수 있도록 하였다.

CONTENTS

차례

본문

정답과 해설

당신이 인생의 주인공이기 때문이다.
그 사실을 잊지마라.
지금까지 당신이 만들어온 의식적
그리고 무의식적 선택으로 인해
지금의 당신이 있는 것이다.

– 바바라 홀(Barbara Hall)

최신판

부산시 공공기관 +부산교통공사

| 기출복원 모의고사 |

※ 2024년 상/하반기 시행된 필기시험의 기출복원 문제를 수록하였습니다.

시험 구성 및 유의사항

• **부산시 공공기관+부산교통공사의 NCS직업기초능력평가는 다음과 같이 출제되었습니다.(2024년 하반기 기준)**

구분	출제 영역	문항 수	권장 풀이 시간	비고
부산시 공공기관 (부산교통공사 제외)	공통(의사소통능력, 수리능력, 문제해결능력, 자원관리능력) + 조직이해능력	50문항	50분	객관식 사지선다형
부산교통공사 (공무직, 상용직 제외)	공통(의사소통능력, 수리능력, 문제해결능력, 자원관리능력) + 정보능력	50문항	50분	

※ 오답 감점은 없으며, 각 문제는 하나의 정답으로 이루어져 있습니다.

※ 채용 시기에 따라 공고를 확인하여 직무에 따른 필기시험 출제 영역을 확인하십시오.

모바일 OMR
자동채점&성적분석 무료

정답만 입력하면 채점에서 성적분석까지 한번에!

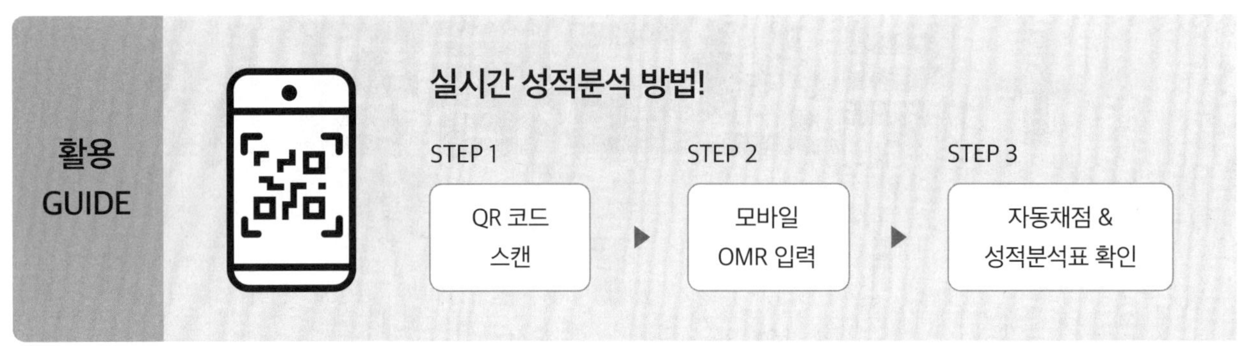

STEP 1

STEP 2

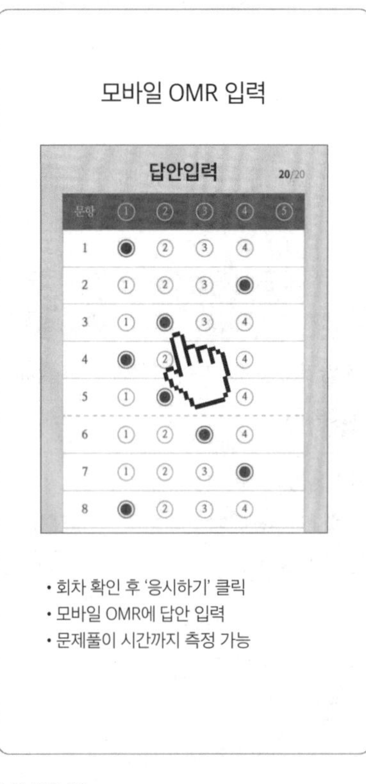

STEP 3

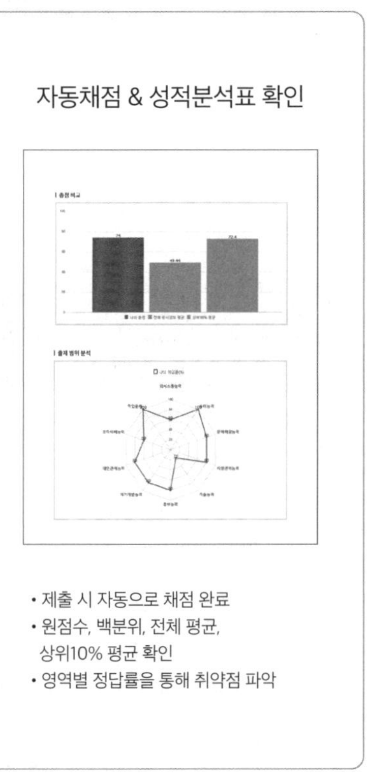

※ 본 회차의 모바일 OMR 채점 서비스는 2027년 4월 30일까지 유효합니다.

기출복원 모의고사

정답과 해설 P.2

공통 ※ 의사소통능력, 수리능력, 문제해결능력, 자원관리능력으로 구성되어 있습니다.

01 다음 중 효과적인 의사표현 방법으로 적절하지 않은 것을 고르면?

① 확실한 의사 표현을 위해서는 반복적 전달이 필요하다.
② 전달하고자 하는 내용을 간략하고 명확하게 전달해야 한다.
③ 메시지를 전달하는 매체와 경로를 신중하게 선택해야 한다.
④ 효과적인 의사표현을 위해서는 비언어적 방식을 활용하는 것이 좋다.

02 다음 밑줄 친 ㉠~㉢에 알맞은 단어를 골라 짝지은 것을 고르면?

> 전자 상거래 사기 피해를 입었을 경우, 보이스 피싱과는 달리 은행에서 빠져나가는 걸 막는 '즉시 출금정지'가 적용되지 않습니다. 보이스 피싱만큼 알려지지 않아 모르고 당하기 ㉠십상/십상인데, 대책 마련까지 갈 길이 멉니다. 보이스 피싱 피해자들은 사기인 걸 깨닫고 즉시 신고해도 당장 조치가 없다고 하소연합니다. 보이스 피싱은 피해자가 요청하면 은행에서 해당 계좌에 대해 즉시 출금을 금지합니다. 하지만 이 법에 전자상거래 사기는 빠져있습니다. 사기 피해자 이 모 씨는 "보이스 피싱이나 일반 사기나 ㉡어쨌든/어쨌든 같은 사기잖아요. ㉢도데체/도대체 왜 수사조차 제대로 이루어지지 않는 건가요?"라며 답답함을 호소하였습니다.

	㉠	㉡	㉢
①	쉽상	어쨌든	도대체
②	십상	어쨌든	도대체
③	십상	어쨌든	도데체
④	십상	어쨌든	도대체

03 다음 글을 읽고 이해한 내용으로 적절하지 않은 것을 고르면?

언어와 문화는 서로 밀접하게 연결되어 있으며, 언어 습득 과정에서 문화적 맥락을 고려하지 않을 경우, 원활한 소통이 어려울 수 있다.

예를 들어, 일본어는 사회적 관계를 반영한 정중한 표현이 발달한 언어 중 하나이다. 일본어에는 경어(敬語)라는 개념이 존재하여, 연령이나 사회적 지위에 따라 표현 방식이 달라진다. 단순한 문법 학습을 넘어, 상황별로 적절한 경어를 사용할 수 있어야 자연스러운 의사소통이 가능하다. 또한 일본에서는 직접적인 거절을 피하는 경향이 강하다. 일본인이 '생각해 보겠다'라고 한 것은 '거절'을 의미할 수 있으나, 이를 곧이곧대로 받아들인 외국인은 긍정적인 반응으로 오해할 가능성이 크다.

스페인어권 국가에서는 감정을 적극적으로 표현하는 문화가 자리 잡고 있다. 스페인이나 라틴아메리카에서는 대화 중 신체 접촉이 흔히 이루어지며, 친근감을 나타내기 위해 상대방의 어깨를 가볍게 치거나 볼을 맞대며 인사하는 경우도 많다. 이는 상대방에 대한 호감을 표시하는 방법이지만, 신체 접촉을 최소화하는 문화권 출신의 사람들에게는 불편한 상황이 될 수도 있다. 이러한 문화적 차이를 이해하지 못하면, 상대방이 무례하게 행동한다고 오해할 가능성이 있으며, 원활한 대화를 방해할 수 있다.

독일어는 논리적이고 명확한 표현을 중시하는 특징이 있다. 독일에서는 의견을 명확히 전달하는 것이 신뢰를 형성하는 중요한 요소로 간주된다. 독일에서는 불필요하게 완곡한 표현을 사용하면 오히려 불분명한 태도로 받아들여질 수 있으며, 이는 대화의 신뢰도를 저하시킬 수도 있다. 따라서 독일어를 공부하는 사람이라면, 독일 사회에서 직설적인 표현이 신뢰를 형성하는 데 긍정적인 역할을 한다는 점을 이해해야 한다.

한편, 아랍어를 사용하는 문화권에서는 존중과 예의를 강조하는 표현이 많다. 아랍어권에서는 상대방의 안부를 묻는 인사말이 길고, 한 문장에 여러 차례 존칭 표현이 들어가는 것이 일반적이다. 또한, 감사 인사와 축복의 말을 자주 사용하는데, 단순한 언어적 요소가 아니라 상대방을 존중하는 문화적 가치가 반영된 것이다. 아랍어를 배울 때 이러한 표현 방식을 이해하지 못하면, 단순한 의례적인 대화도 어색하게 느껴질 수 있다.

이처럼 외국어 학습은 단순한 어휘와 문법 학습을 넘어, 해당 언어가 사용되는 문화적 맥락을 이해하는 것이 필수적이다. 국제 교류가 점점 증가하는 시대에 효과적인 의사소통을 위해서는, 언어의 구조뿐만 아니라 그것이 반영하는 사회적·문화적 요소까지 고려해야 한다.

① 일본어를 학습할 때는 단순한 문법 습득뿐만 아니라 사회적 관계에 따라 달라지는 경어 사용법을 이해하는 것이 중요하다.

② 스페인어권 국가에는 감정을 적극적으로 표현하는 문화가 있으며, 신체 접촉을 활용한 인사 방식이 흔히 사용된다.

③ 독일 사회에서는 직설적인 표현보다 완곡한 표현이 신뢰를 형성하는 데 도움을 주며, 지나치게 논리적인 표현은 상대방에게 불쾌감을 주고 원활한 대화를 방해할 수 있다.

④ 아랍어에는 예의를 강조하는 표현이 많으며, 인사말과 감사 표현이 길고 정중한 형태로 사용되는 것이 일반적이다.

04 다음 중 비즈니스 레터 작성 방법에 대한 설명으로 적절하지 않은 것을 고르면?

① 제목은 간결하게 작성하되, 레터의 목적이 명확히 드러나도록 한다.
② 첫 문단에서 레터의 목적을 명확히 밝히고, 필요에 따라 구체적인 배경 설명을 추가한다.
③ 비즈니스 레터에서는 감정을 강조하여 친밀감을 표현하는 것이 신뢰를 높이는 데 도움이 된다.
④ 서명 부분에는 이름, 직급, 회사명, 연락처 등을 포함하여 수신자가 쉽게 연락할 수 있도록 한다.

05 다음 글의 빈칸 ㉠~㉢에 들어갈 말이 바르게 짝지어진 것을 고르면?

오픈소스 AI와 폐쇄형 AI는 인공지능 기술의 개발 및 활용 방식에서 근본적인 차이를 보인다. 오픈소스 AI는 소스 코드가 공개되어 있어 누구나 자유롭게 접근하고 수정할 수 있는 방식이다. 이 방식은 개발자들 간의 협력을 촉진하고, 혁신적인 아이디어와 개선을 빠르게 반영할 수 있는 장점이 있다. 또한, 커뮤니티의 지원을 통해 지속적으로 발전할 수 있으며, 다양한 사람들에게 기술적 장벽을 낮춰 주며, 교육적인 활용에도 적합하다. 예를 들어, 텐서플로우(TensorFlow)와 파이토치(PyTorch)와 같은 오픈소스 라이브러리는 많은 개발자들에게 인기 있는 도구로, 다양한 프로젝트와 연구에서 활발히 사용된다.

(㉠) 오픈소스 AI의 단점도 존재한다. 소스 코드가 공개되기 때문에 보안 문제에 취약할 수 있다. 또한, 특정 기업이나 기관의 상용 솔루션에 비해, 지원과 유지 관리에 한계가 있을 수 있다. (㉡) 문제가 발생했을 때 즉각적인 대응이 어려운 경우가 있으며, 이를 해결하려면 많은 시간과 자원이 소요될 수 있다. 또한 커스터마이징은 자유롭지만, 이를 제대로 구현하기 위한 전문적인 기술이 필요하기 때문에, 초보자에게는 사용이 어려울 수 있다.

반면, 폐쇄형 AI는 특정 기업이나 기관에 의해 독점적으로 개발되고 관리되는 인공지능이다. 이 방식은 소스 코드가 비공개로, 외부에서 수정하거나 접근할 수 없으며, 기업의 기술력과 노하우를 보호하는 데 유리하다. 폐쇄형 AI는 품질 관리와 보안 측면에서 강점을 가진다. (㉢) 구글의 알파고(AlphaGo)나 애플의 Siri와 같은 서비스는 폐쇄형 AI 모델로 운영되며, 상용 서비스를 제공하는 데 있어 안정적인 성능과 품질을 유지할 수 있다. 기업들은 이 모델을 통해 자신의 기술적 우위를 보호하고, 사용자가 안전하고 일관된 경험을 할 수 있도록 보장한다.

	㉠	㉡	㉢
①	그래서	한편	그러나
②	그러나	즉	예를 들어
③	한편	예를 들어	즉
④	그런데	그리고	즉

06 다음 글의 [가]~[마]를 문맥에 따라 바르게 나열한 것을 고르면?

인간의 모든 행동과 사고, 감정은 뇌와 신경계를 통해 이루어진다. 이 과정에서 핵심적인 역할을 하는 것이 뉴런(neuron)이다. 뉴런은 신경계를 구성하는 기본 단위로, 전기적·화학적 신호를 이용해 정보를 전달한다. 일반적으로 뉴런은 신경세포체(soma), 수상돌기(dendrite), 축삭(axon)으로 구성되며, 각 부분은 신호의 수집, 처리, 전달이라는 기능을 수행한다.

[가] 그러나 뉴런의 기능이 정상적으로 작동하지 않으면 신경계 질환이 발생할 수 있다. 알츠하이머병과 같은 퇴행성 신경 질환은 뉴런의 손상으로 인해 기억력과 인지 기능이 저하되는 특징을 보인다. 또한, 파킨슨병은 도파민을 분비하는 특정 뉴런의 퇴행으로 인해 발생하는데, 근육 경직과 떨림 같은 증상이 나타난다.

[나] 뉴런은 인간의 모든 신경 활동을 조절하는 핵심 요소로, 그 기능과 구조를 이해하는 것은 신경과학뿐만 아니라 의학, 인공지능, 뇌공학 분야에서도 중요한 연구 주제가 되고 있다. 뉴런의 작동 원리와 복잡한 상호작용을 더욱 깊이 파악한다면, 향후 신경계 질환 치료뿐만 아니라 인지 기능 증진, 인간과 기계의 연결 기술 발전에도 큰 영향을 미칠 것이다.

[다] 뉴런은 기능에 따라 감각 뉴런, 운동 뉴런, 연합 뉴런으로 구분된다. 감각 뉴런은 외부 환경으로부터 정보를 받아들이고, 운동 뉴런은 신호를 근육이나 기관으로 보내 움직임을 조절한다. 연합 뉴런은 감각 뉴런과 운동 뉴런을 연결하며, 복잡한 정보 처리를 담당한다. 이처럼 뉴런은 단순한 신경 전달뿐만 아니라 고등 인지 기능까지 수행하는 중요한 역할을 한다.

[라] 신경 신호는 뉴런 간의 연결을 통해 이동하는데, 이 과정에서 중요한 것이 시냅스(synapse)이다. 시냅스는 한 뉴런의 축삭 말단과 다른 뉴런의 수상돌기 또는 세포체가 만나는 접합부로, 신경전달물질을 통해 정보를 전달한다. 예를 들어, 감각 뉴런이 뜨거운 물체를 감지하면 신경 신호가 척수를 거쳐 운동 뉴런으로 전달되고, 결국 근육이 반사적으로 반응하는 것이다.

[마] 뉴런의 손상을 줄이거나 회복하는 연구가 활발히 진행되고 있다. 신경 가소성(neuroplasticity)은 손상된 뉴런이 회복되거나 새로운 뉴런 연결망이 형성되는 능력을 의미한다. 예를 들어, 뇌졸중 환자는 재활치료를 통해 뉴런의 새로운 연결을 유도하고 기능을 회복할 수 있다. 더 나아가, 줄기세포 치료와 뇌-기계 인터페이스(BCI, Brain-Computer Interface) 기술은 뉴런의 기능을 보완하거나 대체하는 방안으로 주목받고 있다.

① [가]-[다]-[마]-[나]-[라]
② [나]-[가]-[라]-[다]-[마]
③ [다]-[라]-[가]-[마]-[나]
④ [라]-[다]-[가]-[마]-[나]

07 **다음 글을 읽고 [보기]의 문장을 이해한 내용으로 적절한 것을 고르면?**

언어는 다양한 단위로 구성되며, 가장 작은 단위에서부터 문장에 이르기까지 여러 층위에서 의미를 형성한다. 이러한 단위들을 이해하는 것은 국어 문법뿐만 아니라 언어학적 사고를 확장하는 데 필수적이다.

1. 음운과 음절

언어의 가장 작은 단위는 음운(音韻, phoneme)이다. 음운은 더 이상 쪼갤 수 없는 최소한의 소리 단위로, 의미를 구별하는 기능을 한다. '달'과 '탈'에서 /ㄷ/과 /ㅌ/은 하나의 음운 차이로 인해 단어의 의미를 달라지게 만든다.

음운이 모여 음절(音節, syllable)을 이룬다. 음절은 한 번에 발음할 수 있는 최소한의 소리 단위이며, 일반적으로 '초성–중성–종성'으로 구성된다. '학교'는 '학(학)'과 '교(교)' 두 개의 음절로 이루어져 있다.

2. 형태소와 단어

음절이 모이면 의미를 가지는 단위인 형태소(形態素, morpheme)가 된다. 형태소는 뜻을 가진 가장 작은 단위로, 단어를 구성하는 기본 요소이다. 형태소는 크게 두 가지로 나뉜다.

- 자립 형태소: 혼자서 단어로 기능할 수 있는 형태소 (예: '학교', '먹다', '사과')
- 의존 형태소: 반드시 다른 형태소와 결합해야 하는 형태소 (예: 조사 '–을', 접미사 '–하다', 어미 '–는다')

형태소가 결합하면 단어(單語, word)가 된다. '학생들'은 '학생'(자립 형태소)과 '–들'(의존 형태소)로 이루어진 단어이다. 단어는 '하나의 뜻을 가지며 독립적으로 쓰일 수 있는 최소 단위'이다.

3. 어절과 문장단어가 띄어쓰기를 기준으로 배열되면 어절(語節, word segment)이 된다. 즉, 띄어쓰기 단위로 구분되는 언어의 최소 단위를 말한다. '나는 학교에 간다.'라는 문장에서 '나는', '학교에', '간다.'는 각각 하나의 어절이다.

어절이 모이면 문장(文章, sentence)을 형성한다. 문장은 완전한 의미를 가지는 언어 단위로, 문법적으로 성립해야 하며 종결 표현('.', '?', '!')을 포함한다.

보기

나는 도서관에서 책을 읽는다.

① 형태소는 8개이다.
② 7개의 음절로 구성되어 있다.
③ 단어의 개수는 총 8개이다.
④ 5개의 어절로 이루어진 문장이다.

01 기출복원 모의고사

[08~09] 다음 글을 읽고 이어지는 질문에 답하시오.

우리는 일상생활에서 '그럼에도 불구하고'라는 말을 간혹 사용한다. 이 말은, 어떤 일이나 상황이 벌어졌을 때 그것을 이겨내기 위한 행동을 하기가 쉽지 않은데 그에 개의치 않고 그것을 해냈을 경우에 주로 사용한다. 또는 앞에 든 사실을 부정하고 뒤에 오는 반대되는 사실을 내세울 때 쓰기도 한다. '그럼에도 불구하고'라는 말은 '그럼에도'와 '불구하고'라는 두 개의 단어가 결합된 관용구이다. 여기서 '불구(不拘)하고'는 '다른 것에 얽매이지 아니하고'라는 뜻이다. 그러므로 '그럼에도 불구하고'의 의미는 '비록 사실은 그러하지만 그것과는 상관없이'라고 해석할 수 있다.

멕시코의 수도 멕시코시티에 가면 '그럼에도 불구하고'라고 불리는 유명한 인물 조각상이 있다. 이 조각상에는 다음과 같은 사연이 전해오고 있다. 오래전에 헤수스 가르시아라는 조각가가 이 조각상을 제작하다가 완성하지 못한 채 사고를 당해 오른손을 잃었다. 그래서 사람들은 이 작업이 미완성인 채로 끝날 것이라고 생각했다. 그러나 조각가는 사람들의 예상을 뒤엎고 왼손 하나만으로 끈질기게 작업을 계속했다. 그리고 마침내 작품을 완성했는데 그것은 본래 작가 자신이나 다른 사람들이 기대했던 것보다 훨씬 훌륭하고 멋진 작품이 되었다. 이 조각상의 본래 이름이 무엇인지는 아무도 모른다. 그러나 언제인가부터 사람들은 오른손을 잃었음에도 불구하고 포기하지 않고 불굴의 정신력으로 뛰어난 작품을 만들어 낸 작가의 숭고한 정신을 기리는 뜻에서 '그럼에도 불구하고'라는 애칭으로 조각상을 부르기 시작했다.

인류의 역사는 절망을 딛고 그것을 희망으로 바꾼 사람들의 역사였다. 헬렌 켈러 여사는 듣지도, 보지도, 말하지도 못하는 3중고의 장애를 가지고 태어났다. 그러나 그녀는 모든 장애를 극복하고 많은 집필 활동을 했으며 여성의 선거권과 참정권, 노동자의 인권을 쟁취하기 위해 앞장선 사회주의 운동가가 되었다. 그녀는 말한다. '세상이 비록 고통으로 가득하더라도, 그것을 극복하는 힘도 가득하다.'

베토벤은 음악가로서는 치명적 결함인 청력을 잃었지만 그가 청각장애인이 되고 난 후에 작곡한 교향곡 9번 '합창'은 불후의 명곡이 되었다. 그는 귀로 소리가 들리지 않자 가슴으로 음악을 들었던 것이다. 세계적인 이론물리학자 스티븐 호킹 박사는 루게릭병에도 불구하고 블랙홀 연구에 뛰어난 업적을 남겼다. 그는 1962년 케임브리지 대학원에 입학한 뒤 갑자기 루게릭병이 발병해 1~2년 밖에 살지 못한다는 시한부 인생을 선고받았다. 병으로 인해 근육이 마비되었지만 암산으로 수식을 푸는 등 혼신의 노력을 기울인 끝에 결국 박사학위를 취득했고 2009년까지 케임브리지 대학교 루커스 수학 석좌 교수로 재직했다. 그는 2012년 WHO 세계장애보고서 발간 환영사에서 '장애는 성공에 걸림돌이 되지 않는다.'라고 강조했다. 멕시코 조각가, 헬렌 켈러, 베토벤, 스티븐 호킹 등은 그들의 삶이 절망적인 상황에 처했을 때 그들을 그곳으로부터 탈출시킨 것은 '그럼에도 불구하고'였다. 그들은 그들에게 주어진 절망을 그럼에도 불구하고 희망으로 바꾸었고 포기할 수밖에 없는 상황이었지만 그럼에도 불구하고 도전을 선택했으며 그들의 최대의 약점을 그럼에도 불구하고 최고의 강점으로 만들었던 것이다.

08 다음 글의 제목으로 적절한 것을 고르면?

① 역경을 이겨낸 인물들
② '그럼에도 불구하고'
③ 절망을 딛고 그것을 희망으로 바꾼 사람들의 역사
④ 성공하는 사람들의 성공 노하우

09 다음 중 '그럼에도 불구하고'의 사용이 어색한 문장을 고르면?

① 철수는 가진 것이 별로 없다. 그럼에도 불구하고 딸에게 좋은 음식을 먹이고 좋은 옷을 입혔다.
② 그는 아팠다. 그럼에도 불구하고 그는 일하러 나갔다.
③ 너는 나를 배신했다. 그럼에도 불구하고 나는 너를 용서한다.
④ 일본에서는 벤처 사업이 성장하고 있다. 그럼에도 불구하고 일본에서는 여전히 벤처 사업이 뿌리내리지 못했다.

10 다음 기사문의 내용과 일치하지 않는 것을 고르면?

> 앞으로 카드로 결제하고 종이 영수증을 받을지 선택할 수 있다. 소비자가 영수증 받기를 원하지 않으면 가맹점에서도 영수증을 출력하지 않는다. 대부분 버려지는 카드 영수증 낭비를 줄일 것으로 기대된다.
>
> 13일 여신금융협회에 따르면 종이영수증 발급 의무를 완화한 부가가치세법 시행령 개정안이 지난 11일부터 시행됐다. 그동안 여신금융협회는 소비자가 전자적 방식(홈페이지·문자·모바일 애플리케이션)으로 카드 이용내역을 확인할 수 있다면 가맹점이 종이 영수증을 출력해 교부하지 않아도 되도록 신용카드 가맹점 표준약관을 개정했지만, 법이 개정되지 않아 카드 영수증 선택적 발급이 활성화되지 못했다.
>
> 여신금융협회는 법 개정에 맞춰 신규 출시되는 카드 단말기에 영수증 출력·미출력 기능을 탑재하도록 관련 규정을 개정할 예정이다. 신규 단말기는 여신금융협회 단말기 인증 등 절차를 거쳐 다음 달 중에 출시된다. 신규 단말기에서는 영수증 출력 여부를 선택할 수 있다. 영수증을 받고 싶은 소비자는 출력을 요청하면 된다. 종이 영수증을 원하지 않는 소비자는 카드사 문자메시지, 모바일 알림톡, 카드사 홈페이지, 애플리케이션 등 다양한 수단을 통해 거래 이용내역을 확인할 수 있다.
>
> 종이 영수증 없이 교환·환불도 가능하다. 단, 결제 때 사용했던 실물카드가 있어야 하고, 카드사 홈페이지·앱·고객센터를 통해 승인번호·사용 일시·금액 등 정보를 확인해야 한다. 다만 할부거래는 종이 영수증이 자동으로 출력된다. 할부거래에 관한 법률에서 청약철회·항변권 행사 등에 관한 내용을 소비자에게 교부해야 한다고 규정하고 있기 때문이다.

① 소비자가 영수증 받기를 원하지 않으면 가맹점에서 영수증을 출력하지 않아도 된다.
② 현재 카드 단말기에는 영수증 출력·미출력 기능이 탑재되어 있다.
③ 종이 영수증을 원하지 않는 소비자는 다양한 수단을 통해 거래 이용내역을 확인할 수 있다.
④ 종이 영수증 없이 교환·환불을 하기 위해서는 결제 때 사용했던 실물카드가 있어야 한다.

11 다음 중 가장 작은 분수를 고르면?

㉠ $\frac{5}{7}$	㉡ $\frac{8}{11}$	㉢ $\frac{11}{14}$	㉣ $\frac{20}{27}$

① ㉠
② ㉡
③ ㉢
④ ㉣

12 A, B 두 사람은 각각 오전과 오후에 하나씩 총 2개의 강의를 들어야 한다. 오전에는 서로 다른 세 강의가 동시에 진행되고 오후에는 서로 다른 네 강의가 동시에 진행될 때, 두 사람이 단 하나의 강의만 동시에 듣는 경우의 수를 고르면?

① 12가지
② 24가지
③ 48가지
④ 60가지

13 다음 [표]는 지역별 15세 이상 64세 미만 취업자 및 실업자 수에 관한 자료이다. [보기]의 내용 중 옳은 것의 개수를 고르면?

[표] 지역별 15세 이상 64세 미만 취업자 및 실업자 수 (단위: 백 명)

구분	A지역	B지역	C지역	D지역	E지역
전체 인구수	3,200	4,000	1,200	6,000	2,800
취업자 수	1,200	2,400	870	3,540	1,050
실업자 수	800	1,300	150	1,260	630

※ 취업률(%)=취업자 수÷전체 인구수×100

※ 실업률(%)=실업자 수÷전체 인구수×100

보기

㉠ A지역의 실업률은 E지역보다 낮다.
㉡ B지역의 취업률은 D지역보다 낮다.
㉢ C지역의 취업률은 E지역보다 높다.
㉣ D지역의 실업률은 A지역보다 높다.

① 1개 ② 2개
③ 3개 ④ 4개

14 두 수도꼭지 A, B로 물을 채워 욕조를 가득 채우려고 한다. 수도꼭지 A를 틀고 30분 뒤 수도꼭지 B를 추가로 틀면 수도꼭지 B를 튼 지 20분 만에 욕조가 가득 차고, 수도꼭지 A를 20분 동안 틀고 잠근 뒤 수도꼭지 B를 50분 동안 틀면 욕조가 가득 찬다. 수도꼭지 B만 틀었을 때 욕조를 가득 채우는 데 걸리는 시간을 고르면?

① 1시간 ② 1시간 10분
③ 1시간 20분 ④ 1시간 30분

15 다음과 같이 전구 4개를 사용하여 신호를 보내려고 한다. 적어도 1개의 전구가 켜진 상태로 신호를 보낼 때, 신호를 나타내는 방법은 모두 몇 가지인지 고르면?

① 8가지
② 12가지
③ 15가지
④ 16가지

16 어느 슈퍼마켓에서 1개당 원가가 500원인 아이스크림 200개를 구입한 뒤 20%의 이익을 붙여서 정가를 정하여 판매하였다. 이 중 60%는 정가로 판매하였는데, 판매 촉진을 위해 나머지 40%는 할인하여 모두 판매하였다. 이 아이스크림에 대한 이익금이 17,120원일 때, 할인하여 판매한 아이스크림의 할인율을 고르면?

① 5%
② 6%
③ 7%
④ 8%

17 어느 도둑이 은행에서 금괴를 훔쳐 달아나고 있다. 그런데 이 도둑이 5km를 도망갈 때 금괴의 $\frac{1}{3}$을 흘렸고, 10km쯤 도망갈 때는 나머지 금괴의 $\frac{7}{9}$를 흘렸다. 도둑이 그 후 아지트에 도착하여 남은 금괴의 양을 확인해 보니 200kg이었을 때, 도둑이 은행에서 처음으로 훔친 금괴의 양을 고르면?

① 1,200kg　② 1,250kg
③ 1,300kg　④ 1,350kg

18 다음은 동욱, 완식, 현욱, 용익으로 구성된 어느 모임 구성원의 나이를 설명한 것이다. 현욱이와 용익이의 나이를 각각 순서대로 고르면?

- 동욱이와 완식이는 쌍둥이이다.
- 현욱이는 동욱이보다 4살이 많다.
- 용익이의 나이와 완식이의 나이를 더한 것은 현욱이의 나이의 3배와 같다.
- 구성원의 나이를 모두 더하면 116살이다.

① 20살, 50살　② 20살, 52살
③ 24살, 50살　④ 24살, 52살

19 다음은 연산 기호 ★에 대해 일정한 규칙으로 연산한 결과를 나타낸 것이다. 이를 바탕으로 할 때, (−2)★3의 값을 고르면?

$3★1=0$　　$6★2=-1$　　$3★(-1)=-1$　　$1★7=4$

① 3　　② 3.5
③ 4　　④ 4.5

20 다음의 규칙대로 12번째까지 바둑알을 나열하였다고 한다. 나열된 모든 바둑알의 개수를 고르면?

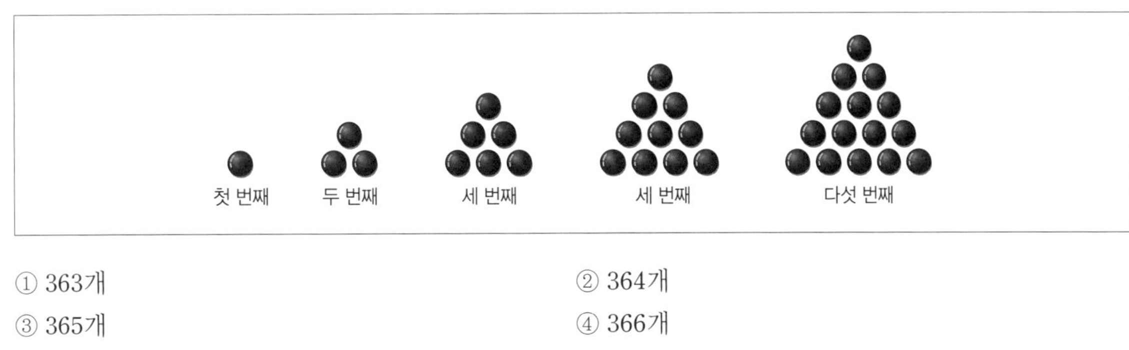

① 363개　　② 364개
③ 365개　　④ 366개

21 **다음 글에서 설명하고 있는 문제해결을 위한 방법에 해당하는 것을 고르면?**

대부분의 기업에서 많이 사용되고 있는 전형적인 방법으로 동일한 문화적 배경을 가진 구성원들이 서로를 이해하는 상황을 설정하고, 암시를 통해 의사를 전달하여 문제를 해결하는 방식이다. 이 경우, 중재자 역할을 하는 제3자는 결론을 미리 염두에 두면서 권위나 공감에 의지해 의견을 중재하고, 타협과 조정을 통해 해결을 도모하게 된다.

① 소프트어프로치
② 퍼실리테이션
③ 애자일 방법론
④ 하드어프로치

22 **다음 [보기] 중 브레인스토밍에 대한 설명으로 옳은 것을 모두 고르면?**

보기

㉠ 자율성을 위해 누구나 자유롭게 발언하고, 발언 내용은 기록하지 않는다.
㉡ 주제는 구체적으로 정해야 한다.
㉢ 양질의 아이디어 도출을 위해 구성원은 한 가지 전문 분야의 사람들로 구성한다.
㉣ 아이디어의 실현 가능성을 최우선으로 고려하여 방안을 찾는다.
㉤ 집단의 아이디어 연쇄반응을 일으키고자 시행하는 자유연상법의 한 종류이다.

① ㉠, ㉡
② ㉠, ㉣
③ ㉡, ㉤
④ ㉢, ㉣

23 **창의적 사고력의 개발방법 중 하나인 시넥틱스에 대한 다음 설명을 참고할 때, 다음 [보기]의 세 가지 생각에 해당하는 유추 과정을 올바르게 구분한 것을 고르면?**

시넥틱스(Synectics)는 서로 관련성이 없는 요소들의 결합을 의미하며, 창의적인 문제해결 기법 중의 하나이다. 시넥틱스에서는 크게 두 가지 작업이 시행된다. 하나는 익숙한 것을 사용해서 새로운 것을 만드는 것이고, 다른 하나는 익숙하지 않은 것을 익숙한 것으로 만들어 보는 것이다. 전자는 너무 익숙해서 새로운 생각을 하기 어려운 상황을 벗어나기 위한 것이고, 후자는 익숙하지 않은 상황도 익숙한 것으로 받아들여 이용하기 위한 것이다.

세넥틱스는 다음과 같은 네 가지의 유추 과정을 활용하여 창의적인 결과물을 만들어낼 수 있다.

구분	내용
직접적인 유추	실제로 비슷하지 않은 두 개념을 객관적으로 비교함으로써 현재 직면하고 있는 문제를 해결하고자 한다.
의인 유추	문제를 해결하는 사람 스스로가 문제의 일부분이 되었다고 생각해 봄으로써 문제가 필요로 하는 통찰을 끌어내고자 한다.
상징적 유추	개념이나 대상들의 관계를 기술할 때 상징을 활용하고자 한다.
환상적 유추	현실을 넘어서는 상상을 통해 유추함으로써 문제를 해결하고자 한다.

보기

㉠ 내가 만일 코로나19 바이러스라면 인간들의 방역 활동의 어떤 허점을 비웃겠는가?
㉡ 코로나19 바이러스의 확산과 인터넷의 확산은 어떤 면에서 비슷한가?
㉢ 코로나19의 백신이 발효식품에서 얻어질 수는 없는가?

	㉠	㉡	㉢
①	의인 유추	직접적인 유추	환상적 유추
②	상징적 유추	직접적인 유추	환상적 유추
③	상징적 유추	의인 유추	직접적인 유추
④	직접적인 유추	환상적 유추	상징적 유추

24 서울, 런던, 파리, 시드니, 방콕에서 서울 시각으로 오전 11시에 동시에 화상회의를 시작해 2시간 30분 후 종료하였다. 다음 [보기]에 제시된 조건이 모두 참이라고 할 때, 회의가 종료된 시각을 나라별로 나타낸 것으로 옳은 것을 고르면?

보기

- 런던은 서울보다 시차가 9시간 느리다.
- 파리는 런던보다 시차가 1시간 빠르다.
- 방콕은 시드니보다 시차가 4시간 느리다.
- 시드니는 런던보다 시차가 11시간 빠르다.

① 런던 – 오후 4시 30분
② 파리 – 오전 6시 30분
③ 시드니 – 오후 2시 30분
④ 방콕 – 오전 11시 30분

25 다음의 결론이 반드시 참이 되게 하는 전제를 고르면?

전제1	독서모임에 참여하는 어떤 사람은 대학생이다.
전제2	
결론	어떤 여자는 대학생이다.

① 어떤 여자는 독서모임에 참여한다.
② 모든 여자는 독서모임에 참여한다.
③ 독서모임에 참여하는 모든 사람은 여자이다.
④ 독서모임에 참여하는 어떤 사람은 여자이다.

26 다음은 U사의 휴가 규정 중 일부 내용이다. 이에 대한 설명으로 옳은 것을 고르면?

제1조 (목적)

이 규정은 회사의 휴가 제도를 정하고, 직원의 휴가 사용에 대한 기준 및 절차를 명확히 하여 원활한 업무 수행을 도모함을 목적으로 한다.

제2조 (휴가의 종류)

직원은 다음과 같은 종류의 휴가를 사용할 수 있다.

① 연차휴가

② 병가

③ 육아휴직

④ 청원휴가 (예: 결혼, 장례 등)

제3조 (연차휴가의 부여)

연차휴가는 근로 기간에 따라 다음과 같이 발생한다.

① 계속 근로 기간이 1년 미만인 경우 1개월 만근 시 1일의 유급 휴가가 부여되며(최대 11일), 입사한 날로부터 1년이 되는 날 사용하지 않은 유급 휴가는 일괄 소멸된다.

② 계속 근로 기간이 1년 이상인 경우, 연간 15일의 연차휴가가 부여되며, 계속 근로 기간 2년 마다 1일씩 추가로 부여된다.

제4조 (병가의 사용 기준)

1. 병가는 직원이 질병이나 부상으로 인해 근무가 불가능한 경우 사용할 수 있다.
2. 병가는 연간 최대 10일로 제한되며, 연속적으로 4일 이상 사용하는 경우 의사의 소견서를 제출해야 한다.
3. 병가를 사용하고자 하는 경우, 가능한 한 빠른 시일 내에 상급자에게 통보해야 한다.
4. 병가 사용 후 의사의 진단서를 제출해야 하며, 회사는 이를 확인한 후 병가를 인정한다.

제5조 (청원휴가 사용 기준)

청원휴가는 상황에 따라 다음과 같이 발생한다.

① 본인 결혼식의 경우 5일의 유급 휴가를 부여하며, 결혼식 예정일로부터 최소 14일 전까지 상급자에게 휴가 신청서와 결혼식 관련 서류(예: 청첩장)를 제출해야 한다.

② 배우자 출산의 경우 10일의 유급 휴가를 부여하며, 의사의 진단서 또는 출산을 확인할 수 있는 서류를 제출해야 한다.

③ 본인 및 배우자의 직계 존비속 사망의 경우 5일의 유급 휴가를 부여하며, 장례식 일정에 맞춰 가능한 한 빠른 시일 내에 상급자에게 통보하고, 사망 사실을 증명할 수 있는 서류(예: 사망진단서)를 제출해야 한다.

④ 본인 및 배우자의 형제, 자매, 4촌 이내 혈족의 사망인 경우 3일의 유급 휴가를 부여하며, 장례식 일정에 맞춰 가능한 한 빠른 시일 내에 상급자에게 통보하고, 사망 사실을 증명할 수 있는 서류(예: 사망진단서)를 제출해야 한다.

제6조 (휴가 신청 절차)

1. 직원은 휴가를 사용하고자 할 경우, 최소 3일 전까지 상급자에게 휴가 신청서를 제출해야 한다.
2. 상급자는 휴가 신청서를 검토 후, 2일 이내에 승인 여부를 통지해야 한다.

제7조 (잔여 연차의 미사용 수당)

1. 연차휴가의 최소 사용 기준(당해 발생 연차의 80% 이상)을 초과한 미사용 연차휴가에 한해 다음 연도로 이월할 수 있으며, 이월된 연차휴가는 최초 발생일로부터 2년이 경과한 경우 소멸된다.
2. 직원이 퇴사할 경우, 사용하지 않은 연차휴가는 미사용 수당으로 지급된다.

① 병가를 4일 이상 사용하는 경우 의사의 진단서를 제출해야 한다.

② 2025년 16개의 연차휴가가 발생한 사람은 2026년으로 최대 4개의 연차휴가를 이월할 수 있다.

③ 2025년 3월 4일에 입사한 근로자는 2029년 3월 4일에 17개의 연차휴가가 부여된다.

④ 배우자의 할아버지가 돌아가신 경우 3일의 유급 휴가가 부여된다.

27 **다음 중 ㉠과 ㉡의 의견을 가장 바르게 분석한 것을 고르면?**

> ㉠ 청렴은 개인과 조직의 신뢰를 구축하는 기본적인 요소입니다. 청렴한 사회는 투명성과 공정성을 바탕으로 하여 모든 구성원이 동등한 기회를 누릴 수 있는 환경을 제공합니다. 예를 들어, 공공기관에서의 청렴은 부패를 예방하고, 시민들이 정부를 신뢰하게 만듭니다. 이로 인해 사회적 안정과 경제적 발전이 이루어질 수 있습니다. 또한, 청렴한 태도는 개인의 도덕적 성장에 기여하며, 공동체의 윤리적 기준을 높이는 데 중요한 역할을 합니다.
>
> ㉡ 청렴은 때때로 지나치게 이상화되어 현실적인 문제를 간과하게 만들 수 있습니다. 예를 들어, 청렴을 강요하는 사회에서는 개인이 자신의 의견이나 정당한 이익을 주장하기 어려워질 수 있습니다. 또한, 청렴을 강조하는 과정에서 비윤리적인 행동이 억압될 수 있으며, 이로 인해 사람들은 비밀리에 부정행위를 저지를 가능성이 높아질 수 있습니다. 따라서 청렴이 항상 긍정적인 결과를 가져오는 것은 아니며, 상황에 따라 유연한 접근이 필요하다는 주장이 있습니다.

① 한 가지 주제에 대해 ㉠은 회의적인 시각을, ㉡은 긍정적인 시각을 보여주고 있다.
② ㉠은 비판적인 사고, ㉡은 논리적인 사고를 통해 각자의 의견을 제시하고 있다.
③ ㉠은 사회의 입장만을 대변하고 있으며, ㉡은 개인의 입장만을 대변하고 있다.
④ ㉠과 ㉡ 모두 사례를 통해 자신의 주장을 뒷받침하고 있다.

28 **A, B, C, D, E 5명은 구내식당에서 점심을 먹기 위해 일렬로 줄을 서 있다. 이들 중 한 명만 거짓을 말하고 있을 때, 항상 참인 것을 고르면?**(단, 5명 외에 줄을 서 있는 사람은 없다.)

> A: B는 나보다 뒤에 서 있다.
> B: C는 나보다 앞에 서 있다.
> C: D는 A보다 뒤에 서 있다.
> D: E는 나의 바로 앞에 서 있다.
> E: A는 B보다 앞에 서 있다.

① D는 B보다 뒤에 서있다.
② A는 B보다 앞에 서 있다.
③ E와 D 사이에는 아무도 없다.
④ B의 진술은 거짓이다.

29 다음 [보기]의 논리적 오류와 같은 것을 고르면?

보기
• 머리카락 하나가 빠지면 대머리가 되지 않는다. • 두 개가 빠져도, 100개가 빠져도 그렇다. • 따라서 1만개가 빠져도 대머리가 되지 않는다.

① 모든 사람은 평등하다고 하였으므로 나는 다른 사람들과 똑같이 나쁜 행동을 해도 상관없다고 생각했다.
② 장발장이 빵을 훔쳤다는 증거는 없다. 그러니 그는 결백한 거다.
③ 조금씩 야근을 늘린다고 큰 문제가 생기지 않아. 그러니까 매일 야근을 해도 문제없어.
④ 자동차가 많아져서 환경 문제가 심각해지고 있다. 따라서 모든 자동차를 없애야 한다.

30 다음 설명에 해당하는 사례로 적절하지 않은 것을 고르면?

강제결합법(forced connection method)은 서로 관계가 없는 둘 이상의 대상을 강제로 연결시켜 아이디어를 창출하는 방식이다. 조금 인위적인 방법이기는 하지만 지식과 경험이 부족할 때나 아이디어가 더 이상 생성되지 않을 때 유용하게 사용할 수 있다. 강제연결법은 두 대상의 관계성이 낮을 때 효과가 더 크게 나타날 수 있다. 두 대상은 머리에 떠오르는 대상으로 해도 되지만, 관계성이 낮아야하기 때문에 단어 카드를 무작위로 뽑아서 나온 단어들을 연결하는 방법을 사용할 수 있다.

강제결합법은 소프트뱅크의 손정의 회장이 사용한 기법으로도 유명하다. 방법은 다음과 같다.

몇 백 개의 단어 카드를 만든다.
⇩
상자에 넣고 잘 섞는다.
⇩
2~3개의 단어 카드를 뽑는다.
⇩
해당 단어가 암시하는 아이디어를 결합한다.

① 휴대폰의 특성을 시계에 접목하여 전화와 카메라, 알람 기능 등을 갖춘 스마트워치를 개발하였다.
② 기존 사용하던 플라스틱 컵의 재질을 끊임없이 대체해 보는 과정을 통해 종이컵이 개발되었다.
③ 음성, 사전, LCD 등의 단어를 결합하여 음성지원 전자번역기를 개발하였다.
④ 구름과 가방이라는 단어카드를 뽑아 구름처럼 가벼우면서 튼튼한 가방을 개발하였다.

31 K사원이 아래 업무를 처리하기 위해 일의 우선순위 매트릭스를 고려했을 때, 먼저 해야 할 업무부터 차례대로 나열한 것을 고르면?

> ㉠ 낙찰된 입찰 건 계약서 작성 업무
> ㉡ 예정되어 있지 않았던 거래처 직원과 미팅
> ㉢ 회사 전체 워크샵 준비를 위한 계획 수립하기
> ㉣ 신규 입사자들이 제출한 자격증을 잃어버린 것을 알게 되었을 때
> ㉤ 동료 직원이 부탁한 상품 가격 비교하기

① ㉠ → ㉣ → ㉢ → ㉤ → ㉡
② ㉣ → ㉠ → ㉢ → ㉡ → ㉤
③ ㉣ → ㉠ → ㉡ → ㉢ → ㉤
④ ㉠ → ㉣ → ㉡ → ㉢ → ㉤

32 다음 중 고객만족도 조사의 3원칙에 해당하지 않는 것을 고르면?

① 계속성의 원칙
② 객관성의 원칙
③ 정확성의 원칙
④ 정량성의 원칙

33 다음 [보기] 중 자원 및 자원관리와 관련된 설명으로 옳지 않은 것의 개수를 고르면?

보기

㉠ 자원이란 기업활동을 위해 사용되는 기업 내의 모든 시간, 예산, 물적 및 인적자원을 말한다.
㉡ 자원은 한 사람이나 조직에게 제한적으로 주어지므로 어떻게 활용하느냐가 매우 중요하다.
㉢ 자원관리능력은 모든 사람에게 필수적인 능력이며, 이러한 능력이 없으면 어떤 일도 진행할 수 없다.
㉣ 효과적으로 자원관리를 하기 위한 4단계 과정 중, 첫 번째는 '자원 활용 계획 세우기'이다.

① 1개
② 2개
③ 3개
④ 4개

34 다음 [보기] 중 시간의 특성에 대한 설명으로 옳은 것을 모두 고르면?

보기

㉠ 시간은 어떻게 사용하느냐에 따라 누군가에게 무한한 이익이나 엄청난 손해를 가져다 줄 수 있다.
㉡ 시간은 매일 누구에게나 주어지므로, 미리 그 시간을 빌리거나 저축할 수 있다.
㉢ 시간은 시절에 따라 밀도도 다르고 가치도 다르다.
㉣ 시간이 어떤 때는 빠르게 가는 것 같이 느껴지고, 어떤 때는 느리게 가는 것 같이 느껴지므로 시간이 똑같은 속도로 흐르는 것은 아니다.

① ㉠, ㉡
② ㉠, ㉢
③ ㉡, ㉢
④ ㉢, ㉣

35 다음은 선택근무제에 대한 설명이다. 이를 이해한 내용으로 적절하지 않은 것을 고르면?

> 유연근무제는 근로자와 사용자가 근로시간이나 근로 장소 등을 선택·조정하여 일과 생활을 조화롭게 하고, 일하는 방식 변화를 통해 생산성을 높일 수 있는 근무방식이다. 유연근무의 유형으로는 시차출퇴근제, 선택근무제, 재택·원격근무 등이 있다.
>
> 시차출퇴근제는 기존의 소정근로시간을 유지하면서 출퇴근시간을 조정하는 방식이다. 연구·개발직, 관리·사무직 등은 물론 기업사정에 따라 영업직, 일부 생산직까지도 고려해 볼 수 있는 가장 기본적이며 활용하기 쉬운 형태의 유연근무이다.
>
> 선택근무제는 1개월(신상품 또는 신기술의 연구개발 업무의 경우에는 3개월) 이내 정산기간을 평균하여 1주간의 소정근로시간이 40시간을 초과하지 않는 범위에서 1주 또는 1일 근무시간을 조정하는 제도이다.
>
> 정산기간 중 업무의 시작 및 종료시각이 근로자의 자유로운 결정에 맡겨져 있는 완전선택근무와 일정한 시간대를 정하여 그 시간(의무적 근로시간대)에는 근로자가 사용자로부터 시간적 구속과 구체적인 업무지시를 받고 나머지 시간(선택적 근로시간대)은 근로자 자유롭게 결정하는 부분선택근무가 있다.
>
> 재택근무는 근로자가 정보통신기기 등을 활용하여 주거지에 업무공간을 마련하여 근무하는 제도이며, 원격근무는 주거지, 출장지 등과 인접한 원격근무용 사무실에서 근무하거나 외부 장소에서 모바일 기기를 이용하여 근무하는 제도이다. 재택·원격근무는 독립적인 업무수행이 가능하거나, 대면 접촉이 거의 없는 직무, 특정한 장소에서 이루어지지 않아도 되는 직무 등에 적용하기 용이하다.

① 매주 1일 8시간, 1주 40시간 근무를 꼭 준수해야 한다.
② 업무량 변동에 대응하는 유연한 인력을 배치하거나 관리하기 수월하다.
③ 부서 간 소통과 전체 회사 차원의 과제 진행 관리의 복잡성이 증가한다.
④ 주로 업무량이 일정기간 몰리는 사무직, IT직군, 관리직군 등에서 활용될 수 있다.

36 **P팀장은 잦은 초과 근무로 지친 팀원들을 위해 치킨, 피자, 중국요리를 배달시키려고 한다. 주문 금액은 총 43,000원이고, A~C배달 업체 중 가장 저렴한 업체를 이용하려고 할 때, 지불해야 할 배달비를 고르면?**(단, 배달 업체는 치킨집, 피자집, 중국집 중 한 곳에서 출발하여 남은 두 음식점을 거친 후 마지막에 회사에 도착해야 한다.)

[그림] 회사 및 음식점 간 거리

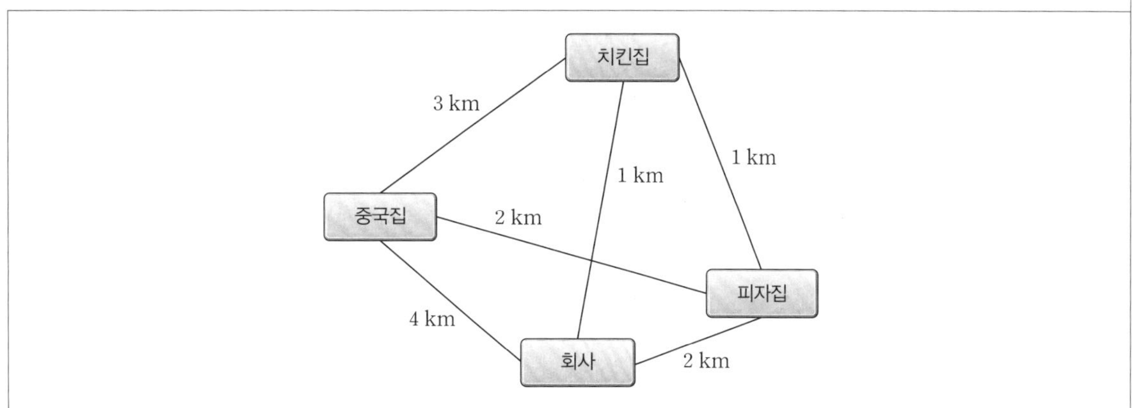

- A배달 업체
  - 기본 배달비(2km 이내) 2,500원 / 2km 초과 시 1km당 800원 추가
  - 20,000원 이상 주문 시 1,000원 할인 / 50,000원 이상 주문 시 1,500원 추가 할인
  - 타 업체 1곳 경유 시(1km 이내)마다 1,500원 추가 / 1km 초과 시 1km당 800원 추가
- B배달 업체
  - 기본 배달비(3km 이내) 3,500원 / 3km 초과 시 1km당 1,200원 추가
  - 25,000원 이상 주문 시 1,500원 할인 / 40,000원 이상 주문 시 1,000원 추가 할인
  - 타 업체 1곳 경유 시(1km 이내)마다 2,000원 추가 / 1km 초과 시 1km당 500원 추가
- C배달 업체
  - 기본 배달비(3km 이내) 4,000원 / 3km 초과 시 1km당 900원 추가
  - 20,000원 이상 주문 시 1,500원 할인 / 이후 10,000원당 800원 추가 할인
  - 타 업체 1곳 경유 시(1km 이내)마다 2,000원 추가 / 1km 초과 시 1km당 1,000원 추가

① 6,700원　② 6,800원
③ 6,900원　④ 7,000원

37 **아래 사례를 보고 두 팀장이 팀원들의 인력을 효과적으로 배치하기 위한 내용으로 적절하지 않은 것을 고르면?**

> 반도체 제조 기업에서 일하는 기획팀 김○○ 팀장(45)은 남모를 고민을 가지고 있다. 자신의 팀원들은 평소엔 의욕을 가지고 열심히 일하지만, 정작 중요한 회의 때에는 의사결정을 위한 명확한 답을 제시하지 못하고 있어 답답하다. 팀원들이 제시하는 의견에 문제가 많다고 느끼지만 김 팀장 역시 의사결정 과정에서 어떤 부분이 문제가 생기고 있는 것인지 정확히 파악할 수 없어 회의 때마다 진행에 어려움을 겪고 있다.
>
> 올 초 새내기 팀장이 된 S사 오○○(38)씨는 조직에서 샌드위치 신세를 벗어나기 위해 다양한 시도를 한 결과 팀장 리더십에 관한 교육을 제일로 꼽았다. 그는 팀원 관리를 위해 여러 가지 서적을 읽었지만 이를 적용시키기에는 어려움을 겪기만 했다.
>
> 위 사례들처럼 좋은 팀장이 되기는 쉽지 않은 일이다. 위로는 임원진의 경영 방침을 따라야 하고 아래로는 성과를 창출하기 위해 팀원들의 잠재력을 이끌어내야 하는 리더십이 필요하기 때문이다.

① 팀 전체의 적재적소를 고려하여 전체가 균형을 이루어야 한다.
② 각 팀원에게 능력을 발휘할 수 있는 기회와 장소를 부여하고, 그 성과에 대해 상응하는 보상을 해야 한다.
③ 팀원들의 개인적인 사정과 현재 재정 상태를 고려하여 언제든 자유롭게 쉴 수 있는 분위기를 만들어야 한다.
④ 팀원들의 능력이나 성격들을 고려한 후 가장 적합한 위치에 배치하여 그들의 능력을 최대로 발휘해 줄 수 있게 해야 한다.

38 아래 사례에 해당하는 자원 낭비 요소로 가장 적절한 것을 고르면?

> 네덜란드는 지난 7월부터 일회용 플라스틱 사용에 환경세를 부과하고 있다. 플라스틱으로 코팅된 종이컵 하나를 사용할 때 0.25유로가 부과되고, 일회용 그릇은 0.5유로가 부과된다. 유럽연합(EU), 경제협력개발기구(OECD)에 자원순환정책 자문을 하는 국제 비영리 컨설팅 단체 리룹(Reloop)의 손○○ 연구원은 "유럽에서는 우리나라처럼 아이스커피 소비가 많지 않기 때문에 일회용 컵이라고 하면 대부분 코팅 종이컵을 타깃으로 한다."며 "포르투갈, 아일랜드 등 다른 국가들도 종이컵 규제를 검토하고 있다."고 말했다.
>
> 유럽 국가들의 규제는 강력하지만 소상공인을 마냥 옥죄는 건 아니다. 프랑스는 20석 이상의 식당, 독일은 80㎡가 넘고 종업원 수 5명 이상인 경우에만 규제가 적용되기 때문이다. 정작 소상공인 보호 필요성을 내세운 한국 정부는 당초 규제 대상을 면적 33㎡이상 매장으로 폭넓게 설정했었다. 이에 비하면 유럽은 소상공인은 보호하되 비교적 영업 규모가 큰 매장에는 의무를 부과한 셈이다. 손 연구원은 "독일은 규제 불이행 시 최대 1만 유로의 페널티를 부과하는 것으로 규정했지만 실제 현장에서는 위반 정도나 업장 규모에 따라 차등 부과를 하고 있다"고 설명했다.

① 비계획적 행동
② 편리성 추구
③ 자원에 대한 인식 부재
④ 노하우 부족

[39~40] 다음은 주민등록번호 개편(2020년 10월) 이전 당시의 주민등록번호 생성 원리를 나타낸 자료이다. 이를 바탕으로 이어지는 질문에 답하시오.

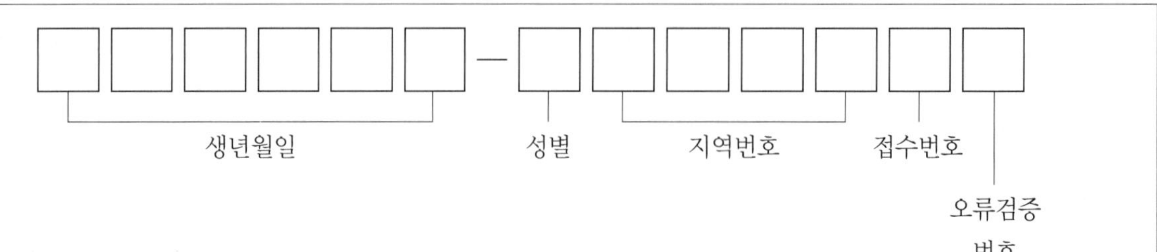

- 생년월일(6자리): 출생한 생년월일을 표시(예 2004년 1월 23일에 태어난 경우, 040123)
- 성별(1자리): 아래의 출생 시기 및 성별에 해당하는 성별코드를 표시

성별코드	출생 시기 및 성별	비고
1	1900~1999년에 출생한 한국인 남성	주민등록번호
2	1900~1999년에 출생한 한국인 여성	
3	2000~2099년에 출생한 한국인 남성	
4	2000~2099년에 출생한 한국인 여성	
5	1900~1999년에 출생한 외국인 남성	외국인등록번호
6	1900~1999년에 출생한 외국인 여성	
7	2000~2099년에 출생한 외국인 남성	
8	2000~2099년에 출생한 외국인 여성	

- 지역번호(지방자치단체 고유번호 2자리 + 읍면동 행정복지센터 고유번호 2자리): 아래의 지방자치단체에 해당하는 고유번호와 읍면동 행정복지센터의 고유번호를 연이어 표시

지방자치단체	고유번호	지방자치단체	고유번호
서울특별시	00~08	전라북도	48~54
부산광역시	09~12	전라남도	55~64
인천광역시	13~15	광주광역시	65~66
경기도	16~25	대구광역시	67~69
강원도	26~34	경상북도	70~81
충청북도	35~39	경상남도	82~84, 86~92
대전광역시	40	울산광역시	85
충청남도	41~43, 45~47	제주특별자치도	93~95
세종특별자치시	44, 96		

- 접수번호(1자리): 출생신고 당일, 관할 읍면동 행정복지센터에 출생이 접수된 순서를 표시
- 오류검증번호(1자리): 등록된 주민등록번호가 유효한지 확인하기 위해, 아래의 계산식의 결괏값(검증코드)을 표시

> 결괏값(검증코드)을 제외한 생년월일부터 접수번호까지 12개의 숫자를 순서대로 A~L이라고 했을 때,
> 결괏값(검증코드)=11−[{(2×A)+(3×B)+(4×C)+(5×D)+(6×E)+(7×F)+(8×G)+(9×H)+(2×I)+(3×J)+(4×K)+(5×L)}를 11로 나누었을 때의 나머지]

39 다음 [보기]의 내용 중 옳지 않은 것의 개수를 고르면?

보기

㉠ 대전광역시 유성구 온천1동 행정복지센터의 고유번호를 36이라고 한다면, 지역번호는 4436이다.

㉡ 1989년에 태어난 한국인 여성의 성별코드는 2이다.

㉢ 2018년 12월 7일에 태어난 외국인 남성의 생년월일에서 성별까지의 숫자는 181207−5이다.

㉣ A가 출산한 다음 날에 출생신고를 했다면, A보다 하루 늦게 출산한 B가 출산 당일에 A보다 먼저 출생신고를 했더라도 실제 출생일은 A의 자녀가 더 빠르므로 A의 접수번호 숫자가 더 낮다.

① 1개
② 2개
③ 3개
④ 4개

40 다음 [보기]는 주민등록번호 생성 원리를 바탕으로 나타낸 주민등록번호이다. 마지막 자리에 들어갈 숫자로 알맞은 것을 고르면?

보기

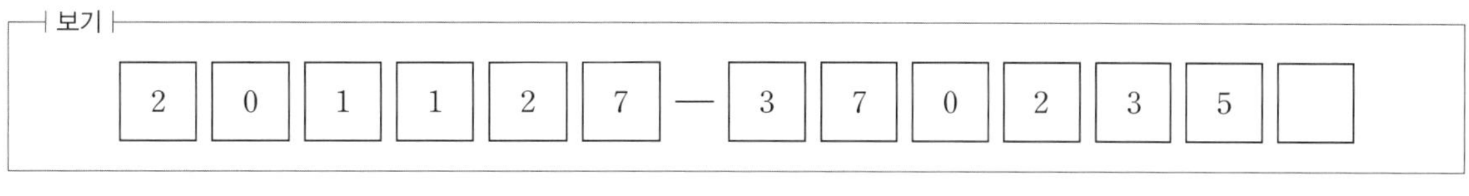

① 3
② 5
③ 7
④ 9

조직이해능력

※ 부산시 통합채용 출제 영역
(부산교통공사 응시자는 P.50으로 이동하여 푸십시오.)

41 다음은 조직운영 체계를 신뢰성과 적응성이라는 기준에 따라 구분한 표이다. 다음 중 표를 해석한 내용으로 가장 적절한 것을 고르면?

	신뢰성(Reliability)	적응성(Adaptability)
전략 특성	활용(Exploitation)	발굴(Exploration)
지향점	안정 속의 효율 추구	변화와 혁신 추구
위험에 대한 태도	위험 회피	위험 감수
조직화 원리	위계 중심(권위, 지위)	현장 중심(토론, 합의)
조직에 대한 은유	복잡한 기계	평등한 커뮤니티
	⇩ 전통적 위계조직	⇩ 자율경영 조직

① 활용은 이미 가지고 있는 것을 효율적으로 사용하는 것이고, 발굴은 새로운 지식의 추구를 의미하므로, 전통적 위계조직은 활용 전략을, 자율경영 조직은 발굴 전략이 적합하다.

② 굴뚝 산업형 제조업의 경우 변화와 혁신을 추구하는 자율경영 조직이 적합한 반면, 서비스 기반 사업의 경우 안정 속의 효율을 추구할 수 있는 전통적 위계조직이 적합하다.

③ 비영리 기관에 가입하는 사람들은 대개 '금전적 보상'이나 '지위'보다는 '대의'나 '가치'를 중시하기 때문에 전통적 위계조직이 더 맞을 가능성이 높다.

④ 대부분의 대기업은 변화에 대한 대응 능력과 혁신적 시도가 필수적이며, 조직문화를 새로 만들어야 하는 입장이므로 자율경영 조직 운영방식을 채택하는 것이 좋다.

42 다음은 사업부제 조직 구조도이다. 해당 조직의 특징으로 적절하지 않은 것을 고르면?

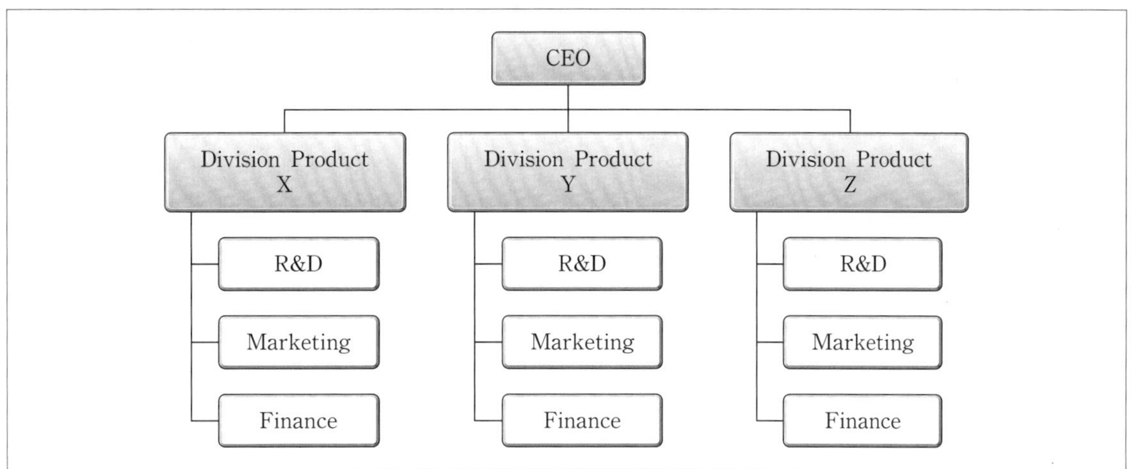

① 전문경영자에게 권한과 책임을 부여함으로써 시장변화 또는 소비자 욕구변화에 빠르게 대처할 수 있다.
② 지나친 경쟁을 유발하여 조직 전체의 목적을 훼손할 수도 있다.
③ 참여 시장과 제품의 수가 많아짐에 따라 제품, 시장, 지역에 기초하여 분류된 조직형태이다.
④ 고객의 요구에 보다 잘 적응할 수 있으나, 이중보고 체계로 인해 혼란을 느낄 수도 있다.

43 다음 사회 집단의 분류에 관한 다음 글을 바탕으로 할 때, 옳은 것을 고르면?

사회 집단은 다양한 기준에 따라 여러 가지로 나눌 수 있는데, 크게 보면 소집단과 대집단, 1차 집단과 2차 집단으로 나눌 수 있다. 소집단은 사람들이 가까운 관계를 맺고 자주 만나는 작은 규모의 집단을 의미한다. 여기서 사람들은 서로를 잘 알고, 깊은 관계를 유지한다. 반면, 대집단은 큰 규모의 집단을 말한다. 이곳에서는 모든 사람이 서로를 알 수는 없지만, 특정 목표나 규칙에 따라 모여 활동하게 된다. 예를 들어, 학교에서는 같은 반 학생들이 서로 친할 수 있지만, 다른 학년이나 다른 반의 학생들까지 다 알지는 못하는 것이다.

1차 집단은 서로 친밀하고 감정적으로 가까운 관계를 맺는 집단을 말한다. 1차 집단에서는 서로의 감정을 공유하고, 깊이 있는 대화를 나누는 게 중요하다. 2차 집단은 특정한 목표나 활동을 위해 모인 집단을 의미한다. 여기서는 사람들끼리의 감정적 교류보다는, 정해진 규칙에 따라 활동하는 것이 더 중요하다.

① 회사는 1차 집단에 해당하는 대집단이다.
② 친구 관계는 1차 집단이자 소집단에 해당한다.
③ 1차 집단과 소집단은 비슷한 의미로 사용될 수 없다.
④ 2차 집단과 대집단은 비슷한 의미로 사용될 수 없다.

44 다음 [보기] 중 조직목표에 관한 설명으로 옳은 것의 개수를 고르면?

보기

㉠ 조직의 목표에서 공식적인 목표와 실제적인 목표가 서로 다를 수 있고, 목표 자체가 변할 수도 있다.
㉡ 조직 구성원들이 각자 자신의 업무에 몰입하고 성실하게 일을 수행하더라도 전체 조직의 목표가 달성되는 것은 아니다.
㉢ 세부목표 혹은 운영목표는 조직이 실제 활동을 통해 달성하고자 하는 것으로, 사명과 달리 측정 가능한 형태로 기술되는 장기적인 목표이다.
㉣ 조직이 커질수록 각 기능 간의 소통과 협력은 점차 어려워지거나 부서 이기주의 등의 문제가 발생하여 조직의 목표를 위해 함께 협력하지 않고, 각 부서의 이해관계를 앞세우면서 서로 책임을 전가하는 경우가 많아진다.

① 1개
② 2개
③ 3개
④ 4개

45 다음은 △△개발공사의 조직 구조도이다. [보기]에서 해당 조직에 대한 설명으로 옳은 것을 모두 고르면?

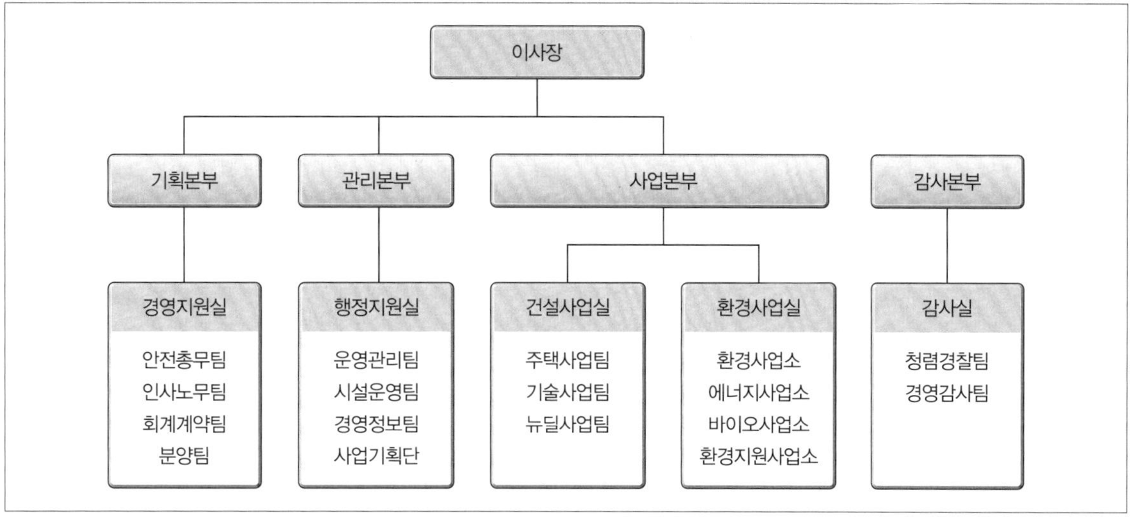

보기

㉠ △△개발공사의 조직 구조는 기능적 조직구조이다.
㉡ △△개발공사에서는 분권화된 의사결정이 가능하다.
㉢ 의사결정이 빠르고 전사적인 조직 문화를 갖기에 용이한 구조이다.
㉣ 조직의 내부 효율성을 중요시하며 기업의 규모가 작을 때 적절한 구조이다.

① ㉠, ㉡, ㉢
② ㉠, ㉡, ㉣
③ ㉠, ㉢, ㉣
④ ㉡, ㉢, ㉣

46 다음 [보기]에서 두 집단을 구분할 수 있는 분류 기준으로 적절한 것을 고르면?

보기

T사원은 프로 농구선수를 꿈꿨지만, 가정 형편 악화로 꿈을 접고 아픈 부모님과 어린 동생들을 부양하며 학업 대신 아르바이트로 10대를 보냈다. 이후 동생들이 성장하며 가정의 부담에서 벗어나게 되었고, 늦게나마 공부를 시작해 OO사의 채용시험에 합격하여 입사하게 되었다.

① 구성원들의 소속감
② 구성원들의 친밀도
③ 구성원들의 접촉방식
④ 구성원들의 결합의지

47 다음은 SWOT 분석에 관한 내용과 A기업의 사례를 나타낸 것이다. A기업의 사례를 바탕으로 할 때, ㉠에 해당하는 것을 고르면?

SWOT 분석은 기업의 내부 환경과 외부 환경을 분석하여 강점(Strength), 약점(Weakness), 기회(Opportunity), 위협(Threat) 요인을 규정하고, 이를 토대로 경영 전략을 수립하는 기법을 말한다. SWOT 분석은 미국의 경영 컨설턴트인 앨버트 험프리(Albert Humphrey)에 의해 고안되었는데, SWOT 분석의 가장 큰 장점은 기업의 내·외부 환경 변화를 동시에 파악할 수 있다는 것이다. 기업의 내부 환경을 분석하여 강점과 약점을 찾아내며, 외부 환경 분석을 통해서는 기회와 위험을 찾아낸다. SWOT 분석을 그림으로 나타내면 다음과 같다.

	강점(Strength)	약점(Weakness)
기회(Opportunity)	(㉠)	WO전략
위협(Threat)	ST전략	WT전략

A기업의 사례

강점(Strength)	• 화장품과 관련된 높은 기술력 보유 • 기초화장품 전문 브랜드라는 소비자 인식과 높은 신뢰도
약점(Weakness)	• 남성 전용 화장품 라인의 후발 주자 • 용량 대비 높은 가격
기회(Opportunity)	• 남성들의 화장품에 대한 인식 변화와 화장품 시장의 지속적인 성장 • 화장품 분야에 대한 정부의 지원
위협(Threat)	• 경쟁업체들의 남성 화장품 시장 공략 • 내수 경기 침체로 인한 소비심리 위축

① 정부의 지원을 통한 제품의 가격 조정
② 남성 화장품 이외의 라인에 주력하여 경쟁력 강화
③ 기초화장품 기술력을 남성 화장품 이외의 라인에 적용
④ 기초화장품 기술력을 통한 경쟁적 남성 기초화장품 개발

48 다음 글은 J그룹 회장이 새해를 맞아 경영 원칙 및 그룹 비전을 선포하는 자리에서 한 연설에 관한 내용이다. J그룹 회장이 경영의 구성요소 중 가장 높은 가치를 두고 있는 것을 고르면?

> 최근 글로벌 유통기업으로 주목을 받고 있는 J그룹 회장의 경영 원칙에 대한 연설이라 참석자 모두가 귀를 기울였다. J그룹의 회장은 "우리 회사에서 최우선으로 생각하는 사람은 우리의 고객, 그다음은 우리 회사의 구성원, 마지막이 주주입니다."라고 이야기하였다.
>
> 연설이 끝나고 이 자리에 있던 글로벌 최대 증권사인 H회사의 투자 담당 임원 중 한 사람이 "J그룹 회장님의 생각이 그렇다면 저희는 J그룹의 주식을 매입하지 않겠습니다."라고 말하였고, 그 말을 들은 J그룹 회장은 H회사의 임원에게 "그렇다 하더라도 어쩔 수 없습니다."라고 말했다.
>
> J그룹 회장은 "우리 회사에 돈을 주는 사람은 주주가 아니라 고객이며, 그 고객을 위한 가치와 혁신, 변화를 만들어내는 사람은 우리 회사의 구성원들입니다. 주주자본주의를 중심으로 한 생각으로 인해 회사가 주주에게 끌려 다니는 것을 원하지 않습니다. 주주는 자신의 이익을 위해 지금이라도 떠날 수 있지만, 우리 회사에서는 고객을 먼저 생각하고 한 사람, 한 사람이 회사의 대표라고 생각하며 오늘도 혁신의 최전선에 서 있는 구성원들이 있습니다. 외부 투자에 의존하기보다는 구성원을 소중하게 생각하는 경영을 하려고 합니다."라고 말했다.

① 자금 ② 경영목적
③ 인적자원 ④ 경영전략

49 다음은 조직구조를 셀(Cell) 단위로 변화시킨 N사의 사례이다. 다음 사례를 통해 알 수 있는 셀 단위 조직의 특징으로 볼 수 없는 것을 고르면?

[셀 단위로 바뀐 N사 조직]

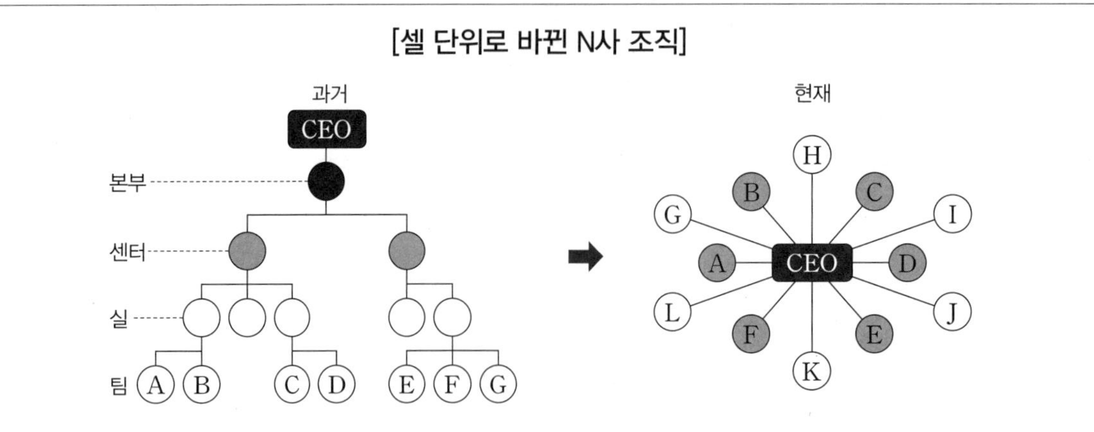

N사는 개별 사업으로 글로벌 진출이 가능하다고 판단된 웹툰, 동영상, 사전, 클라우드 등의 분야를 'Cell'이라는 독립조직으로 분리하였다. 관료제적 성향이 짙었던 팀제 내에서의 수직적 의사결정을 구성원 전체가 할 수 있는 형태로 바꾼 것이다. 'Cell 제도' 내에서는 연중행사나 프로젝트에 따라 유연하게 조직 형태를 바꿀 수 있다. 그 때문에 예측하지 못한 상황에도 신속하게 반응을 할 수 있었으며 직책에 얽매이지 않아 구성원 모두가 자신의 의견을 피력할 수 있었다. 또한, 직급이나 연공에 상관없이 각 'Cell'의 리더가 선출되어 수직적인 구조가 아닌 구성원들과 논의하여 원하는 방향으로 의사결정이 손쉽고 빠르게 이루어질 수 있도록 변화를 꾀하였다.

현재는 'Cell 제도'를 거쳐 CIC(Company In Company) 형태로 변화하였다. N사는 매해 시장 변화에 빠르게 대응해야 하거나 중요하다고 판단되는 과제를 담당하는 조직을 프로젝트로 운영하고 있다. 각 프로젝트는 추후 Cell 조직으로 발전하게 되며 이후 상위 개념인 CIC로 발전해 독립적인 회사형태를 띠게 된다. 프로젝트-Cell-CIC 단계를 거치면서 조직은 더 많은 책임과 권한을 부여받게 된다. 해당 리더에게 대표라는 호칭과 권한을 부여하여 조직 전체에 대한 자율성과 책임감을 주어 동기부여를 하게 하는 것이다. 이 과정에서 직원들은 자신이 원하는 프로젝트를 자유롭게 제시할 수 있으며 해당 프로젝트가 충분한 사업성이 있거나 혁신적일 경우 제시한 사람은 직급과 관계없이 Cell 조직의 리더가 될 수 있다. 조직 내에서 자신의 아이디어를 실현하며 성취를 이뤄낼 수 있다.

① Cell 조직의 리더는 인사·예산·기획 등의 권한까지 부여받는다.
② 조직 구성원 누구에게나 'Cell'의 리더가 될 가능성이 열려있다.
③ CEO에게 의견을 전달하는 단계가 Cell 조직으로 변화되며 확연히 줄어들었다.
④ 연중행사나 프로젝트에 따라 유연하게 조직 형태를 바꿀 수 있으므로 일종의 매트릭스 구조로도 볼 수 있다.

50 ○○공사는 A에서 B로 조직 구조에 변화를 주었다. A와 B에 해당하는 설명으로 옳지 않은 것을 고르면?

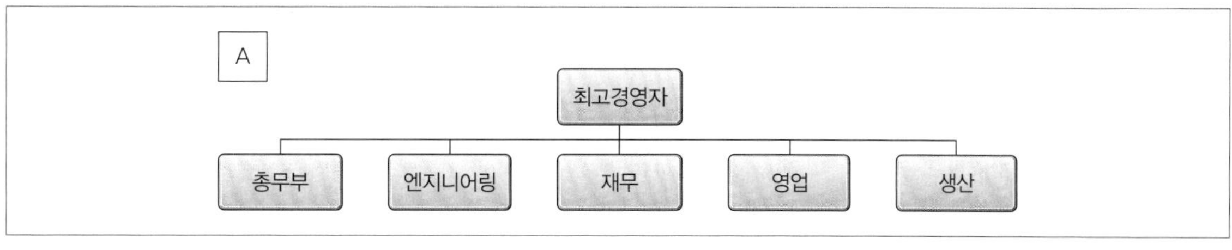

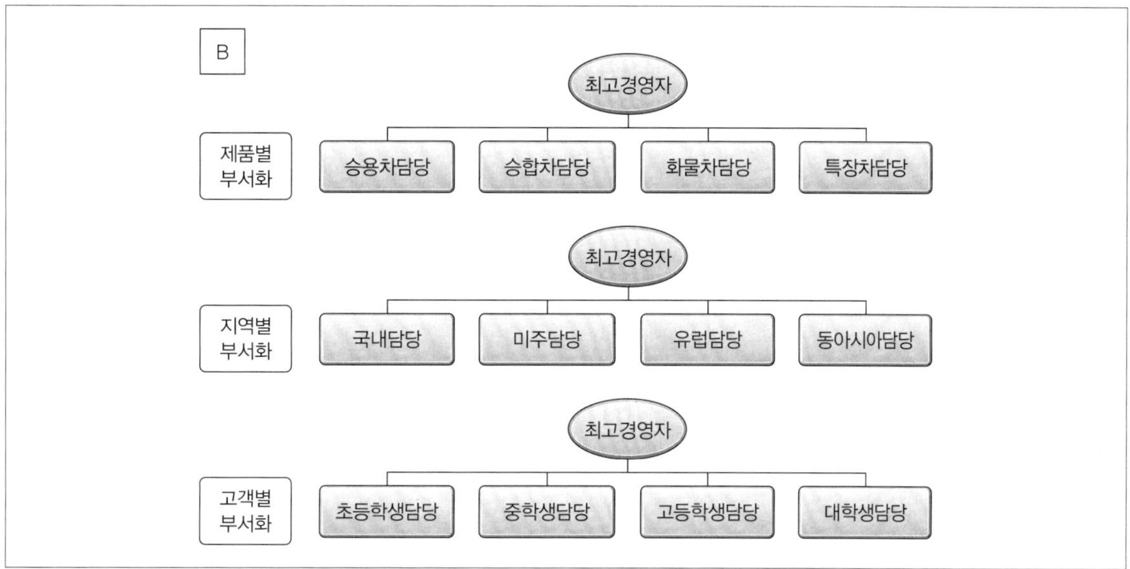

① A: 의사결정 권한이 최고경영자에게 집중되므로 조직의 직무와 권한이 명확하다.

② A: 환경이 안정적이고 변화가 적은 경우에 적합한 구조이다.

③ B: 책임소재가 분명하지 않으므로 부서 간 협력이 쉽다.

④ B: 소비자의 독특한 요구, 제품이나 지역의 특수성 등이 반영되기 쉽다.

정보능력

※ 부산교통공사 출제 영역
(부산시 통합채용 응시자는 P.42로 이동하여 푸십시오.)

41 **다음 중 컴퓨터에서 사용되는 캐시(Cache) 메모리에 대한 설명으로 올바른 것을 고르면?**

① 캐시 메모리의 효율성은 적중률(Hit Ratio)로 나타내며, 적중률이 낮을수록 시스템의 전체적인 속도가 향상된다.

② 캐시 메모리는 기억 용량이 작으나, 속도가 빠른 버퍼 메모리이다.

③ 주기억장치의 용량 제한으로 발생하는 문제를 해결하기 위하여 쓰이는 메모리는 연관 메모리이다.

④ 캐시 메모리는 동적 램을 사용하며 데이터만 입력된다.

42 **다음 [보기]의 그림은 일정한 규칙에 의해 좌에서 우로 변한다. 빈칸에 들어갈 그림으로 알맞은 것을 고르면?**

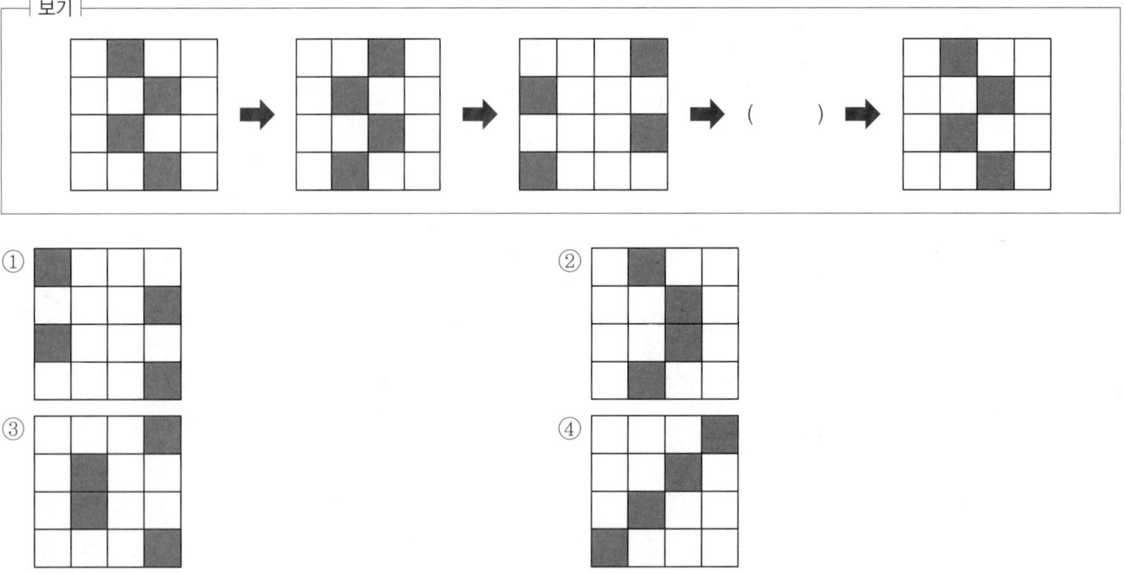

43 다음 [보기]에 대한 설명으로 옳지 않은 것을 고르면?

보기

빅데이터의 특성 중 하나인 다양성(Variety)은 정형 데이터(날짜, 이름, 우편번호, 신용카드 번호, 메트릭 등), 비정형 데이터(영상, 이미지, 음성 등), 반정형 데이터(JSON, HTML, XML, 로그 등)의 세 가지 데이터 종류를 포함한다.

① 반정형 데이터는 추가 가공을 거쳐도 정형 데이터로 만들 수 없다.
② 정의된 구조, 모형을 따르는 데이터로 비교적 쉽게 분석이 가능한 것은 정형 데이터의 특징이다.
③ 비정형 데이터는 정해진 규칙이 없는 데이터로 연산이 불가능하다.
④ 반정형 데이터는 형식이 있으나 연산이 불가능한 데이터를 말하며 데이터의 형식과 구조가 변경될 수 있다.

44 다음 중 컴퓨터의 기능과 실행 방법을 연결한 것으로 옳지 않은 것을 고르면?

① 창 한꺼번에 닫기: 여러 폴더를 열어 놓았을 때, Shift 키를 누른 상태로 현재 폴더를 닫으면 지금까지 열어 놓은 상위 폴더까지 한꺼번에 닫힌다.
② 연결 프로그램 변경하기: Shift 키를 누른 상태에서 파일을 마우스 오른쪽 버튼으로 누르면 단축 메뉴에 '연결 프로그램'이라는 항목이 나타나 연결 프로그램을 바꿀 수 있다.
③ 마우스 오른쪽 메뉴 기능 이용하기: Shift+F10 키를 같이 누르면 마우스 오른쪽 키를 누른 것과 같은 메뉴를 실행시킬 수 있다.
④ 엑셀의 인쇄 설정하기: 인쇄 영역을 설정하려면 '페이지 레이아웃' → '인쇄 제목' → '인쇄 영역 설정'을 선택하여 설정할 수 있다.

45 다음과 같은 입력값에 대한 B5 셀의 결괏값을 수식으로 입력할 때, '순환참조의 오류'가 나오는 수식을 고르면?

	A	B
1	거래처	판매금액(원)
2	A매장	100,000
3	B매장	200,000
4	C매장	300,000
5	합계	

① =SUM(B1,B4)
② =SUM(B1:B4)
③ =SUN(B2:B4)
④ =SUM(B2:B5)

46 IT기기를 활용한 정보처리 과정은 '기획 → 수집 → 관리 → 활용'의 단계를 거친다. 다음 [보기]의 ㉠~㉣을 정보처리 과정의 각 단계에 부합하는 순서대로 재배열한 것을 고르면?

보기

㉠ 5W2H의 요소들을 파악하여 이를 정보처리의 기준으로 활용한다.
㉡ 다양한 정보가 목적성, 용이성, 유용성의 원칙에 부합하는지를 고려한다.
㉢ 효과적인 예측을 통해 다양한 정보원으로부터 목적에 적합한 정보를 입수한다.
㉣ 문제 해결에 적합한 정보를 찾고 선택할 수 있는 능력, 찾은 정보를 문제해결에 적용할 수 있는 능력 등 다양한 능력이 수반되어야 한다.

① ㉠-㉢-㉡-㉣
② ㉠-㉣-㉡-㉢
③ ㉡-㉠-㉣-㉢
④ ㉢-㉠-㉡-㉣

47 MS Excel을 활용하여 A아파트의 전기요금 현황을 다음과 같이 정리하였다. 이에 대한 설명으로 옳은 것을 [보기]에서 모두 고르면?

	A	B	C	D	E	F
1	〈A아파트 가구 당 전기요금〉					
2	동	호수	전기요금(원)		구분	가구 수
3	101	202	52,000		총 가구	12
4	102	201	48,000		평균 미만	7
5	102	403	46,000		평균 이상	5
6	101	502	54,000			
7	103	105	51,000			
8	102	202	49,000			
9	103	103	50,000			
10	101	302	52,000			
11	103	303	48,000			
12	101	501	46,000			
13	103	503	46,000			
14	102	105	49,000			

보기

㉠ A아파트 전기요금의 가구 당 평균 전기요금을 구하는 수식은 '=AVERAGE(C3: C14)'이다.
㉡ F3 셀에 '=COUNT(C3:C14)'와 '=COUNTA(C3:C14)'를 입력했을 때의 값은 달라지며, 범위를 설정하기 위한 수식으로 콜론(:) 대신 세미콜론(;)을 사용할 수 있다.
㉢ F4 셀에 들어가야 할 수식은 '=COUNTIF(C3:C14,"<"&AVERAGE(C3:C14))'이다.
㉣ F4와 F5 셀에 입력된 수식의 차이는 대소 부호인 '<', '>'의 차이밖에 없다.

① ㉠, ㉡, ㉢　② ㉠, ㉡, ㉣
③ ㉠, ㉢, ㉣　④ ㉡, ㉢, ㉣

48 다음 중 짝수와 홀수를 판단하거나 혹은 특정한 주기별로 어떠한 작업을 수행하고자 할 때 유용하게 활용할 수 있는 함수로 올바른 것을 고르면?

① MOD 함수
② TRUNC 함수
③ ROW 함수
④ MID 함수

49 다음 중 MS Excel 사용 시의 '오류 메시지'에 대한 설명으로 적절하지 않은 것을 고르면?

① #N/A – 공통부분이 없는 두 영역의 부분을 지정했을 경우 나타나게 된다.
② #VALUE! – 잘못된 인수나 피연산자를 사용했을 경우 나타나게 된다.
③ #DIV/0! – 수식에서 특정값을 0 또는 빈 셀로 나눌 경우 나타나게 된다.
④ #NAME? – 함수명을 잘못 사용하거나 수식에 인용 부호 없이 텍스트를 입력한 경우 나타난다.

50 다음 글을 참고할 때, Vigenère 암호 체계에서 "FIRE"라는 메시지를 "TO"를 매개어로 암호화한 것을 고르면?

> 군사 및 민간 분야에서 널리 사용되는 통신 코드는 국가마다 주로 사용하는 방식이 다양하다. 이러한 통신 코드를 암호화하여 사용하는 방법 중 하나로 시저 암호(Caesar cipher)가 있다. 시저 암호는 각 알파벳을 일정한 숫자만큼 밀어내는 방식입니다. 예를 들어, 시저 암호의 이동값이 3이면, 'A'는 'D'로 바뀌고, 'B'는 'E'로 바뀌는 방식이다.
>
> Vigenère 암호는 시저 암호와 유사하지만, 여러 개의 시저 암호를 사용하는 방법으로 암호화와 복호화 방법이 한층 복잡하다. 암호화와 복호화 방법은 다음과 같다.
>
> **[암호화 방법]**
>
> 예를 들어, 메시지 "ATTACK"을 키 "KEY"를 매개어로 암호화한다고 할 때, 각 문자는 대응하는 키 글자를 사용하여 암호화된다.
>
> A(0)+K(10) → K
> T(19)+E(4) → X
> T(19)+Y(24) → R
> A(0)+K(10) → K
> C(2)+E(4) → G
> K(10)+Y(24) → I
>
> 암호화된 텍스트: "KXRKGI". 이때 위의 괄호 안에 있는 숫자는 A를 0번으로 하여 알파벳의 해당 순서를 의미한다. 복호화는 암호화할 때 사용한 키를 그대로 사용합니다. 각 문자에 대해 키의 숫자만큼 빼면 된다.

① WXAM ② YWQP
③ YWKS ④ XZAM

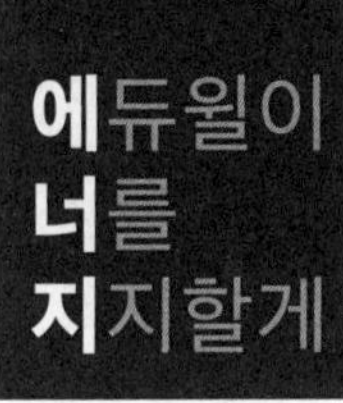

ENERGY

계획하지 않는 것은
실패를 계획하는 것과 같다.

– 에피 닐 존스(Effie Neal Jones)

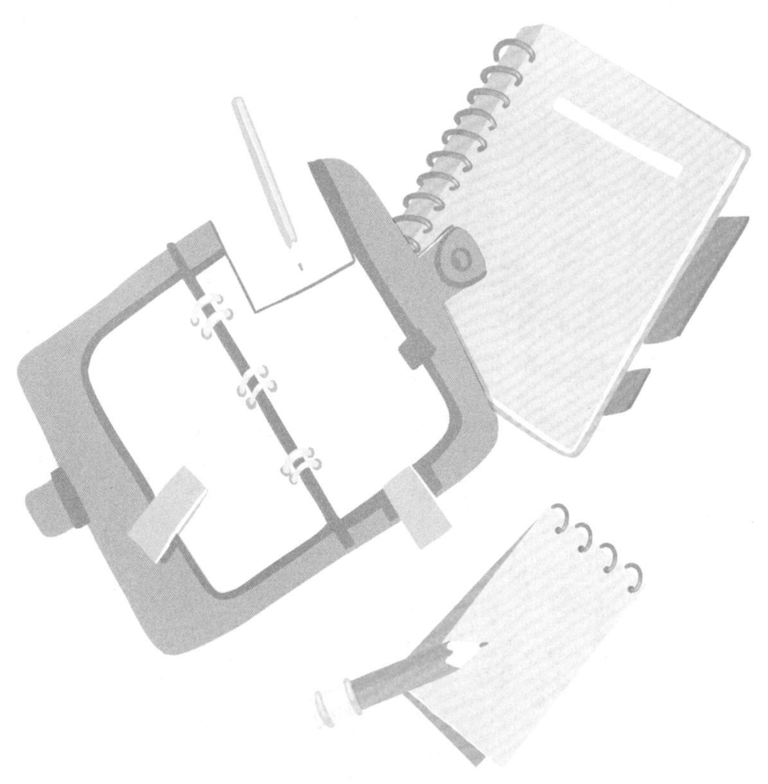

최신판

부산시 공공기관 +부산교통공사

실전모의고사 1회

※ 2024년, 2023년 시행된 필기시험의 기출복원 문제가 포함되어 있습니다.

시험 구성 및 유의사항

• 부산시 공공기관+부산교통공사의 NCS직업기초능력평가는 다음과 같이 출제되었습니다.(2024년 하반기 기준)

구분	출제 영역	문항 수	권장 풀이 시간	비고
부산시 공공기관 (부산교통공사 제외)	공통(의사소통능력, 수리능력, 문제해결능력, 자원관리능력) + 조직이해능력	50문항	50분	객관식 사지선다형
부산교통공사 (공무직, 상용직 제외)	공통(의사소통능력, 수리능력, 문제해결능력, 자원관리능력) + 정보능력	50문항	50분	

※ 오답 감점은 없으며, 각 문제는 하나의 정답으로 이루어져 있습니다.

※ 채용 시기에 따라 공고를 확인하여 직무에 따른 필기시험 출제 영역을 확인하십시오.

모바일 OMR 자동채점&성적분석 무료

정답만 입력하면 채점에서 성적분석까지 한번에!

STEP 1

교재 내 QR 코드 스캔

- 위 QR 코드를 모바일로 스캔 후 에듀윌 회원 로그인
- QR 코드 하단의 바로가기 주소로도 접속 가능

STEP 2

모바일 OMR 입력

- 회차 확인 후 '응시하기' 클릭
- 모바일 OMR에 답안 입력
- 문제풀이 시간까지 측정 가능

STEP 3

자동채점 & 성적분석표 확인

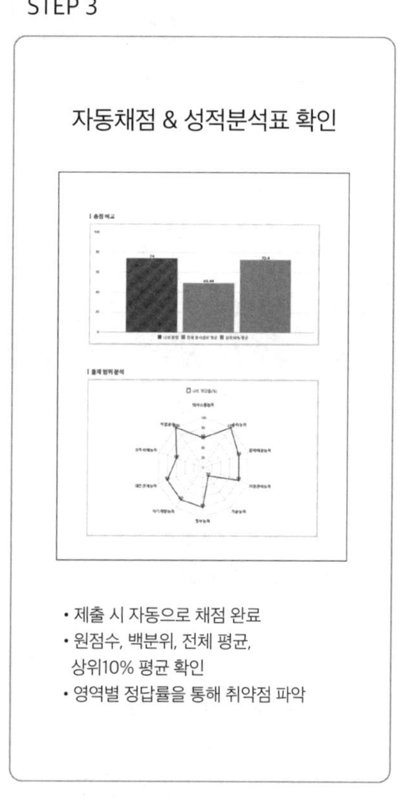

- 제출 시 자동으로 채점 완료
- 원점수, 백분위, 전체 평균, 상위10% 평균 확인
- 영역별 정답률을 통해 취약점 파악

※ 본 회차의 모바일 OMR 채점 서비스는 2027년 4월 30일까지 유효합니다.

실전모의고사 1회

정답과 해설 P.12

공통

※ 의사소통능력, 수리능력, 문제해결능력, 자원관리능력으로 구성되어 있습니다.

01 다음 중 빈칸에 들어갈 단위성 의존명사로 적절한 것을 고르면? [2023 하반기 기출복원]

A: 3면이 바다로 둘러싸인 우리나라는 예전부터 해산물을 헤아릴 때 다양한 단위성 의존 명사를 사용했습니다. 특히 수산물 관련 직종에 흔히 쓰이니 미리 알아두는 것이 좋습니다.
B: 제가 부산에서 나고 자라 대부분 익숙합니다. 한번 이야기 해 볼까요?
A: 좋습니다. 그럼 굴비 스무 마리를 뭐라고 말하는지 아십니까?
B: 네 물론입니다. 굴비 한 두름이라고 합니다.
A: 대단합니다. 그럼 오징어 스무 마리는 뭐라 부르는지 아십니까?
B: 네, 오징어 한 축 아닙니까?
A: 네 맞습니다. 마지막입니다. 북어 스무 마리는 어떻게 부르는지 아십니까?
B: 당연하죠. 북어 한 (　　　　　　　　)입니다.

① 톳
② 손
③ 죽
④ 쾌

02 다음 글의 내용과 가장 어울리는 한자성어를 고르면?

1900년대 초 영국의 한 내과의사에 의해 발표된 한 논문은 내장질환을 가지고 있는 자기 환자들 중 나무의 치나 녹이 슨 금속물질 등 불량 보철물을 가지고 있는 사람들이 많다는 것을 근거로 구강 내에 불량 보철물이나 염증 치아가 있을 때에는 발치를 해야 한다는 내용을 담고 있다. 이 논문이 발표되고 나서 많은 치아들이 뽑혀 나가기 시작했다. 왜냐하면 치과 의술이 비과학적이고 염증에 대한 지식이 초보 상태였기 때문이다. 결국 심각한 부작용이 아니라면 염증 치료를 위해 치아를 뽑는 것은 환자의 이익을 무시하고 잃을 것만 강조함으로써 치과 의사 자신의 이익만을 도모하는 행위로 볼 수 있다.

① 견강부회
② 각주구검
③ 객반위주
④ 지록위마

[03~04] 다음 글을 읽고 이어지는 질문에 답하시오. [2023 하반기 기출복원]

노이즈 캔슬링 기술은 외부의 불필요한 소음을 효과적으로 줄이거나 완전히 제거하는 기술로, 주로 오디오 장치인 이어폰이나 헤드폰에 적용된다. 이 기술의 주요 목적은 사용자가 외부의 방해 요소 없이 더 깨끗하고 몰입감 있는 소리를 경험할 수 있도록 하는 것이다. 특히 비행기, 기차, 지하철과 같이 소음이 심한 환경에서 효율적으로 작동하여, 개인적인 공간을 보다 편안하게 만든다.

노이즈 캔슬링 기술은 크게 두 가지 방식으로 구분된다. 첫 번째는 패시브 노이즈 캔슬링으로, 주로 물리적인 방법으로 외부 소음을 차단하는 방식이다. 이어폰이나 헤드폰이 귀를 밀폐하거나 귀에 완전히 덮이는 형태로 설계되어, 외부의 소음이 귀로 전달되는 것을 물리적으로 차단한다. 이 방식은 전력 소모가 없으며, 외부 소음을 물리적으로 차단하는 데 효과적이지만, 일정 수준 이상의 소음 차단에는 한계가 있을 수 있다. 특히 저주파 소음에 대해서는 효과적인 차단이 어렵다. 두 번째는 액티브 노이즈 캔슬링 기술이다. 이 기술은 전자적인 방법을 통해 외부 소음을 능동적으로 차단한다. 마이크로폰을 통해 외부 소음을 실시간으로 측정하고, 그와 반대되는 음파를 생성하여 소음을 상쇄하는 방식이다. 이 원리는 ⓐ'<u>상쇄 간섭</u>'이라고 하며, 두 음파가 서로 반대의 위상에서 만나면 서로 상쇄되어 소리가 줄어드는 원리를 이용한다. 액티브 노이즈 캔슬링 기술은 일정한 주파수대의 지속적인 소음을 제거하는 데 매우 효과적이며, 특히 항공기 엔진 소리와 같은 저주파 소음 제거에 뛰어난 성능을 보인다.

노이즈 캔슬링 기술의 가장 큰 장점은 외부 소음을 효과적으로 차단해 사용자가 더욱 몰입할 수 있는 환경을 제공한다는 점이다. 이는 특히 집중이 필요한 업무나 학습, 음악 감상 및 영화 관람에서 유리하다. 또한, 외부 소음의 차단으로 스트레스가 감소하고, 청력 보호에도 도움이 될 수 있다. 예를 들어, 항공기에서 비행 중 발생하는 엔진 소음이나 대중교통에서 발생하는 배경 소음을 차단함으로써, 귀에 가해지는 부담을 줄이고 피로감을 낮출 수 있다. 이와 함께, 노이즈 캔슬링 기술을 통해 음악의 세부적인 음향을 더 선명하게 들을 수 있어, 오디오 품질이 향상되는 효과를 기대할 수 있다.

하지만 노이즈 캔슬링 기술에도 몇 가지 단점이 존재한다. 첫째, 액티브 노이즈 캔슬링은 전자 회로와 배터리를 사용하므로, 이를 적용한 장치의 배터리 수명이 상대적으로 짧아질 수 있다. 또한, 고급 액티브 노이즈 캔슬링 기술이 적용된 제품은 높은 가격대를 형성하는 경우가 많아, 일반 소비자에게 부담이 될 수 있다. 둘째, 액티브 노이즈 캔슬링은 주로 일정한 주파수대의 지속적인 소음에 효과적이므로, 간헐적이거나 불규칙한 소음에는 다소 제한적인 효과를 보일 수 있다. 예를 들어, 대화 소음이나 급격한 소리 변화에 대해서는 효과적인 상쇄가 어려운 경우가 있다. 마지막으로, 노이즈 캔슬링 기술의 특성상 일부 사용자에게는 소음 제거 기능이 불편하게 느껴질 수 있으며, 귀에 압박감을 주거나 음질이 왜곡되는 경우도 발생할 수 있다.

03 다음 중 글의 내용과 일치하지 않는 것을 고르면?

① 액티브 노이즈 캔슬링은 간헐적이거나 불규칙한 소음 차단에 효과적이다.
② 패시브 노이즈 캔슬링 기술은 저주파 소음에 대한 차단 효과가 미흡하다.
③ 노이즈 캔슬링 기술을 통해 청력 보호와 스트레스 감소 효과를 기대할 수 있다.
④ 일부 사용자는 노이즈 캔슬링 기술을 적용한 이어폰을 착용하면 귀에 압박감을 느낀다.

04 다음 중 밑줄 친 ⓐ에 해당하는 것을 고르면?

① 두 개의 돌을 던져서 발생한 물결이 서로 겹쳐 진폭이 상승하는 경우
② 두 개의 동일한 파장이지만 위상이 180도 다른 빛이 겹쳐 빛의 강도가 약해지는 경우
③ 무선 통신에서 두 개의 전파가 동일한 주파수와 위상을 가지면, 이 전파들이 상호 작용하여 신호가 강화되는 경우
④ 이중슬릿 실험에서 각각의 슬릿을 통과한 두 파동의 위상이 일치하면 두 빛의 진폭이 합쳐져 밝은 간섭무늬가 나타난 경우

05 다음 중 글의 내용과 일치하지 않는 것을 고르면?

약물전달시스템은 표적 부위에 약물을 선택적으로 전달함으로써, 항암치료에서 그 효능을 극대화시키고 약물 부작용을 최소화시킬 수 있는 시스템이다. 기존에 활용되었던 약물전달체는 약물의 투여 횟수가 늘어날수록 암세포 이외의 정상 세포에도 약물의 영향을 주거나, 암세포가 약물을 세포 밖으로 다시 내보내는 등의 부작용으로 인해 약물 투여의 효과에 영향을 주었다. 나노 입자 약물전달체는 10억분의 1미터인 나노미터 단위의 물질에 약물을 넣어서 활용하는데, 나노 입자는 오랜 시간 인체 내의 혈관 내에서 순환할 수 있기 때문에 기존의 약물전달시스템의 단점을 보완할 수 있다.

항암치료에 나노 입자 약물전달체를 활용하면 특정 질병 부위에 효과적인 치료가 가능하고, 약물 투여로 인해 발생하는 부작용을 해결할 수 있다. 나노 입자는 오랜 시간 동안 혈액에서 순환하며 약물의 농도를 유지시키고, 배출되지 않으므로 치료에 필요한 충분한 양의 나노 입자들이 축적될 수 있다. 그리고 병리적 부위에서만 약물을 선택적으로 방출함으로써 다른 부위에는 약물의 영향을 미치지 않는다. 이는 나노 입자의 크기가 혈관을 통과할 수 있을 정도로 작기 때문에 가능하다. 따라서 혈관이 매우 약하여 느슨한 구조를 갖는 암이나 염증 등에 활용하면 효과적이다. 또한 나노 입자는 암세포에만 존재하는 항원에 대한 수용체를 부착하면 항암제로 인한 부작용을 줄일 수 있다.

암을 치료하기 위해서는 혈관 생성 억제제와 항종양제를 물리적으로 결합시키거나 화학적으로 결합시키는 방법을 통해 나노 입자를 제조하는 것이 효과적이다. 물리적으로 결합시키면 나노 입자는 80~120nm의 크기가 되고, 혈관 생성 억제제는 대부분의 양이 빠르게 방출되고, 나노 입자가 천천히 분해되면서 항종양제가 천천히 방출된다는 특징을 지닌다. 이로 인해 종양 세포로 공급되는 혈액을 차단해 주고, 그 이후에 종양 세포를 사멸시키게 된다.

① 기존의 약물전달체는 암세포가 약물을 세포 밖으로 다시 내보내는 부작용이 발생한다.
② 나노 입자는 혈관을 통과할 수 있기 때문에 정상 세포에 침투해 약물을 방출하게 된다.
③ 혈관이 약하여 느슨한 구조를 갖는 암이나 염증은 나노 입자를 이용해 치료하면 효과적이다.
④ 암세포는 혈관 생성 억제제와 항종양제를 결합한 나노 입자를 통해 사멸시키는 것이 효과적이다.

06 다음은 상황에 따른 문서 작성법에 관한 자료이다. 적절한 방법으로 작성한 것을 [보기]에서 모두 고르면?

• 요청이나 확인을 부탁하는 경우
업무 내용과 관련된 요청사항이나 확인 절차를 요구해야 하는 경우, 일반적으로 공문서를 활용한다.

• 정보제공을 위한 경우
정보제공과 관련된 문서는 기업 정보를 제공하는 홍보물이나 보도 자료 등의 문서, 제품 관련 정보를 제공하는 설명서나 안내서 등이 있다. 정보제공을 위한 문서를 작성할 때는 시각적인 자료를 활용하는 것이 효과적이다. 또한 모든 상황에서 문서를 통한 정보제공은 무엇보다 신속하고 정확하게 이루어져야 한다.

• 명령이나 지시가 필요한 경우
관련 부서나 외부기관, 단체 등에 명령이나 지시를 내려야 하는 경우, 일반적으로 업무지시서를 작성한다. 업무지시서를 작성할 때는 상황에 적합하고 명확한 내용을 작성할 수 있어야 한다. 또한 단순한 요청이나 자발적인 협조를 구하는 차원의 사안이 아니므로, 즉각적인 업무 추진이 실행될 수 있도록 해야 한다.

• 제안이나 기획을 할 경우
제안서나 기획서의 목적은 업무를 어떻게 혁신적으로 개선할지, 어떤 방향으로 추진할지에 대한 의견을 제시하는 것이다. 그러므로 회사의 중요한 행사나 업무를 추진할 때 제안서나 기획서를 효과적으로 작성하는 것은 매우 중요하다. 제안이나 기획의 목적을 달성하기 위해서는 관련된 내용을 깊이 있게 담을 수 있는 작성자의 종합적인 판단과 예견적인 지식이 요구된다.

• 약속이나 추천을 위한 경우
약속을 위한 문서는 고객이나 소비자에게 제품의 이용에 관한 정보를 제공하고자 할 때 작성하는 문서와 개인이 다른 회사에 지원하거나 이직하고자 할 때 일반적으로 상사가 작성해 주는 추천서가 있다.

보기

㉠ 업무 혁신에 관한 내용을 작성하여 제출할 때, 제시된 자료 밑에 각주를 달아 '※ 해당 내용은 기상청 통계 자료를 인용하였음'이라고 기재하였다.

㉡ 장난감 자동차의 사용 설명서에 '헤드레스트를 위로 끝까지 올린 상태에서 두 개의 버튼을 동시에 누르면 헤드레스트를 탈거할 수 있습니다'라고 글로 기재하였다.

㉢ 업무와 관련하여 확인 절차를 요구할 때, 연도와 함께 월일을 표기하였고, 날짜 다음에 괄호를 사용하여 요일을 나타내었다. 이때, 괄호 뒤에 마침표는 찍지 않았다.

① ㉠　　② ㉡
③ ㉠, ㉢　　④ ㉡, ㉢

02 실전모의고사 1회

07 다음 글을 이해한 내용으로 적절하지 않은 것을 고르면?

[2024 하반기 기출복원]

우리는 일상적인 대화에서 단순히 언어적 요소만을 활용하는 것이 아니라, 다양한 비언어적·반언어적 표현을 통해 의미를 전달한다. 친구가 '괜찮아?'라고 물었을 때, 차분한 억양과 따뜻한 표정이면 걱정하는 마음이 전달되지만, 건조한 목소리와 무표정한 얼굴이라면 형식적인 인사처럼 들릴 수도 있다.

비언어적 표현은 신체적인 요소를 통해 의사를 전달하는 방식이다. 가장 대표적인 것이 표정이다. 기쁨, 슬픔, 분노, 놀람과 같은 감정은 얼굴 근육의 움직임을 통해 즉각적으로 드러난다. 심리학자 폴 에크먼은 인간의 기본 감정이 보편적인 얼굴 표정을 통해 나타난다고 설명하며, 문화권에 상관없이 사람들이 기본적인 감정을 유사한 방식으로 표현한다는 연구 결과를 발표했다. 또한, 몸짓과 제스처도 중요한 비언어적 표현의 하나이다. 손을 흔들며 인사하는 행동이나 엄지손가락을 세우는 제스처는 흔히 긍정적인 의미로 받아들여지지만, 일부 문화권에서는 거부의 뜻을 나타낼 수도 있다.

침묵 역시 중요한 비언어적 표현으로, 대화 도중 길어진 침묵은 어색함을 유발할 수도 있지만, 공감을 표현하는 방식으로 작용하기도 한다. 예를 들어, 상대방이 슬픔을 표현할 때 불필요한 말을 덧붙이기보다는 조용히 곁에 있어 주는 것이 더 깊은 위로가 될 수도 있다.

반면, 반언어적 표현은 목소리의 높낮이, 강세, 속도, 침묵 등을 통해 의미를 전달하는 방식이다. 같은 문장이라도 억양에 따라 완전히 다른 의미로 해석될 수 있다. '잘했네.'라는 말을 높고 경쾌한 톤으로 말하면 칭찬의 의미를 갖지만, 낮고 건조한 목소리로 말하면 반어적인 의미로 들릴 수 있다. 또한, 특정한 단어에 강세를 주는 방식에 따라 강조하는 내용이 달라진다. '나는 너를 좋아해.'에서 '나는'에 강세를 두면 '다른 사람은 아니지만 나는'이라는 의미가 강조되고, '너를'에 강세를 두면 '다른 사람은 아니고 너를'이라는 뜻이 부각된다.

이처럼 비언어적·반언어적 표현은 단순한 언어적 의사소통을 보완하는 역할을 하며, 때로는 언어보다 더 직접적이고 강력한 영향을 미친다. 특히, 공식적인 자리나 면접과 같은 상황에서는 말의 내용뿐만 아니라 자세, 표정, 목소리 톤까지 신경 써야 한다. 신뢰감을 주기 위해서는 적절한 눈맞춤과 차분한 목소리가 필요하며, 상대방의 말에 맞춰 자연스러운 반응을 보이는 것이 중요하다.

① 비언어적 표현은 신체적인 요소를 활용하여 의사를 전달하며, 얼굴 표정이나 몸짓이 이에 해당한다.
② 반언어적 표현은 목소리의 억양과 강세, 속도 등을 포함하며, 같은 문장이라도 이러한 요소에 따라 의미가 달라질 수 있다.
③ 침묵은 때로 의사소통의 한 형태로 활용되지만, 공식적인 대화에서는 부정적인 요소로 작용한다.
④ 문화적 차이에 따라 동일한 비언어적·반언어적 표현이 다르게 해석될 수 있으므로, 효과적인 의사소통을 위해 이를 종합적으로 고려해야 한다.

08 다음은 한국어 교원 자격 취득과 관련된 안내문이다. 이에 대한 설명으로 적절하지 <u>않은</u> 것을 고르면?

[2024 상반기 기출복원]

> 한국어 교원이 되기 위해서는 국가 공인 한국어 교원 자격증을 취득해야 하며, 자격증은 1급, 2급, 3급으로 구분된다. 자격 취득 방법은 대학의 관련 학위 과정 이수, 한국어 교원 양성과정(비학위 과정) 이수 두 가지가 있다.
>
> **1. 한국어 교원 자격증별 요건**
>
> – 3급 자격증: 120시간 이상의 교육을 받고 한국어 교육능력검정시험(한교검)에 합격해야 한다. 초급 한국어 교육이 가능하며, 일정 경력 후 2급으로 승급할 수 있다.
>
> – 2급 자격증: 250시간 이상의 교육을 이수하고 한교검에 합격해야 한다. 학위 과정이 아닌 양성과정만으로도 취득 가능하지만, 실습 과정이 필수적이다. 또한, 2급 자격자는 일반적인 한국어 강의뿐만 아니라 교육 과정 설계 및 연구 활동에도 참여할 수 있다.
>
> – 1급 자격증: 2급 취득 후 5년 이상의 교육 경력과 추가 연수를 이수해야 하며, 연구 실적 및 교육 경력이 평가된다. 1급 자격을 취득하면 대학에서도 강의할 수 있으며, 한국어 교육 정책 개발에도 참여할 수 있다.
>
> **2. 한국어 교원 양성과정과 학위 과정**
>
> – 대학 학위 과정(학사·석사): 한국어 교육 관련 학위를 취득하면 일정 교육시간이 인정된다. 필수 과목을 이수해야 하며, 학사 과정(4년) 또는 석사 과정(2년)으로 진행된다. 대학 학위 과정은 이론과 실습을 포함하여 체계적인 교육을 제공한다.
>
> – 양성과정(비학위 과정): 일정한 교육시간(120~250시간)을 충족하면 3급 또는 2급 자격을 취득할 수 있다. 단, 2급을 취득하려면 실습을 반드시 이수해야 하며, 기관에 따라 운영 방식이 다를 수 있다. 양성과정은 비교적 짧은 시간 안에 자격을 취득할 수 있는 장점이 있지만, 체계적인 교육을 원한다면 학위 과정을 고려하는 것이 좋다.
>
> **3. 자격 취득 후의 절차**
>
> 자격증 취득 후에도 경력 유지와 연수 이수가 필요하며, 해외에서 활동할 경우 추가적인 교육 이수나 경력 증빙이 요구될 수 있다. 양성과정을 통해 취득한 경우라도 한교검 합격과 실습을 마쳐야만 최종적으로 자격을 인정받을 수 있다. 한국어 교원이 되려면 자격 취득 후에도 지속적인 학습과 경력 관리가 필요하다.

① A는 한국어 교육 전공 학사 학위를 취득하고 필수 과목을 모두 이수했으므로 2급 자격증을 취득할 수 있다.

② B는 한국어 교원 양성과정에서 250시간을 이수하고 한교검에 합격했지만, 실습 과정을 완료하지 않아 2급 자격을 취득할 수 없다.

③ C는 3급 자격증을 취득한 후 5년간 교육 경력을 쌓고 추가 연수를 받았지만, 2급 자격증이 없기 때문에 1급으로 승급할 수 없다.

④ D는 한국어 교원 1급 자격을 취득하기 위해서는 2급 자격 취득 후 일정 경력과 추가 연수가 필요하다.

09 다음 중 발표에 적합한 말하기 방법으로 적절하지 않은 것을 고르면? [2023 상반기 기출복원]

① 호흡을 바르게 하여 발음을 정확하게 한다.
② 상황에 어울리는 효과적인 동작과 표정으로 말한다.
③ 말할 내용을 차례대로 조리 있게 말한다.
④ 전문용어를 적극적으로 활용하여 청자의 이해를 돕는다.

10 다음 [보기]의 ㉠~㉣ 중 의미가 같은 것끼리 짝지은 것을 고르면? [2023 하반기 기출복원]

보기

- 면접관은 많은 사람 중에서 꼭 필요한 사람을 ㉠고르는 눈썰미를 갖추어야 한다.
- 사회의 부정부패는 작위적으로 ㉡골라낸 몇 사람이 책임질 일도 아니고 그렇게 해서 없어질 것도 아니다.
- ㉢고르게 팬 장작이 중문간에 가득 쌓여 있었다.
- 우리 선조들은 현악기의 줄을 ㉣고르는 일도 연주라고 생각하였다.

① ㉠, ㉡ ② ㉠, ㉣
③ ㉡, ㉢ ④ ㉢, ㉣

11 **다음 [표]는 (가), (나)독서실 요금에 관한 자료이다. A가 5개월간 독서실과 개인 사물함을 이용한다고 할 때, 다음 중 옳은 것을 고르면?**(단, (가)독서실을 이용할 경우 매달 62,500원의 교통비가 들고, (나)독서실을 이용할 경우 교통비가 들지 않는다.)

[표] (가), (나)독서실 요금 (단위: 원)

구분	1개월 이용료		비고
	독서실	개인 사물함	
(가)독서실	180,000	10,000	
(나)독서실	240,000	10,000	6개월 정기권 구매 시 독서실 이용료의 15% 할인 및 개인 사물함 이용료 5,000원/월 적용(단, 개인 사물함은 원하는 개월 수만큼 신청하여 이용 가능)

① (가)독서실을 5개월간 이용하는 것이 (나)독서실을 5개월간 이용(정기권 제외)하는 것보다 비용이 12,500원 적게 든다.

② (가)독서실을 5개월간 이용하는 것이 (나)독서실 6개월 정기권을 구매하여 이용하는 것보다 비용이 13,500원 적게 든다.

③ (나)독서실 6개월 정기권을 구매하여 이용하는 것이 (가)독서실을 5개월간 이용하는 것보다 비용이 13,500원 적게 든다.

④ (나)독서실 6개월 정기권을 구매하여 이용하는 것이 (나)독서실을 5개월간 이용(정기권 제외)하는 것보다 비용이 12,500원 적게 든다.

12 **시속 144km의 일정한 속력으로 달리는 기차가 있다. 이 기차의 길이가 120m라고 할 때, 길이가 1.2km인 터널을 완전히 통과하는 데 걸리는 시간을 고르면?**

① 32초
② 33초
③ 34초
④ 35초

13 다음 그림과 같이 $\angle A=90^\circ$인 직각삼각형 ABC의 점 A에서 $\overline{BC}$에 내린 수선의 발을 H라고 하자. $\overline{AB}=5cm$, $\overline{BH}=3cm$일 때, 두 삼각형 ABC와 ABH의 둘레의 길이의 차를 고르면? [2024 상반기 기출복원]

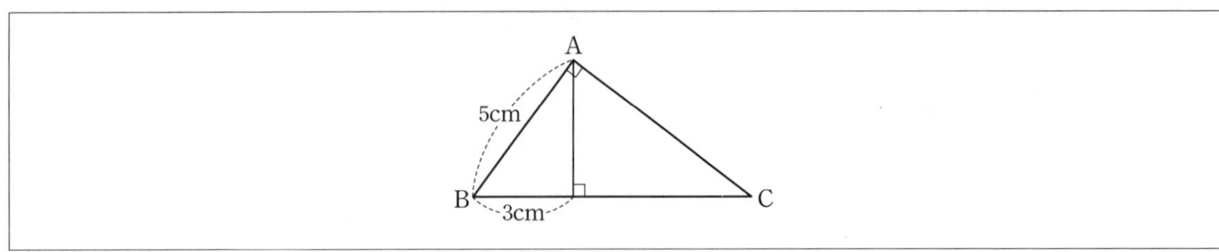

① 8cm ② $\frac{26}{3}$cm

③ $\frac{28}{3}$cm ④ 10cm

14 떨어진 높이의 70%만큼 튀어 오르는 공이 있다. 이 공이 세 번째로 튀어 오른 높이가 72.03cm일 때, 처음에 떨어트린 높이를 고르면? [2024 하반기 기출복원]

① 210cm ② 240cm

③ 250cm ④ 280cm

15 다음은 A회사 재무팀 직원 8명의 몸무게를 조사하여 나타낸 것이다. 몸무게의 평균과 분산을 순서대로 나열한 것을 고르면? [2024 하반기 기출복원]

> A회사 재무팀 직원 몸무게 (단위: kg)
> 69 53 60 71 55 74 70 52

① 63, 70.5 ② 63, 72.5
③ 65, 70.5 ④ 65, 72.5

16 다음 글을 근거로 판단할 때, 을이 갑에게 준 카드에 쓰인 숫자를 고르면?

> 0~9까지의 숫자가 쓰인 10장의 숫자 카드가 있다. 이것을 갑, 을 두 사람이 각각 5장씩 나누어 가졌더니 갑과 을이 가지고 있는 카드에 쓰인 숫자의 합의 비가 4 : 11이었다. 이때 을이 갑에게 어떤 카드 1장을 주었더니 갑과 을이 가지고 있는 카드에 쓰인 숫자의 합의 비는 4 : 5가 되었다.

① 5 ② 6
③ 7 ④ 8

17 두 버스 P, Q가 두 지점 A, B 사이를 왕복 운행한다. 버스 P는 A지점에서 출발하여 B지점 방향으로 운행하고 버스 Q는 B지점에서 출발하여 A지점 방향으로 운행하는데, 두 버스 P, Q의 속력의 비는 3:2이다. 두 버스가 동시에 출발하여 처음 만난 지점이 B지점으로부터 64km 떨어진 곳이고 두 번째로 만난 지점이 A지점으로부터 48km 떨어진 곳일 때, 두 지점 A, B 사이의 거리를 고르면? [2024 하반기 기출복원]

① 96km　② 112km
③ 142km　④ 160km

18 이차함수 $y=\frac{1}{2}x^2+1$의 그래프가 다음과 같을 때, a의 값을 고르면?

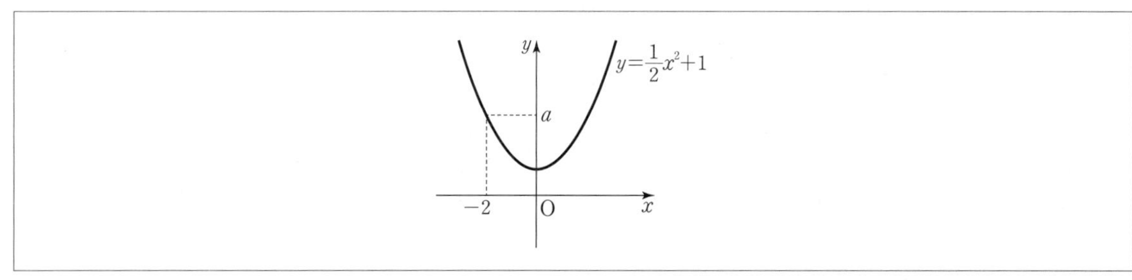

① 1　② 2
③ 3　④ 4

19 **다음 그림에서 $\angle A+\angle B+\angle C+\angle D+\angle E+\angle F+\angle G+\angle H+\angle I$ 의 크기를 고르면?**(단, $\angle E<90°$, $\angle F<90°$이다.)

[2024 하반기 기출복원]

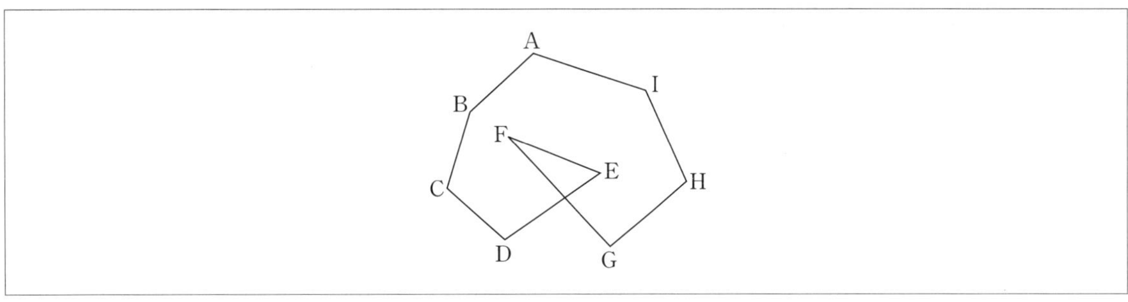

① 720°
② 900°
③ 1080°
④ 1260°

20 **다음 [표]는 소형차 4종의 연간 총 보유비용에 관한 자료이다. 이에 대한 설명으로 옳지 <u>않은</u> 것을 고르면?**

[2023 하반기 기출복원]

[표] 소형차 4종의 연간 총 보유비용 (단위: 원)

구분	전기차	일반차		
	A	B	C	D
구매 비용	17,409,092	29,408,182	19,662,720	16,656,640
연비(km/l)	6.3	21.9	17.2	13.5
유류가격/l	92.7	1,540.6	1,335.7	1,540.6
1년 유류비(㉠) (1만km 기준)	147,143	703,470	776,570	1,141,185
보험료(㉡)	840,080	982,180	857,510	811,620
유지비(㉠+㉡)	987,223	1,685,650	1,634,080	1,952,805
자동차세	130,000	467,480	265,902	254,618
총 보유비용	18,526,315	31,561,312	21,562,702	18,864,063

① 전기차를 제외하면 총 보유비용에서 유지비가 차지하는 비중은 D−C−B 순으로 높다.
② 전기차를 제외하면 연간 유류비가 비싼 차종일수록 보험료도 더 비싸다.
③ D의 연비가 10% 향상되고 연간 주행거리가 1,000km 증가한다면, 1년 유류비는 동일하다.
④ 유지비와 자동차세의 합계 금액은 D−B−C−A 순으로 높다.

21 다음 [보기]에서 설명하고 있는 창의적 사고의 개발 방법에 해당하는 것을 고르면? [2024 상반기 기출복원]

> 보기
>
> 특정한 주제나 단어에서 출발해 이에 연관된 생각이나 이미지를 자유롭게 떠올리는 방법이다. 이 과정에서는 제한이나 검열 없이 생각을 나열하게 되어 창의적 아이디어를 생성하는 데 도움을 준다. 예를 들어, '바다'라는 단어로 시작해 '파도', '모래사장', '휴가' 등 다양한 연상이 이어질 수 있다.

① 강제결합법　② 비교발상법
③ 자유연상법　④ 시네틱스법

22 다음 [보기]는 업무수행 과정 중 발생하는 문제이다. 각 문제의 유형을 바르게 짝지은 것을 고르면?

> 보기
>
> ㉠ 전년도보다 생산량을 증가시키기 위해 공정 과정을 개선해야 한다.
> ㉡ 유럽 시장 진출을 위해 신제품 개발을 기획해야 한다.
> ㉢ 서비스에 불만족한 고객이 불평을 제기하여 해결해야 한다.

	㉠	㉡	㉢
①	발생형	탐색형	설정형
②	탐색형	설정형	발생형
③	탐색형	발생형	설정형
④	설정형	탐색형	발생형

23 다음 설명을 참고할 때, 앉아 있는 자리를 확정할 수 있는 사람 수를 고르면?

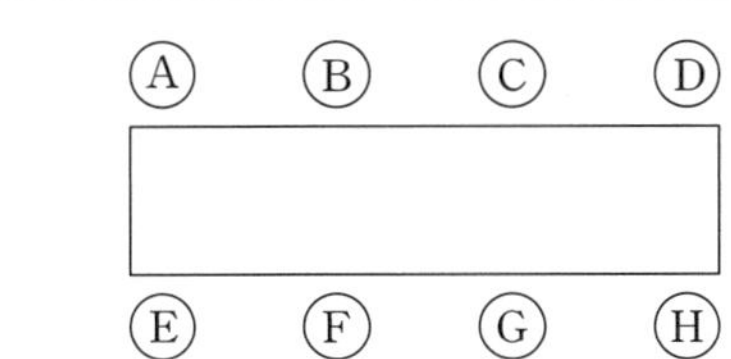

- 갑, 을, 병, 정, 무, 기, 경, 신 8명은 각각 A~H 의자 중 어느 한 곳에 앉아 있다.
- 갑은 G에, 정은 A에 앉아 있다.
- 기와 신은 서로 마주 보는 의자에 앉아 있다.
- 경과 기 사이에는 무 한 사람만 앉아 있다.
- 을과 병은 같은 줄의 양 끝자리에 앉아 있다.

① 3명 ② 4명
③ 5명 ④ 6명

02 실전모의고사 1회

24 다음은 호진이의 네 자리 비밀번호 설정 규칙이다. 이를 참고할 때, 호진이가 설정한 네 자리 비밀번호를 고르면?

비밀번호 설정 규칙

A	B	C	D

- 비밀번호는 A, B, C, D 순으로 이루어지며, 각 자리의 숫자는 0~9 사이의 숫자로 설정한다.
- 각 자리의 숫자는 모두 서로 다르며, 각 자리 숫자의 총합은 20이다.
- D는 네 개의 숫자 중 가장 작은 수이다.
- B는 A에서 D를 제곱한 수를 뺀 수이다.
- C는 B보다 1 작은 수이다.

① 7651 ② 8432
③ 8761 ④ 9542

25 U사의 디자인팀에서 근무 중인 A, B, C, D, E 5명 중 2명만 진실을 말하고 있을 때, 진실을 말하는 사람을 모두 고르면?

> A: 디자인팀에 근무 중인 직원들은 모두 결혼을 했어.
> B: C는 거짓말을 하고 있어.
> C: E는 결혼을 하지 않았어.
> D: C의 말은 진실이야.
> E: 나는 결혼을 하지 않았어.

① A, B　　② B, C
③ C, D　　④ D, E

26 다음 전제를 보고 항상 참인 결론을 고르면? [2024 하반기 기출복원]

전제1	빵을 좋아하는 모든 사람은 치즈를 좋아한다.
전제2	빵을 좋아하는 어떤 사람은 파스타를 좋아한다.
결론	

① 파스타를 좋아하는 모든 사람은 치즈를 좋아한다.
② 치즈를 좋아하는 모든 사람은 파스타를 좋아한다.
③ 치즈를 좋아하는 어떤 사람은 파스타를 좋아한다.
④ 파스타를 좋아하는 어떤 사람은 치즈를 좋아하지 않는다.

27 다음은 6층 건물인 ○○빌딩의 층별 입점 정보에 관한 내용이다. 이를 바탕으로 옳지 않은 것을 고르면?(단, 제시된 매장 외에 다른 매장은 없다고 가정한다.)

> • 한 층에는 하나의 매장만 입점해 있다.
> • 사무실과 PC방이 위치한 층 사이에는 2개 층이 있다.
> • 커피 전문점과 노래방이 위치한 층 사이에는 3개 층이 있다.
> • 인쇄소는 PC방보다 낮은 층에 있고, 치과는 PC방보다 높은 층에 있다.
> • 커피 전문점보다 낮은 층에 있는 매장은 없다.

① 3층에는 PC방이 있다.
② 치과는 인쇄소보다 높은 층에 있다.
③ 사무실과 인쇄소가 위치한 층 사이에는 3개 층이 있다.
④ 노래방과 PC방이 위치한 층 사이에는 인쇄소가 있다.

28 다음은 P사의 연차휴가 규정 중 일부 내용이다. 이에 대한 설명으로 옳은 것을 고르면?

연차휴가 규정

1. 연차휴가 발생 기준

연차휴가는 출근율과 근로 기간에 따라 다음과 같이 발생한다.

1) 계속 근로 기간이 1년 미만인 경우: 매월 개근 시에만 연차를 부여하며 출근율 산정 기간은 1개월로 한다. 이때, 연차의 발생은 개근한 달의 다음 달이다.

예 계속 근로 기간이 만 1년 되는 날까지 한 달도 빠짐없이 출근했다면 총 11개의 연차를 지급받게 된다.

2) 계속 근로 기간이 1년 이상이며 연간 출근율(전년도 출근율)이 80% 이상인 경우: 1년의 근로를 마친 다음 날 15개의 연차휴가가 발생한다. 이때, 3년 이상 계속하여 근로하였고 1년간 출근율이 80% 이상인 경우, 최초 근로 1년 후부터 근속 연수 2년마다 1일씩 연차휴가가 추가로 발생하며, 최대 연차휴가 일수는 25일이다.

3) 계속 근로 기간이 1년 이상이며 연간 출근율(전년도 출근율)이 80% 미만인 경우: 1개월 개근 시 유급휴가 1일이 발생한다.

※ 근로기준법 제60조 제6항에 의해 육아휴직 기간은 출근으로 간주한다.

2. 연차수당 지급 기준

미사용 연차에 대하여 다음과 같이 연차수당을 지급한다.

연차수당＝1일 통상임금(＝시간급×1일 근무시간)×소진하지 않은 연차 일수

① 2020년 3월 2일에 입사한 근로자의 출근율이 매년 80% 이상인 경우 2023년 3월 3일에 발생하는 연차휴가는 15일이다.

② 시급이 12,500원이고, 1일 근무시간이 8시간인 근로자가 4개의 연차를 소진하지 않았다면 400,000원의 연차수당을 지급받는다.

③ 2023년 1월 1일에 입사한 근로자가 2023년 4월 31일까지 만근한 경우 2023년 4월 31일에 발생한 연차는 총 4개이다.

④ 1일 통상임금이 14만 원이고, 월 근무일이 25일인 근로자가 6개의 연차를 소진하지 않았다면 64만 원의 연차수당을 지급받는다.

29 다음은 갑기관의 중소기업 지원 대책 회의에서 나온 참석자 A, B의 발언 내용이다. 이에 대한 '문제해결의 절차'와 관련한 설명으로 적절하지 않은 것을 고르면? [2024 상반기 기출복원]

A: 제조업과 대체로 유사한 업종 분포를 보이는 임가공업은 같은 규모라도 임가공업의 이익이 타 제조업의 이익보다 훨씬 큰 것으로 판단됩니다. 또한 임가공업은 타 제조업에 비해 매입이 크지 않으므로 재고 리스크 면에서 안정적이고 고용 면에서도 지속적이고 규모대비 고용창출능력도 우수하며, 기술력도 뛰어나다고 생각합니다. 이런 장점에도 불구하고 기업 대출을 할 때, 매출과 안정성이 중요한 기준이므로 제조업에 비해 임가공업은 우수한 수익성에도 불구하고 자금조달 및 지원이 부족한 실정입니다.

B: 임가공업의 장점을 말하자면, 첫 번째로는 임가공은 기술력 위주로 운영하기 때문에 시장 환경 변화에 보다 쉽게 대응할 수 있다는 것이지요. 반면 제조업은 시장 환경이 변하면 새로운 설비 투자를 해야 하므로 대처도 쉽지 않고 비용도 많이 듭니다. 유연한 대응은 임가공업체의 매우 큰 장점인 것 같습니다. 두 번째로는 기술력을 중심으로 다수의 고객과 거래를 하므로 리스크가 분산된다는 것입니다. 반면, 제조업은 매출의 대부분이 일부 기업에 치우쳐 있습니다. 세 번째로는 원재료 구입을 할 필요가 없으므로 재고 리스크도 없다는 것입니다. 임가공이 살아남기는 힘들지만, 살아남는다면 특정 공정에 특화되고 제조업보다 오히려 수익성이 좋아서, 지금보다 나은 성장성이 기대된다는 측면에서 더 좋을 수 있습니다.

① 안정성이 부족하다는 사실은 임가공업체가 가진 문제 중 하나를 도출한 것이다.
② 비교적 소수의 거래처에 의존한다는 사실은 제조업체가 가진 문제 중 하나를 도출한 것이다.
③ 제조업체에 대한 대출이 보다 원활해져야 한다는 것은 제조업체가 가진 문제의 해결안이며, 이는 문제해결의 가장 마지막 단계이다.
④ 임가공업체에게 바람직한 문제 해결안 중 하나는 자금 지원을 통한 기업의 생존력을 높여주는 것이다.

30 다음은 어느 공사의 공모전 안내문과 공모전에 참가한 팀 또는 개인에 관한 정보이다. 참가자 중 F와 G가 받은 상금의 합을 고르면?

- 공모 주제: 환경 빅데이터를 활용한 대국민 서비스 또는 비즈니스 모델 기획
- 공모 대상: 개인 또는 5인 이내 팀
- 제출 서류: 결과보고서 및 결과물
- 심사기준: 창의성(30), 적합성(10), 완성도(20), 파급성(40). 각 항목의 총합이 높은 순서대로 수상. 점수가 동일한 경우 파급성, 창의성, 완성도, 적합성 순으로 점수가 높은 팀의 순위가 더 높다.
- 상금 및 시상

구분	상금(천 원)	참가자 수(개)	포상훈격
대상	3,000	1	장관상
최우수상	1,500	1	–
우수상	1,000	1	
장려상	500	3	

[표] 참가자별 정보 (단위: 점)

참가자	구분	창의성	적합성	완성도	파급성
A	팀	25	7	18	35
B	팀	22	8	19	33
C	개인	28	7	16	37
D	팀	19	10	20	32
E	개인	26	7	17	30
F	팀	23	6	15	38
G	개인	22	8	16	33

① 500천 원
② 1,000천 원
③ 1,500천 원
④ 2,500천 원

31 **다음 예산 관리 방안에 대한 설명이다. 빈칸에 들어갈 알맞은 말을 고르면?**

> 과제를 수행함에 있어서 필요한 활동을 구명하는 데 (　　　　　　)를 활용하는 것이 효과적이라고 할 수 있다. 이것은 과제 및 활동의 계획을 수립하는 데 있어서 가장 기본적인 수단으로 활용되는 그래프로, 필요한 모든 일들을 중요한 범주에 따라 체계화시켜 구분해 놓은 그래프를 말한다. 이것은 구체성에 따라 2단계, 3단계, 4단계 등으로 구분할 수 있으며, 활동에 대한 예산을 각 단계별 과업에 따라 배정하게 된다.

① 간트 차트　　② SCEPTIC 체크리스트
③ MMMITI 체크리스트　　④ 과업세부도

32 **커피전문점을 열고자 하는 재석이는 다음과 같은 Logic tree를 통해 현안 문제를 분석해 보았다. 빈칸 (A)와 (B)에 들어갈 말이 적절하게 짝지어진 것을 고르면?** [2024 상반기 기출복원]

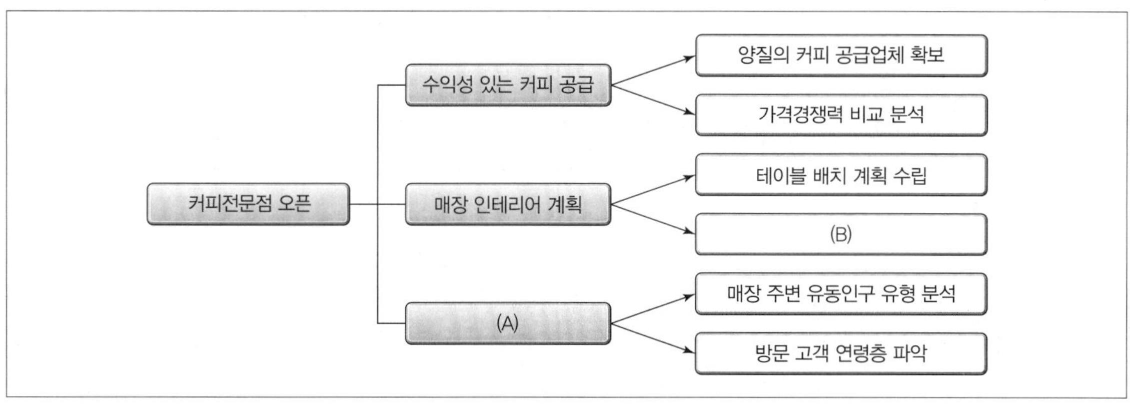

	(A)	(B)
①	청결한 매장 상태 유지	음악 및 조명 전문가 자문
②	소비자 취향 파악	전산시스템 도입 계획 수립
③	청결한 매장 상태 유지	주변 상권 분석
④	소비자 취향 파악	음악 및 조명 전문가 자문

33 현재 조직개편 및 진급 심사를 위해 인사고과를 진행하고 있다. 최종 인사고과 점수가 높은 직원부터 낮은 직원까지 차례대로 나열한 것을 고르면? [2023 상반기 기출복원]

[표1] 성과평가점수

구분	평가방법	관찰내용	직원 A	직원 B	직원 C	직원 D	직원 E
업무실적	정량평가	업무에 따른 실적은 어떠했는가?	3등급	2등급	3등급	4등급	2등급
근무태도	정성평가	평소 근무 태도는 어떠했는가?	2등급	3등급	1등급	1등급	2등급
업무능력	정량평가	업무에 필요한 자기개발을 한 것이 있는가?	3등급	4등급	3등급	2등급	5등급
동료평가	종합평가	업무를 진행하며 선후배 혹은 동료들 간 마찰은 없었는가?	1등급	5등급	2등급	1등급	2등급

※ 최종 인사고과 점수 = (성과평가점수×가중치)의 합

[표2] 등급점수표

구분	1등급	2등급	3등급	4등급	5등급
점수	10	8	6	5	4

[표3] 평가방법에 따른 가중치

구분	정량평가	정성평가	종합평가
가중치	0.3	0.25	0.2

① 직원 C－직원 D－직원 A－직원 B－직원 E
② 직원 C－직원 D－직원 E－직원 A－직원 B
③ 직원 D－직원 C－직원 A－직원 E－직원 B
④ 직원 D－직원 C－직원 E－직원 A－직원 B

02 실전모의고사 1회

34 **시간 낭비의 요인은 외적 요인과 내적 요인으로 구분할 수 있다. 다음 [보기] 중 내적 요인에 해당하는 것의 개수를 고르면?** [2023 하반기 기출복원]

보기

㉠ 오늘 할 일을 다음으로 미루는 것
㉡ 혼란된 생각
㉢ 상사의 엉뚱한 업무 지시
㉣ 우유부단함
㉤ 폭설로 인한 출근길 도로 마비
㉥ 두서없는 사내 매뉴얼
㉦ 실행 불가한 계획 수립

① 1개
② 2개
③ 3개
④ 4개

35 **송 대리는 뉴욕에서 7월 15일에 열리는 제품 박람회에 참석하기 위해 뉴욕행 항공편을 예약하려고 한다. 제품 박람회는 10시부터 시작되며, 준비를 위해 시작 시각보다 2시간 먼저 도착해야 한다고 할 때, 송 대리가 예약할 항공편을 고르면?**(단, 뉴욕 공항에서 박람회장까지 소요되는 시간은 2시간이며, 박람회 시작 시각은 뉴욕 현지 시각을 기준으로 한다.)

[표] 항공편 정보

구분	출발 시각	비행 소요 시간
UI2935	7월 15일 04:40	16시간
BW3391	7월 15일 02:30	17시간 20분
EA1823	7월 15일 03:50	16시간 20분
KQ0283	7월 15일 05:00	15시간 20분

※ 출발 시각은 서울 현지 시각을 기준으로 하며, 서울의 그리니치 평균시는 +9, 뉴욕의 그리니치 평균시는 −5임

① UI2935 ② BW3391
③ EA1823 ④ KQ0283

36 **다음은 버스회사인 A~D사의 버스 임대 요금이다. [보기]와 같은 계획으로 버스를 임대하고자 할 때, 총 임대 비용이 가장 저렴한 회사를 고르면?**

- A사: 25인승 버스 소유, 한 대당 1일 사용 시 20만 원, 하루 추가 시 한 대당 10만 원 추가
- B사: 25인승 버스 소유, 한 대당 1박 2일 사용 시 28만 원
- C사: 45인승 버스 소유, 한 대당 1일 사용 시 40만 원, 하루 추가 시 한 대당 10만 원 추가
- D사: 45인승 버스 소유, 한 대당 1박 2일 사용 시 55만 원

보기

1박 2일 일정으로 버스를 임대하고자 하며, 총 이용 인원은 40명이다.

① A사 ② B사
③ C사 ④ D사

37 ○○사는 매월 체육대회를 개최한다. 아래 목록은 올해 9월 체육대회 개최 후 남아 있는 물품에 관한 것이다. 남아 있는 물품을 창고에 구분하여 보관하고 관리하려고 한다. 효과적인 물적자원관리 과정을 이용하여 창고에 보관한 것으로 적절한 것을 고르면? [2023 하반기 기출복원]

체육대회 물품 목록

품목	남은 개수	비고
㉠의약품	2세트	체육대회뿐만 아니라 사내에서도 사용되는 응급의약품
㉡접이형 책상	10개	6~9월에 개최하는 체육대회에서만 사용함.
㉢이온음료	50개	연말 체육대회에서 사용 예정임.
㉣500ml 생수	200개	다음 체육대회에 사용 예정
㉤접이형 의자	50개	체육대회 직원 자리 배치에 사용됨.

창고 보관 장소

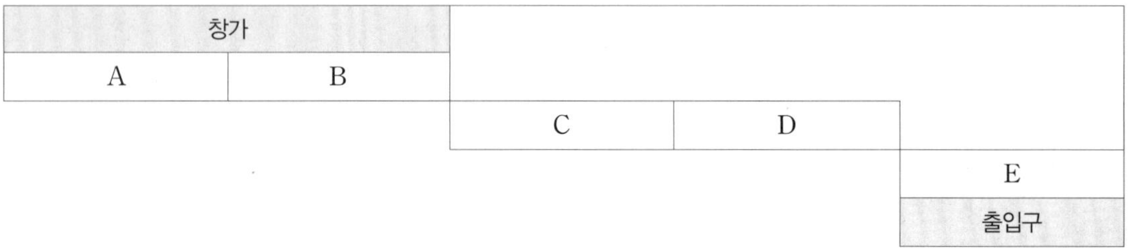

<table>
<tr><td colspan="2">창가</td><td></td><td></td><td></td></tr>
<tr><td>A</td><td>B</td><td></td><td></td><td></td></tr>
<tr><td></td><td></td><td>C</td><td>D</td><td></td></tr>
<tr><td></td><td></td><td></td><td></td><td>E</td></tr>
<tr><td></td><td></td><td></td><td></td><td>출입구</td></tr>
</table>

	A	B	C	D	E
①	㉤	㉣	㉡	㉢	㉠
②	㉡	㉤	㉢	㉣	㉠
③	㉢	㉣	㉡	㉤	㉠
④	㉡	㉤	㉠	㉢	㉣

38 A, B, C, D, E 5명이 각자의 회사에서 오전 근무를 끝낸 후 다음 8개 지하철역 중 하나의 역 앞 카페에 모여 회의를 진행하고자 한다. 5명 모두 오전 근무가 끝난 직후 지하철을 이용해 이동한다고 할 때, 다음 중 5명이 가장 빨리 회의를 진행할 수 있는 카페 앞 지하철역을 고르면?

[그림] 역 간 소요 시간 (단위: 분)

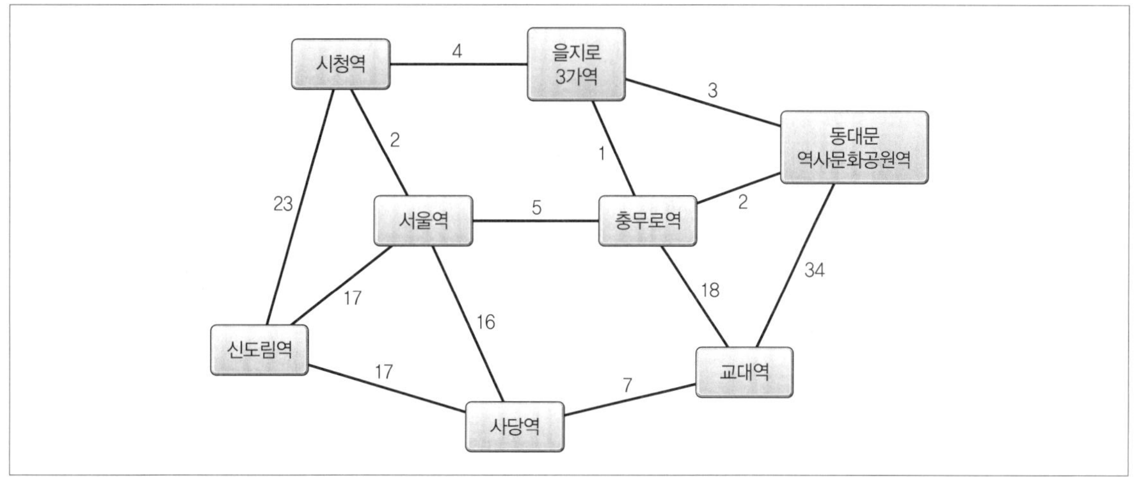

※ 서로 연결되어 있지 않은 역은 다른 역을 거쳐서 이동해야 하며, 다른 역을 거쳐서 이동해야 하는 경우 5분이 추가로 소요됨

구분	오전 근무 종료 시각	회사 위치
A	12시 00분	동대문역사문화공원역
B	12시 20분	신도림역
C	12시 50분	시청역
D	11시 50분	충무로역
E	12시 30분	교대역

① 시청역　　② 서울역
③ 충무로역　　④ 을지로3가역

39 **다음은 공연장 이용요금을 비교한 자료이다. 올해 12월 28일에 8시간 동안 공연장을 대관하려할 때, 가장 저렴한 비용이 드는 곳을 고르면?**(단, 공연 대관 시 음향, 조명, 영상, 냉난방 시설은 반드시 제공되어야 한다.)

[2023 하반기 기출복원]

[표] 공연장 이용요금(10월 29일 월요일 기준)

시설명			이용 요금(원)			
			A	B	C	D
공연장	기본 대여료(5시간)		120,000	150,000	100,000	150,000
	부대시설	냉난방	100,000	120,000	80,000	100,000
		음향	50,000	80,000	60,000	–
		조명	50,000	60,000	80,000	–
		영상	100,000	–	70,000	100,000
		장치물	40,000	30,000	60,000	40,000
		소품	–	30,000	–	10,000
		악기	250,000	300,000	280,000	200,000

[참고사항]

- 공연장에는 주어진 부대시설이 있으며 가격이 제시되어 있지 않은 부대시설은 대여료에 포함됨.
- 토요일/일요일/공휴일 기본 대여료는 제시된 요금의 20% 가산됨.
- 기본 대여료 이후 시간당 30,000원(A관/C관), 20,000원(B관/D관) 추가 요금이 발생함.
- 부대시설 3가지 이상 이용 시 총 대여료 30% 감액됨. (B관/D관)
- 부대시설 4가지 이상 이용 시 총 대여료 20% 감액됨. (A관/C관)

① 공연장 A　　② 공연장 B

③ 공연장 C　　④ 공연장 D

40 다음은 영업팀과 디자인팀의 7월 하계휴가 일정이다. 이때, 영업팀의 A대리와 디자인팀의 B대리는 하계휴가 일정을 최대한 비슷하게 잡으려고 한다. 이때, A대리와 B대리가 하계휴가가 겹칠 수 있는 날짜가 최대 며칠인지 고르면? [2024 상반기 기출복원]

[7월 영업팀 하계휴가 일정표]

일	월	화	수	목	금	토
		1	2	3	4	5
				과장	과장	
6	7	8	9	10	11	12
	과장	사원		사원	과장	
13	14	15	16	17	18	19
	과장	과장		과장	C대리	
20	21	22	23	24	25	26
	사원	사원			C대리	
27	28	29	30	31		
	C대리	C대리				

※ 영업팀(부장 1명, 차장 1명, 과장 2명, 대리 2명, 사원 1명)

[7월 디자인팀 하계휴가 일정표]

일	월	화	수	목	금	토
		1	2	3	4	5
		과장		D대리	사원	
6	7	8	9	10	11	12
	사원	과장		과장	사원	
13	14	15	16	17	18	19
	D대리	D대리		과장	사원	
20	21	22	23	24	25	26
	과장			과장		
27	28	29	30	31		
	과장	과장		D대리		

※ 디자인팀(부장 1명, 차장, 1명, 과장 2명, 대리 2명, 사원 1명)

[연차휴가 및 하계휴가 사용규칙]

- 연차휴가는 총 15일, 하계휴가는 총 4일이 주어진다.
- 과장 이하 직급의 하계휴가 기간은 7월이고, 과장보다 높은 직급의 하계휴가 기간은 8월이다.
- 같은 팀에서 같은 직급, 대리와 사원은 같은 날 휴가를 사용할 수 없다.
- 매월 홀수 번째 수요일은 휴가를 사용할 수 없다.
- 하계휴가는 1일 최대 2명까지만 가능하다.

① 3일 ② 4일
③ 5일 ④ 6일

조직이해능력

※ 부산시 통합채용 출제 영역
(부산교통공사 응시자는 P.93으로 이동하여 푸십시오.)

41 다음 애자일 조직의 특징을 읽고, 애자일 조직으로의 변환을 꾀하기 위한 경영진과 조직 구성원들의 태도로 옳지 않은 것을 고르면?

> **애자일 조직의 특징**
>
> • 계획 세우기에 과도한 시간과 비용을 들이지 않는다. 아직도 많은 기업이 일을 시작하기 전에 상당한 시간을 계획 세우기에 투자한다. 애자일 조직은 이런 중장기 조직에 매우 비판적이다. 그 이유는 시장 예측의 가정들은 몇 개월만 지나도 유효하지 않기 때문이다.
> • 권한을 고객과 접점에 있는 조직과 구성원들에게 상당 부분 위임한다. 구성원들의 판단력과 지능을 최대한 발현할 수 있도록 개인에게 의사결정 권한을 늘리는 것이다.
> • 민첩하면서도 효과적인 의사결정이 이뤄진다. 조직의 가치와 원칙 아래에서 서로 역할과 자신의 역할을 정의하여, 개인의 역할에 맞는 업무를 수행하게 된다. 이로써 더욱 효과적인 의사결정을 할 수 있다.
> • 정보가 모두에게 높은 수준으로 공유된다. 보통 기업들은 조직의 상부에만 정보를 공유하지만, 이는 곧 권력의 격차를 만들게 된다. 정보는 공유되어야 하고, 모든 구성원이 알고 있어야 한다는 것이 애자일 조직의 특징이다.

① 조직의 직급을 없애고, 누구에게나 공평하게 역할과 직무를 부여한다.
② 시장변화에 신속하고 유연하게 대처한다.
③ 각 구성원의 업무 역량을 파악하여, 개인의 역할을 정의한다.
④ 구성원들 스스로 업무에 대한 즐거움과 의미, 성장 동기를 찾는다.

42 다음 중 밑줄 친 (가)와 (나)에 대한 설명으로 적절하지 않은 것을 고르면?

> 조직 내에서는 (가) 개인이 단독으로 의사결정을 내리는 경우도 있지만 집단이 의사결정을 하기도 한다. 조직에서 여러 문제가 발생하면 직업인은 의사결정과정에 참여하게 된다. 이때 조직의 의사결정은 (나) 집단적으로 이루어지는 경우가 많으며, 여러 가지 제약요건이 존재하기 때문에 조직의 의사결정에 적합한 과정을 거쳐야 한다. 조직의 의사결정은 개인의 의사결정에 비해 복잡하고 불확실하다. 따라서 대부분 기존의 결정을 조금씩 수정해 나가는 방향으로 이루어진다.

① (가)는 특정 구성원 무리에 의해 의사결정이 독점될 가능성이 있다.
② (가)는 조직 구성원들이 제시된 해결책을 수월하게 수용하지 않을 수도 있다.
③ (나)가 (가)보다 효과적인 결정을 내릴 확률이 높다.
④ (나)는 다양한 시각과 견해를 가지고 의사결정에 접근할 수 있다.

43 다음 중 국제 매너에 관해 잘못 말하고 있는 사람을 모두 고르면?

소정: 미국인과 악수할 때는 손끝만 살짝 잡아서는 안 되고, 오른손으로 상대방의 오른손을 잠시 힘주어서 잡아야 해.
정아: 독일인과 업무 미팅을 잡을 때 금요일 오후에는 되도록 약속을 잡지 않아야 해. 독일은 금요일 오후 2시나 3시에 업무를 마치는 회사가 많기 때문이지.
은주: 중국인의 경조사에 참석할 때 축의금은 홀수로, 조의금은 짝수로 내야 해.
수호: 양식 레스토랑에서 식사할 때 빵은 수프를 먹기 전부터 식사를 마치기 전까지 먹을 수 있어.
진영: 베트남은 손님에게 차나 음식을 대접하는 문화가 있는데, 이를 거절하면 무례하다고 오해받을 수 있어.

① 소정, 은주　② 정아, 진영
③ 은주, 수호　④ 수호, 진영

44 다음 ㉠~㉢과 같은 결재 양식의 '전결' 표시를 참고할 때, 상향대각선이 필요한 결재란은 모두 몇 곳인지 고르면?

㉠

출장보고서					
결재	담당	팀장	본부장	부사장	사장
			전결		

㉡

교육비집행내역서					
결재	담당	팀장	본부장	부사장	사장
				전결	

㉢

업무활동비집행내역서					
결재	담당	팀장	본부장	부사장	사장
		전결			

① 1곳　② 2곳
③ 3곳　④ 6곳

45 S항공사는 SWOT 기법을 통하여 다음과 같은 환경 분석 결과를 도출하였다. 이에 대한 전략으로 적절하지 않은 것을 고르면?

강점(Strength)	• 현대화된 운송시설과 정비기술의 발달 • 송하물과 수하물의 체계적인 연계시설 • 수년 동안의 노하우 축적으로 안전사고 발생이 거의 없음
약점(Weakness)	• 조직 내 할거주의 만연 • 팀제 운영으로 인해 계층제적 조직의 장점이 사라짐 • 항공보안 전문가의 부족과 정보통신 시설의 낙후
기회(Opportunity)	• 1일 2교대에서 1일 3교대로 업계 환경 변화 • 하물 처리 속도 제고를 위해 항공업계에 대한 정부 차원의 시설보조금 지원
위협(Threat)	• 검색기능 자동화에 따른 항공업계 전반 인력감축 필요성 대두 • 저가 항공사의 난립으로 경쟁 심화

내부환경 / 외부환경	강점(Strength)	약점(Weakness)
기회(Opportunity)	① 하물 처리 시설 보강으로 최저 사고발생률 유지	② 원활한 교대 업무 유도로 구성원 간의 융합 모색
위협(Threat)	③ 고도화된 정비기술로 경쟁우위 확보	④ 교대 업무 개선을 통한 보상으로 조직구조의 단점 극복

46 다음 중 아래의 사례와 가장 가까운 의사결정 방법을 고르면?

경영진이 다양한 관점에서 의사결정을 하도록 도와주기 위해서는 경영진 주위의 사람을 다양하게 구성할 필요가 있다. 경영 환경이 점점 더 복잡해지고 정보가 훨씬 다양화 되면서, 특정한 사람이 모든 사업 사안에 대해 깊이 알고 결정을 내리기는 힘들게 되었다. 따라서 경영진에게 다양하고 신선한 정보를 제공하고 균형적 시각에서 의사결정을 할 수 있도록 다양한 배경과 지식을 가진 사람들을 주위에 포진시켜 두어야 한다. 예컨대, Y의 설립자인 A는 사업 기회를 포착하는 데에는 남다른 능력이 있었으나, 경영자로서는 역량이 부족함을 느꼈다. 이에, 그들은 탁월한 경영 능력을 지닌 T를 CEO로, 마케팅 지식을 지닌 M을 COO로 영입하는 등 다양한 기능적 전문성을 보유한 사람으로 경영진을 구성하여 의사결정의 질을 높였다고 한다.

또한, 다양성을 확보하기 위해서는 조직 내부에서 자신과 성격이나 스타일이 다른 사람을 의도적으로 육성할 필요가 있다. 흔히 자신의 후계자를 지목하거나 팀원을 선발할 때, 자신과 비슷한 사람을 선발하려는 경향이 많이 있다. 실력이나 자질보다는 성격, 가치관, 태도 등에 있어서 자신과 비슷한 사람이 함께 일하기에 심리적으로 편하기 때문이다. 그러나 너무 지나칠 경우, 생각과 관점의 다양성이 부족해질 수 있다. 예컨대, G사의 전 회장인 Reginald Jones는 차분하고 조용한 성격이었으나, 자신의 후계자로서 다소 무례하고 거침없고 논쟁을 좋아하는 W를 후계자로 지목한 바 있다. 그의 결정은 오늘날 G사가 초일류 기업으로 부활하는 계기가 되었다.

① 서로 다른 유형의 사람을 옆에 두는 것
② 현실을 냉정하게 직시하는 것
③ 가치 있는 실수는 과감히 포용하는 것
④ 현장에서 정보를 얻는 것

47 다음 중 K사에 소속된 A, B 두 집단에 대한 설명으로 옳지 않은 것을 고르면?

> A집단: 다양한 사회 기관이나 기구, 단체들과의 상호 교류나 지원 사업 등의 업무가 수시로 발생하기 때문에 상설 TF팀을 준비해 두고 있다. 매 상황별 특성에 맞게 일부 인원을 조정하지만 기본적으로 각 분야별 담당자들로 구성되어 있어 상설 조직으로의 역할을 문제없이 수행하고 있다.
> B집단: 몇 개의 부서 직원 7명으로 구성된 이 집단은 일주일에 두 번 장애인들을 찾아 봉사활동을 한다. 정해진 규정이나 따라야 할 규칙은 없고, 자신의 시간을 할애해 봉사활동을 하고자 하는 직원은 누구나 참여할 수 있다. 3년째 이어져 온 이 조직은 누구의 지시도, 관리도 받지 않는다.

① A집단의 구성원은 인위적으로 참여하는 경우가 많다.
② A집단의 임무는 보통 명확하지 않고 즉흥적인 성격을 띤다.
③ A집단은 조직에서 의도적으로 만든 집단이다.
④ B집단의 활동은 자발적이며 행위에 대한 보상은 '보람'이 될 수 있다.

48 제너럴 모터스사는 가격, 용도, 개성 등 고객의 다양한 욕구에 맞는 자동차를 만들고자 노력하여 제품 및 서비스 품질을 개선함으로써 포드자동차를 제압할 수 있는 기회를 얻은 적이 있다. 이때 제너럴 모터스사가 선택한 경영전략에 대한 설명으로 옳지 않은 것을 고르면?

① 해당 제품의 전체 시장보다 특정 시장에 맞는 경영전략을 수립하게 된다.
② 다각화된 제품 계열을 다양한 경로를 통해 판매할 수 있다.
③ 마케팅 활동에 연관된 생산비, 연구 개발비, 관리비 등의 비용 증가를 수반한다.
④ 제품 표준화를 통한 대량생산을 기반으로 하는 경영전략과는 거리가 멀다.

49 다음 [표]는 조직개편을 추진하기 위한 5단계 절차를 도식화한 자료이다. 3단계 '다양한 대안 고려하기'에서 진행될 수 있는 사항으로 적절하지 <u>않은</u> 것을 고르면?

[표] 조직개편 5단계 절차

구분	주안점
1단계 손익계산서 작성하기	조직개편은 추상적인 목표가 아니다. 마케팅 추진, 제품 출시, 자본 계획 등 일반적인 비즈니스 계획과 다르지 않다. 따라서 이익, 비용, 시기 등을 결정하는 작업부터 시작해야 한다. 비용은 조직개편에 관련된 인력이나 컨설턴트 비용만 생각해서는 안 되며, 변화에 따르는 부수적 비용과 변화가 사업에 혼란을 가져올 때 발생할 비용도 포함해야 한다.
2단계 강점과 약점 파악하기	조직개편을 착수하기 전에 시간을 두고 자가 진단을 하는 기업들은 주로 고위 관리자들과의 면담 결과에서 정보를 얻는다. 여기에 설문조사를 추가하면 회사 전체의 의견을 파악할 수 있으며 본사와 지사와의 차이, 직급이나 위치에 따른 차이도 확인할 수 있다. 더구나 조직개편은 성과를 향상시키는 데 목적이 있으므로 비즈니스 전반에 걸쳐 개편의 결과가 어떻게 나타나는지 충분한 시간을 두고 지켜봐야 한다.
3단계 다양한 대안 고려하기	(　　　　　　　　　　　　　　　　　　　　　　　　　　　　)
4단계 세부 구조 설계하기	바뀌야 할 요소들을 전부 파악해 변화를 적절한 순서로 계획하는 게 요령이다. 예컨대, 공석을 채우려면 그 자리에 대한 직무명세서를 새로 작성해야 한다. 마찬가지로 비용과 매출을 산정하기 전에 이익과 손실을 어떻게 관리할지 합의를 봐야만 필요한 정보시스템의 변화를 설계·시험하여 실행할 수 있다. 만약 세부적인 설계에서 구조 변화, 절차, 시스템, 사람 등 특정 부분을 놓쳤다면 조직개편 전체에 지장을 받을 수도 있고 새 조직이 미숙한 상태로 시작됐다는 느낌을 받을 수 있다.
5단계 필요한 경로 수정하기	모든 구성원이 새 조직에서 초기에 불거지는 문제를 찾아서 지적하고, 해결책을 공개적으로 논의하며, 원래 계획에 부합하도록 최대한 신속하게 적절한 대책을 마련하는 것이 관건이다.

① 재무 승인 절차를 바꾸거나 관리자의 수를 조절하고, 직급을 높이는 행위 등을 통해 부분적인 조직개편을 시행하는 방법을 고려한다.

② 시장의 근본적인 변화에 직면했을 경우, 조직 모델 전체를 바꾸는 방법을 선택할 수 있다.

③ 조직개편은 조직의 보고체계가 어떻게 형성될 것인지가 가장 중요한 기준이 되어야 한다.

④ 조직이 잘 돌아가고 있거나 비용 절감을 목표로 할 경우, 일부 요소만 수정·제거하는 조직개편을 선택할 수 있다.

50 다음은 D사의 복무규정의 일부이다. 이에 대한 설명으로 옳지 않은 것을 고르면?

제○○조(근로시간) ① 근로자의 근로시간은 휴게시간을 제외하고 1일 8시간, 1주 40시간으로 하고, 시업시간은 09:00, 종업시간은 18:00로 한다.
② 근로시간 4시간당 30분의 휴게시간을 보장해야 하고, 8시간인 경우에는 합계 1시간의 휴게시간을 근로시간 도중에 주어야 한다.
③ 제1항 내지 제2항에도 불구하고 직무의 성격, 특수성 등을 감안하여 필요하다고 인정할 때에는 근로시간 및 휴게시간을 달리 정하여 운영할 수 있다. 다만, 이 경우 근로계약서에 이를 명시하여야 한다.

제○○조(연장근로) ① 사용부서의 장은 근로자와 협의하에 정해진 근로시간에도 불구하고 연장근로를 명할 수 있다.
② 제1항의 연장근로는 1주간에 12시간을 초과할 수 없다.
③ 제1항의 규정에 의한 근로에 대하여는 회사 「보수규정」이 정하는 바에 따라 수당을 지급한다.

제○○조(휴일) ① 다음 각 호에 해당하는 날은 유급휴일로 한다.
1. 「근로기준법」에 따른 휴일(주휴일)
2. 「근로자의 날 제정에 관한 법률」에 따른 근로자의 날
3. 「공휴일에 관한 규정」에 따른 공휴일
② 토요일은 무급휴무일로 한다.
③ 사용부서의 장은 필요하다고 인정하는 경우에 제1항의 규정에 의한 휴일에 대하여 정상근무일과 대체근무를 시킬 수 있다. 다만, 이 경우 근로계약서에 이를 명시하여야 한다.

제○○조(휴일근로) ① 사용부서의 장은 근로자와 협의하에 정해진 휴일임에도 불구하고 휴일근로를 명할 수 있다.
② 제1항의 규정에 의한 근로에 대하여는 회사 「보수규정」이 정하는 바에 따라 수당을 지급한다.
③ 제1항의 규정에 의하여 휴일에 근무한 자에 대하여는 정상 근무일에 휴무하게 할 수 있으며, 이 경우 휴일과 대체되는 것으로 보아 휴일근로수당을 지급하지 아니한다.

① 시업시간부터 종업시간까지 휴게시간은 총 1시간이다.
② 근로계약서에 명시될 경우, 종업시간을 1시간 앞당김으로 해서 규정된 휴게시간을 보장할 수 있다.
③ 근로자와 사용자 간의 협의에 따른 1주당 최대 근로시간은 55시간 이하여야 한다.
④ 근로자와 사용자의 협의하에 유급휴일과 무급휴일에 모두 휴일근로가 이루어질 수 있다.

정보능력

※ 부산교통공사 출제 영역
(부산시 통합채용 응시자는 P.86으로 이동하여 푸십시오.)

41 다음 중 인터넷 사이버 공간에서 지켜야 할 예절로 적절하지 않은 것을 고르면?

① 이미 진행되고 있는 온라인 대화방에 뒤늦게 참여하게 되면, 그간 진행된 이야기의 흐름을 먼저 파악하고 대화에 참여하는 것이 에티켓이다.
② 다수가 이용하는 게시판에 글을 올리고자 할 경우, 이미 같거나 비슷한 글이 게시되어 있는지 확인하는 것이 좋다.
③ 공개 자료실에 파일을 올리고자 할 때에는 바이러스 체크와 파일 압축이 필수 사항이다.
④ 전자우편에 파일을 첨부하여 발송할 때에는 가급적 소용량의 여러 파일을 대용량의 한 개 파일에 담아 보내는 것이 바람직하다.

42 정보는 기획, 수집, 관리, 활용의 절차에 따라 처리된다. 다음 중 각 단계의 특징으로 적절하지 않은 것을 고르면?

① 정보의 기획–정보관리의 가장 중요한 단계로, 보통은 5W2H에 맞게 기획한다.
② 정보의 수집–다양한 목적이 있지만 최종 목적은 '원인분석'을 잘하는 것이다.
③ 정보의 관리–목적성, 용이성, 유용성을 고려하여 정보를 관리해야 한다.
④ 정보의 활용–최신 정보기술이 제공하는 주요 기능, 특성을 아는 능력뿐만 아니라 다양한 능력이 수반되어야 한다.

43 다음과 같은 표에 대한 함수식의 결괏값이 나머지와 다른 하나를 고르면? [2024 상반기 기출복원]

	A	B	C
1	10	4	157
2	7		2
3		6	17

① =RIGHT(C3,1)
② =COUNTBLANK(A1:C3)
③ =MEDIAN(A1:C3)
④ =MOD(C1,A1)

44 다음 설명을 참고할 때, 도메인 종류와 해당 기관의 성격이 바르게 짝지어지지 않은 것을 고르면?

IP 주소처럼 숫자로 되어 있는 컴퓨터 주소를 일일이 기억하고 사용하는 것은 매우 어려운 일이다. 이러한 문제를 해결하기 위해 숫자를 문자로 표현할 수 있게 고안된 체계를 도메인 이름(domain name)이라고 한다. 도메인 이름의 형식은 대체적으로 서비스를 제공하는 컴퓨터 이름, 기관 이름, 기관 성격, 국가 이름 등으로 다음과 같이 표현하고 있다.

www. 서비스를 제공하는 컴퓨터 이름.	mest. 기관 이름.	go. 기관 성격.	kr 국가 이름

① re.kr — 연구기관
② pe.kr — 개인
③ kg.kr — 유치원
④ ed.kr — 대학

45 다음은 컴퓨터 그래픽 사용 중 볼 수 있는 서로 다른 해상도의 그림을 나타낸 것이다. 이에 대한 설명으로 옳은 것을 [보기]에서 모두 고르면?

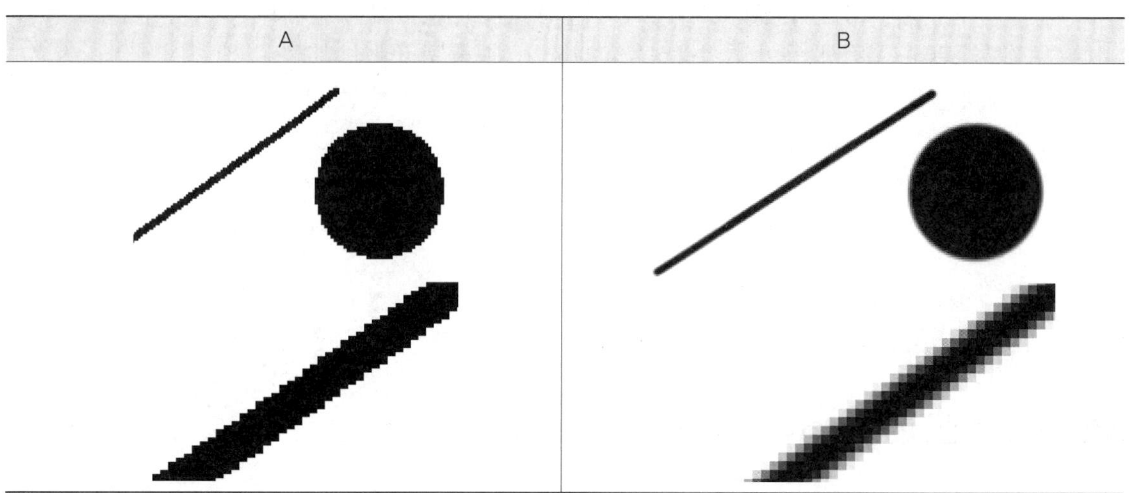

보기

㉠ A는 가장자리 부분이 거칠게 표현되는 계단 현상을 나타내고 있다.
㉡ A를 B와 같이 보정하고자 할 경우, 그래픽 카드의 연산력이 많이 소모된다.
㉢ A와 같은 현상은 이미지의 기본 단위가 픽셀의 작은 사각형 조각으로 표현되기 때문이다.

① ㉠, ㉡
② ㉠, ㉢
③ ㉡, ㉢
④ ㉠, ㉡, ㉢

46 하나의 '정보'를 얻기 위해서 사전에 필요한 back data를 '자료'라 하고, 정보들을 종합 분석하여 '지식'을 만들어 낸다. 다음 (가)~(바)를 자료, 정보, 지식 중 하나로 구분하였을 때, 이에 대한 내용이 바르게 짝지어진 것을 고르면?

(가) 최근 10개월간 A역의 일 평균 승차 인원 75,355명
(나) 1호선 전동차 및 역 구내 광고 게시판 계약물량 138건
(다) 승객 안전을 위한 개선안으로 전동차 내부 내연성 소재 개발 필요
(라) 장애인 및 노약자 승차 인원 전년 동기 대비 3.5% 증가
(마) 승강장 안전점검 결과 스크린 도어 위험성 노출 및 보완사항 확인
(바) 2호선 B역 지하상가 총면적 200sqm

	자료	정보	지식
①	(가)	(나)	(다)
②	(나)	(가)	(마)
③	(나)	(바)	(라)
④	(바)	(나)	(다)

47 다음 글의 빈칸에 공통으로 들어갈 용어로 올바른 것을 고르면?

유비쿼터스의 실현을 가능하게 하는 핵심 기술 중의 하나가 (　　　)이다. (　　　)은(는) 초소형 반도체에 각종 식별 정보를 입력하여 상품이나 동물에 부착하고, 무선 주파수를 통해 입력된 정보를 수집하고 관리하는 기술이다. (　　　)을(를) 이용하면 언제, 어디서나 특정 사물의 위치 파악은 물론 관련 정보의 실시간 수집 및 처리가 가능하게 된다.

① FA　　② DDS
③ RFID　　④ CMI

48 K공기업에서는 매년 다음과 같은 기준으로 사번 코드를 발급한다. 다음 중 사번 코드를 잘못 발급받은 직원을 고르면?

[사번 코드 발급체계]

입사 연도(끝 2자리)+부서(2자리)+직급(2자리)+근무지(2자리)+랜덤 3자리(2010년 이전 입사자: 000~599, 2011년 이후 입사자: 600~999)

• 부서코드

감사부	인사부	기획부	개발부	재무부	영업부	홍보부
AA	AB	BA	BB	BC	CA	CB

• 직급코드

1급	2급	3급	4급 갑	4급 을	5급 갑	5급 을
01	20	30	4A	4B	5A	5B

• 근무지

서울	인천	대전	부산	진주	전주	원주
55	61	62	63	75	76	77

[직원별 사번 코드]

직원	입사 연도	부서	직급	근무지	사번 코드
김가인	2003년	홍보부	2급	인천	03CB2061235
이나영	2012년	개발부	4급 을	전주	12BB4B76066
박다윤	2018년	영업부	5급 갑	대전	18CA5A62789
최라희	2005년	감사부	3급	서울	05AA3055323

① 김가인
② 이나영
③ 박다윤
④ 최라희

49 다음 설명을 참고할 때, 신용카드 번호 4579-7300-7124-705( )에서 괄호 안에 들어갈 검증번호를 고르면?

> 신용카드와 체크카드 번호는 ○○○○-○○○○-○○○○-○○○○ 형식으로 4자리씩 총 16자리로 구성된다. 앞의 6자리 외에 그 뒷부분의 숫자는 각 금융기관들이 사용하는 내부코드이고, 맨 마지막은 검증번호이다. 카드번호 총 16자리 숫자에서 검증번호 체계는 다음과 같이 계산한다.
>
> 1) 마지막 검증번호의 숫자를 제외하고 맨 왼쪽의 숫자부터 오른쪽으로 가면서 2와 1을 번갈아 곱한다.
> 2) 곱셈한 결과가 10 이상일 경우 다시 숫자끼리 더한다. 예를 들어 7×2=14일 경우 다시 1+4=5로 치환한다.
> 3) 곱셈의 결과를 모두 더한다.
> 4) 3)에서 더한 합계 숫자의 일의 자리 수를 10에서 빼면 검증번호 숫자가 된다. 단, 일의 자리 수가 0인 경우 검증번호는 0이 된다.

① 4　　② 5
③ 6　　④ 7

02 실전모의고사 1회

50 MS Excel을 활용하여 [그래프1]과 같은 그래프를 작성하였다. 하지만 실업률을 나타내는 축 값만 나타나 있어, 고용률의 축 값도 우측에 추가하여 [그래프2]와 같은 그래프로 수정하였다. 다음 중 이러한 수정 방법에 대한 설명으로 옳은 것을 고르면?

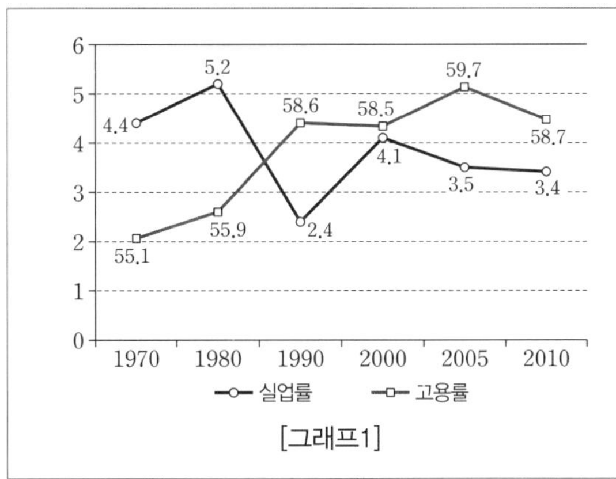

[그래프1]

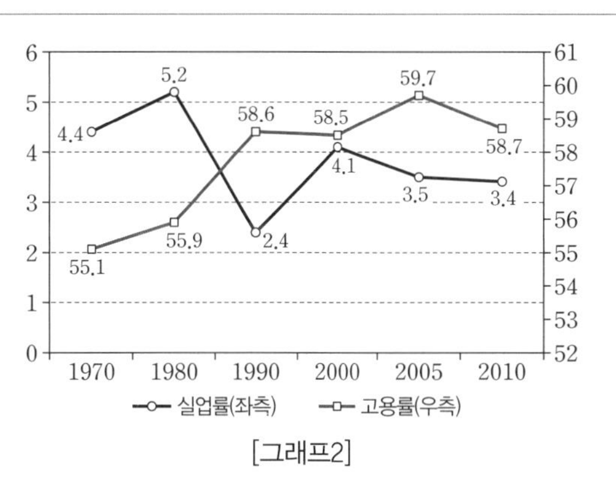

[그래프2]

① '데이터 레이블'을 추가하였다.
② '차트 종류 변경'을 선택하여 '기본 차트로 설정'을 클릭하였다.
③ '데이터 계열'의 '보조 축'을 지정하였다.
④ '차트 영역 서식', '3차원 서식'을 차례대로 지정하였다.

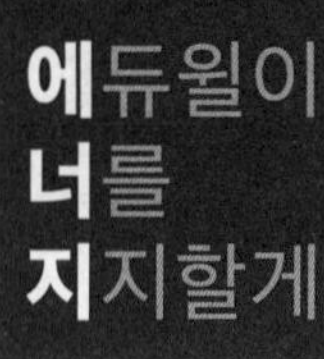

ENERGY

실패는 다 실패가 아닙니다.
시도 자체가 이미 성공입니다.

– 조정민, 『인생은 선물이다』, 두란노

최신판

부산시 공공기관 +부산교통공사

| 실전모의고사 2회 |

※ 2024년, 2023년 시행된 필기시험의 기출복원 문제가 포함되어 있습니다.

시험 구성 및 유의사항

• 부산시 공공기관+부산교통공사의 NCS직업기초능력평가는 다음과 같이 출제되었습니다.(2024년 하반기 기준)

구분	출제 영역	문항 수	권장 풀이 시간	비고
부산시 공공기관 (부산교통공사 제외)	공통(의사소통능력, 수리능력, 문제해결능력, 자원관리능력) + 조직이해능력	50문항	50분	객관식 사지선다형
부산교통공사 (공무직, 상용직 제외)	공통(의사소통능력, 수리능력, 문제해결능력, 자원관리능력) + 정보능력	50문항	50분	

※ 오답 감점은 없으며, 각 문제는 하나의 정답으로 이루어져 있습니다.

※ 채용 시기에 따라 공고를 확인하여 직무에 따른 필기시험 출제 영역을 확인하십시오.

모바일 OMR 자동채점&성적분석 무료

정답만 입력하면 채점에서 성적분석까지 한번에!

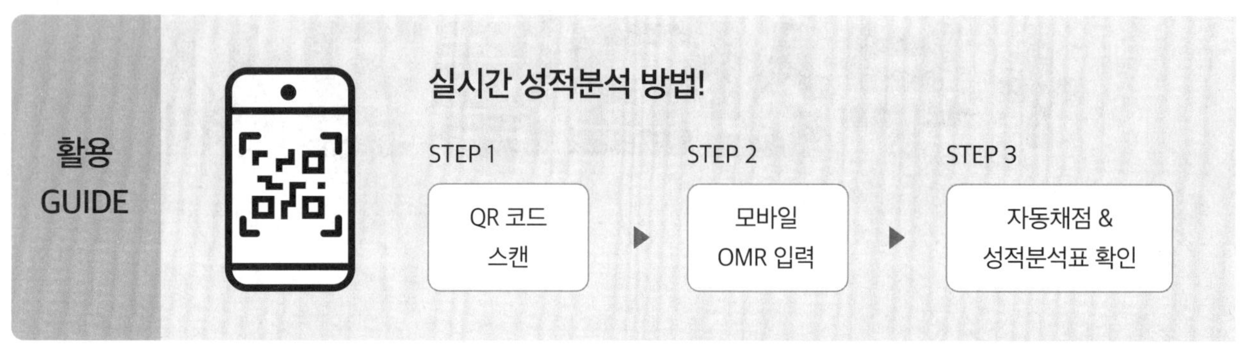

STEP 1

교재 내 QR 코드 스캔

- 위 QR 코드를 모바일로 스캔 후 에듀윌 회원 로그인
- QR 코드 하단의 바로가기 주소로도 접속 가능

STEP 2

모바일 OMR 입력

- 회차 확인 후 '응시하기' 클릭
- 모바일 OMR에 답안 입력
- 문제풀이 시간까지 측정 가능

STEP 3

자동채점 & 성적분석표 확인

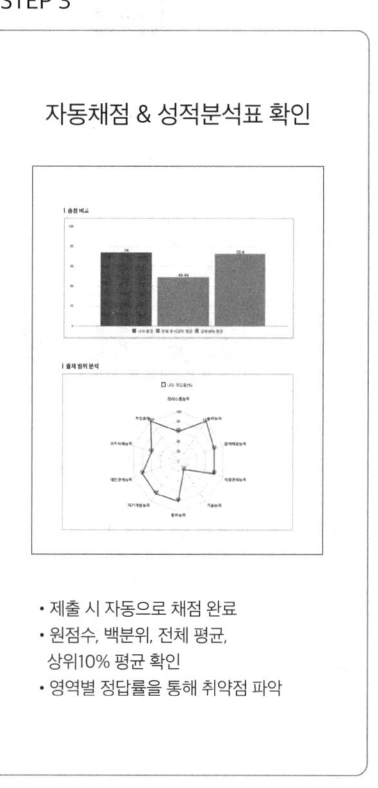

- 제출 시 자동으로 채점 완료
- 원점수, 백분위, 전체 평균, 상위10% 평균 확인
- 영역별 정답률을 통해 취약점 파악

※ 본 회차의 모바일 OMR 채점 서비스는 2027년 4월 30일까지 유효합니다.

실전모의고사 2회

정답과 해설 P.23

공통 ※ 의사소통능력, 수리능력, 문제해결능력, 자원관리능력으로 구성되어 있습니다.

01 다음 글에서 설명하는 의사소통의 저해 요인으로 적절한 것을 고르면? [2024 상반기 기출복원]

> 톨스토이는 의사소통에 대해 여러 번 언급하였으며, 그의 글에서 인간관계와 소통의 중요성을 자주 다뤘다. 톨스토이가 남긴 유명한 말 중 하나는 '진심으로 말하는 것은 진심으로 듣는 것과 같다.'이다. 그는 진심으로 말하는 것만큼, 상대방의 말을 진지하게 경청하는 것이 중요하다고 생각하였다. 또 그는 '우리는 서로를 이해하지 못하는 것처럼 보인다. 그러나 그것은 우리가 서로를 진정으로 듣지 않기 때문이다.'라고도 하였다. 이는 의사소통에서 상대방의 말을 진지하게 듣지 않으면 진정한 이해가 이루어지지 않는다는 점을 강조한 것이다. 또한 '진정한 대화는 우리가 말하는 것보다, 우리가 서로를 이해하려고 노력하는 것이다.'라고 하여, 말의 수보다는 상대방을 이해하려는 노력이 중요한 소통의 본질임을 강조하였다. 톨스토이의 이러한 말들은 그가 인간관계에서의 진정성과 소통의 깊이를 중요하게 생각했음을 잘 보여준다.

① 서로 모순되는 내용을 가진 경쟁적인 메시지
② 듣는 사람이 이해하기에 너무 복잡한 메시지
③ 일방적으로 말하고, 일방적으로 듣는 무책임한 마음
④ 눈치를 중요시하는 의사소통을 미덕이라고 생각하는 경향

02 다음에 제시된 민원업무 처리규칙에 대한 설명으로 옳은 것을 고르면?

> **제17조(민원의 처리원칙)** ① 처리사무부서는 접수된 민원서류를 소정기간 내에 처리하고 그 결과를 즉시 민원인 및 문서담당부서에 통보하여야 한다.
> ② 민원문서를 접수한 처리사무부서는 다른 문서에 우선하여 이를 처리하여야 한다.
> ③ 민원사항의 실현이 불가능하거나, 민원인의 인가·허가 등의 요구에 대하여 이를 거부한 때에는 그 결과를 통보할 때에 해당사유를 밝혀야 한다.
> ④ 민원사무처리부서에서는 민원서류의 내용이 부정비리 등에 관한 사항인 경우에는 특별한 사정이 없는 한 해당 민원을 접수한 직후 결재권자의 선람을 득하여야 한다.
>
> **제19조(복합민원의 처리)** ① 문서담당부서장은 복합민원을 처리할 주관부서를 지정하고 그 부서로 하여금 관계 부서 간의 협조를 통하여 민원을 처리하게 하여야 한다.
> ② 복합민원과 관련된 모든 민원문서는 제1항에 따라 지정된 주무부서와 미리 합의하여 지정된 기일 내에 모두 제출하여야 한다.
>
> **제20조(반복 및 중복 민원의 처리)** ① 민원인이 동일한 내용의 민원(법정민원을 제외한다. 이하 이 조에서 같다)을 정당한 사유 없이 3회 이상 반복하여 제출한 경우에는 2회 이상 그 처리결과를 통지하고, 그 후에 접수되는 민원에 대하여는 처리주무부서장의 결재를 받아 내부적으로 종결처리할 수 있다.
> ② 민원인이 2개 이상의 행정기관에 제출한 동일한 내용의 민원을 다른 행정기관으로부터 이송 받은 경우에도 제1항을 준용하여 처리할 수 있다.
> ③ 제1항과 제2항에 따른 동일한 내용의 민원인지 여부에 대하여는 해당 민원의 성격, 종전 민원과의 내용적 유사성·관련성 및 종전 민원과 동일한 답변을 할 수밖에 없는 사정 등을 종합적으로 고려하여 결정하여야 한다.

① 접수된 민원문서는 처리사무부서의 다른 문서 업무 처리 즉시 처리되어야 한다.
② 민원처리 불가 사유를 통보하고 민원처리를 거부한 것은 적절한 처리원칙에 의한 행동이다.
③ 동일 기관에 동일 내용의 민원을 반복 제출한 경우에만 반복 및 중복 민원에 해당된다.
④ 반복되는 민원에 대하여는 최초 민원 처리결과 통지 후 내부 종결처리가 가능하다.

03 다음 글의 [가]~[라]를 문맥에 따라 바르게 나열한 것을 고르면?

[가] 스마트폰의 혁신에서 스티브 잡스의 기여는 대단하다. 그는 직관적 인터페이스를 강조하여 터치스크린과 애플리케이션으로서 스마트폰을 단순한 고급 휴대 전화나 소형 컴퓨터가 아니라 사람들이 항상 휴대하고 있는, 또는 필수로 간직하게 되는 것으로 만들었다. 이것은 휴대하는 것이 아니라 착용하는 것이라는 표현이 더 적절할 것이다.

[나] 스마트폰이 성공을 거둔 것도 그것이 휴대 전화와 인터넷 단말기를 복합하여 소형화한 것이어서가 아니다. 스마트폰은 그것 자체가 하나의 문화가 되었다. 어느 누구든 항상 연결망 속에서 주체를 발견할 수 있다. 카카오톡이나 카카오스토리라는 파생 상품이 성공을 거둔 것도 그런 이유 때문이다. 어떤 기술도 인문학적 소양이나 예술적 감각이 없이는 우리 사회에서 과연 그 쓸모를 말할 수 있을까 싶을 정도로 오늘날 우리 사회는 융합이 필요하다.

[다] 스마트폰이 우리 생활에 가져온 혁신과 혁명을 일일이 거명하기란 어려울 것이다. 스마트폰은 컴퓨터이면서 전화기이고, 전화기이자 인터넷 검색기이기도 하다. 이동식 휴대 전화나 인터넷, 컴퓨터 하나하나는 이미 만들어져 있는 것이었는데, 스마트폰은 이것을 하나로 모아서 휴대가 가능하게 한 것이다.

[라] 스티브 잡스는 기술, 인문, 예술의 융합을 강조하였다. 그가 말하는 직관적 인터페이스도 이러한 융합적 사고로부터 만들어진 산물이다. 이러한 융합적 사고나 재능은 천재적 개인의 창조적 능력에만 그치는 것이 아니다. 우리의 삶이나 생활이 이제는 융합적 사고를 하지 않고서는 안 되게 만들어지고 있다.

① [가]－[다]－[라]－[나]
② [나]－[가]－[라]－[다]
③ [다]－[가]－[나]－[라]
④ [다]－[가]－[라]－[나]

04 다음 글을 읽고, 마텔사의 매출 및 영업 이익이 신장된 이유를 의사소통 방식의 측면에서 살펴본 것으로 적절한 것을 고르면?

> 2007년 8월, 마텔 장난감에서 인체에 유해한 납 성분이 검출됐다. 미국 소비자제품안전위원회(CPSC)는 마텔사에 전 세계에서 판매된 1,800만 개 이상의 완구류에 대한 즉각적인 리콜 조치를 요구한 상황이었다. 마텔의 CEO 로버트 에커트 사장은 리콜 조치를 시행하기 전, 직접 자사 홈페이지에 사과 동영상을 게재했다. 이 사과 동영상을 통해 리콜의 원인, 사과 메시지, 문제를 처리하기 위한 구체적인 계획, 안전을 중시하는 기업 철학, 재발 방지를 위한 노력에 대한 메시지들을 전달함은 물론 소비자들이 궁금해하는 내용에 대한 답변 등을 한곳에 모아서 전달했다. 특히 에커트 사장은 "부모가 돼라(Be Parents)", "어린이가 돼라(Be Children)"라는 두 가지 핵심 메시지를 통해 소비자들을 감동시켰다. 회사 사장 스스로 자신도 자식을 둔 부모라는 것을 강조했고, 부모의 입장에서 이 사태에 대처하겠다는 강력한 메시지는 소비자들을 감동시켰으며, 이것이 리콜 후 오히려 매출 및 영업 이익의 신장으로 귀결되는 데 결정적 역할을 했다.

① 자신의 발언이 갖는 영향력을 고려해 상대방에게 단호한 표현 방법으로 전달했기 때문이다.
② 상대에게 잘못을 빠르게 인정하고 상대방의 처지와 상황에 대한 공감대를 형성했기 때문이다.
③ 상대에게 잘못이 발생한 원인을 명확하게 밝히고 원인별로 해결책을 나누어 제시했기 때문이다.
④ 자신의 의견을 정확히 전달하고 상대방에게 발생한 문제를 처리하기 위한 구체적인 계획을 밝혔기 때문이다.

05 다음 글의 빈칸에 들어갈 내용으로 가장 적절한 것을 고르면?

유전자가위 기술은 정확한 위치파악 능력을 갖는 생체 유래물질과 변형된 절단효소를 융합하여 질병이나 형질에 관여하는 DNA를 제거, 수정, 삽입함으로써 질병이나 형질의 변화를 일으키는 기술이다. 유전자가위는 이때 사용되는 도구를 일컫는데, 절단효소와 위치파악 능력이 있는 가이드 물질의 융합을 통해 특정 DNA 서열의 변화를 유도한다. 유전자가위는 DNA 이중나선의 절단을 유도하게 되는데, 살아있는 세포는 이중나선의 절단을 심각한 손상으로 인식하고 이를 복구하기 위한 시스템을 가동한다.

유전자가위 기술은 크게 두 가지 방식으로 분류할 수 있다. 첫 번째는 DNA의 단백질을 절단효소와 융합하여 이를 조합하는 기술이다. 각각 절단효소로 어떤 단백질을 활용하느냐에 따라 기술의 명칭은 달라지지만, 기본적인 원리가 유사하고 과학자들의 설계를 통해 이루어졌다는 공통점을 지닌다. 두 번째는 미생물에 존재하는 면역시스템을 유전자가위로 응용한 것이다. 단세포 박테리아와 같은 생물체는 면역계를 통해 외래 병원체의 침입을 막아낸다. 이때 외래 병원체들과 관련된 분자들을 특이적으로 인지하는 기억세포를 형성해 침입에 대해 기억한다. 그리고 동일한 침입이 있을 때 이를 인식하여 방어를 하게 된다.

크리스퍼 유전자가위 기술은 면역시스템을 응용한 방식으로 최근 여러 작물의 품종 개발에 활용되고 있다. 크리스퍼 유전자가위 기술은 DNA의 일부 특징을 제거하거나 교정할 수 있는데, 다음과 같은 과정으로 진행된다. 우선, 어떤 작물의 특징 중에서 제거하려는 DNA가 무엇인지를 찾아 표적 DNA로 설정한다. 그리고 표적 DNA를 정확히 찾아갈 수 있는 가이드 RNA 분자와 절단효소인 Cas9 단백질 분자를 결합하여 복합체를 만들고, 이 복합체를 작물의 세포에 넣어준다. 복합체가 세포에 투입되면 Cas9 단백질 분자는 DNA 이중나선을 절단함으로써 제거하려는 작물의 특징을 제거하게 된다. DNA 이중나선이 절단되면 주변 DNA의 서열과 비슷한 DNA 틀을 절단 부위에 넣어 (   )

① 새로운 유전 정보를 도입할 수 있도록 재조합함으로써 절단된 DNA가 복구된다.
② 새로운 유전 정보가 들어간 DNA를 추가로 포함시킴으로써 작물의 특징을 변환한다.
③ 투입된 DNA 틀에 포함된 유전 정보를 추가시킴으로써 DNA의 본래 기능을 회복시킨다.
④ 새로운 복합체를 구성해서 절단된 DNA의 정보를 새롭게 재조합하여 같은 서열의 DNA를 만든다.

06 다음 글을 읽고 추론한 내용으로 적절한 것을 고르면?

우리나라는 영상물에 대해서, 유통 이전에 이를 관람할 수 있는 연령대를 정하는 등급 분류 제도가 있다. 영화, 비디오, 예고편 영화, 광고 영화, 광고 선전물 등이 그 대상이다. 등급 분류 업무는 영상물등급위원회에서 담당하고 있다. 영상물 등급 분류는 전체 관람가, 12세 이상 관람가, 15세 이상 관람가, 청소년 관람불가, 제한상영가 5단계로 이루어진다. 우리가 가장 많이 이용하는 영상물인 영화의 경우, 사실상 두 단계의 등급으로 나누어진다고 한다. 청소년이 관람할 수 있느냐 없느냐만 있는 것이다. '12세 이상 관람가' 및 '15세 이상 관람가' 영화의 경우 그 연령에 도달하지 않은 아이들도 보호자가 있다면 관람할 수 있기 때문이다.

제작비를 많이 들여 만든 영화는 대부분 15세 이상이나 12세 이상 등급을 받을 것을 목표로 제작되는 경향이 있다. 왜냐하면 청소년 관람불가 등급의 영화는 다른 등급의 영화에 비해 상대적으로 적은 관객을 동원하기 때문이다. 이는 통계로도 드러난다. 역대 한국 영화 흥행 순위의 최상위권 영화들은 '명량'(1,761만 5,686명 · 15세 관람가), '극한직업'(1,626만 6,338명 · 15세 관람가), '신과 함께-죄와 벌'(1,441만 1,782명 · 12세 관람가) 등 12, 15세 관람가 영화들이 차지하고 있다.

이런 점 때문에 영화 관계자들은 영화에 수위 조절을 한다. 수위 조절을 통해 흥행에 성공한 대표적인 예가 '써니'이다. 이 영화는 개봉 전 청소년 관람불가 등급을 받았다. 하지만 일부 장면을 편집해 재심의를 신청한 결과 15세 이상 관람가 등급을 받아낼 수 있었고, 흥행몰이에 성공하였다.

최근에는 폭력성 요소가 매우 심한 영상물이 '15세 이상 관람가' 등급을 받는 경우도 있어 등급 분류의 기준에 대해 논란이 많다. 사람을 칼로 찔러 피가 흥건한 장면이 나와도 몸이 찔리는 부분만 직접 보여 주지 않으면 '청소년 관람불가' 등급을 피할 수 있다. 즉, 칼로 찌르려는 행동이 나오다가 칼이 몸에 닿는 순간에는 뒷모습만 보이도록 화면이 전환되고 그 후에 칼에 찔린 사람이 바닥에 쓰러지면서 선혈이 낭자한 장면이 이어져도, 폭력성 요소가 직접적으로 드러나지 않았으므로 '15세 이상 관람가' 등급을 받을 수 있다는 것이다.

이런 정도의 장면을 청소년이 합법적으로 관람할 수 있는 것이 현실인데, 등급 분류 제도가 과연 존재 의미를 갖는 것인가에 대한 논란이 분분하다. 또 청소년을 보호의 객체로 보아야 할 연령이 몇 살까지인지에 대해서도 의견이 다양하다. 선거 연령도 점점 어려지고 있는 상황에서 이에 대한 기준이 없기 때문이다.

① 청소년 관람이 가능한 영화는 제작비를 그만큼 많이 들인다.
② 우리나라 영상물 등급 분류에 관한 제도를 단순화해야 한다.
③ 청소년 관객을 포기하고 청소년 관람불가 영화를 만들면 흥행에 실패한다.
④ 관객 수에 청소년 관객을 포함할 경우 그렇지 않은 경우보다 극장 수 대비 관객 수가 더 많아진다.

07 다음 글은 A공사의 중소기업 성장 지원 정책에 관한 내용이다. 빈칸 ㉠~㉣에 들어갈 말이 바르게 짝지어진 것을 고르면?

> 공사는 대기업과 중소기업 간의 양극화를 극복하고, 국내 중소기업의 글로벌 경쟁력 강화를 위해 브랜드를 활용한 해외 동반 진출로 중소기업의 해외 매출 향상에 기여하였다. 11개의 중소기업과 11개 국가의 중고 철도차량 정비·매각, 해외 철도 교육·컨설팅, 대규모 철도 인프라 시설의 운영·유지 보수 등의 사업을 (㉠)하여 46억 원의 수익을 거두었으며, 국내 37개 중소기업과 밀라노 엑스포에 공동 참가하여 중소기업 제품의 홍보 및 판매로 해외 판로개척을 지원하여 10억 원의 수익 (㉡)에 기여하였다. 그뿐만 아니라, 중소기업의 기술력과 역량을 강화하기 위한 다양한 동반 성장 프로그램을 (㉢)하고 있다. 민·관 공동투자 기술개발 협력펀드를 통해 20억 원을 조성하여 중소기업의 기술 개발을 지원하고, 사전에 필요한 기술정보를 제공하여 협력기업의 사업화 준비 및 조기 추진을 (㉣)하는 기술 예고제를 도입하였으며, 구매조건부 신제품 개발 사업을 활성화하여 중소기업이 안정적으로 기술을 개발할 수 있는 환경을 조성하였다. 이 외에도 지식재산권의 기술 이전과 무료 직무 교육을 지원해 중소기업의 기술력 강화 및 매출 확대에 기여하고 있다.

	㉠	㉡	㉢	㉣
①	발주	증대	운용	모색
②	수주	창출	운용	도출
③	수주	보장	운용	확대
④	수주	창출	운영	도모

08 다음 글을 바탕으로 피동 표현이 아닌 것을 고르면? [2024 상반기 기출복원]

우리말에서 피동 표현은 주어가 직접 행위를 하는 것이 아니라, 외부의 힘에 의해 어떤 동작을 당하거나 상태가 변화하는 것을 나타내는 표현 방식이다. 일반적으로 피동 표현은 동사에 접미사 '－이, －히, －리, －기' 등이 붙거나, '－아/어지다' 형태로 사용된다.

예를 들어, '문이 바람에 닫혔다.'라는 문장을 살펴보자. 여기서 '닫혔다'는 '닫다'에 피동 접미사 '－히－'가 결합하여 만들어진 형태로, 문이 스스로 닫은 것이 아니라 바람에 의해 닫히는 상황을 나타낸다. 이처럼 주어가 스스로 행위를 하지 않고 외부 요인에 의해 영향을 받을 때, 피동 표현이 사용된다.

또한, '－아/어지다'를 활용한 피동 표현도 흔히 사용된다. 예를 들어, '책상이 깨끗해졌다.'라는 문장에서 '깨끗해졌다'는 '깨끗하다'에 '－어지다'가 붙어 상태 변화의 의미를 포함하는 피동 표현이 된다. 즉, 책상이 스스로 깨끗해진 것이 아니라, 외부의 영향으로 상태가 변한 것임을 나타낸다.

피동 표현은 우리말에서 자주 사용되지만, 때로는 과도한 사용이 문장의 명확성을 떨어뜨릴 수도 있다. 예를 들어, '회의가 개최되었다.'보다는 '회의를 열었다.'가 더 간결하고 직관적인 표현이다. 같은 의미라도 '이 작품은 많은 사람들에게 읽혀지고 있다.'보다는 '이 작품은 많은 사람이 읽고 있다.'가 더 자연스럽다.

그렇다고 해서 피동 표현이 불필요하다는 의미는 아니다. 피동 표현은 문장의 의미를 부드럽게 전달하고, 행위의 주체를 굳이 밝히지 않아도 될 때 유용하게 쓰인다. '교통사고가 발생했다.'라는 표현은 가해자가 불분명할 때 적절한 표현이다. 또한, '그 책은 널리 알려졌다.'와 같이 주체보다 결과를 강조할 때에도 효과적이다.

피동 표현은 문장의 흐름과 상황에 맞게 적절히 사용하는 것이 중요하다. 피동 표현이 반드시 능동 표현보다 불필요하거나 부자연스러운 것은 아니므로, 문맥을 고려하여 사용해야 한다.

① 그의 의견이 회의에서 받아들여졌다.
② 도둑이 경찰에 잡혔다.
③ 그는 문제를 해결해 나갔다.
④ 제품의 출시 일정이 조정되었다.

09 **다음 글을 읽고, 태아의 기형아 여부 판단을 위한 측정 검사의 적정 시기가 빠른 것부터 순서대로 바르게 나열한 것을 고르면?**

> 출산율은 해마다 줄고 있는 반면 고령 산모는 갈수록 늘고 있다. 통계청이 발표한 출생통계에 따르면 만 35세 이상 고령 산모는 해마다 증가한 것으로 나타났다. 이 경우 임신 합병증이나 출산에 영향을 줄 수 있는 각종 기저질환 위험이 높아지므로 건강한 임신과 출산을 위해서는 산전 검사를 받아보는 것이 중요하다. 산전 검사는 검진을 통해 태아와 산모에게 미칠 수 있는 위험요인을 미리 발견함으로써 안전한 임신과 출산을 돕는 것을 말한다. 임신을 계획하기 전에는 임신을 하게 될 여성의 질이나 자궁, 난소의 상태를 비롯한 전반적인 건강상태를 확인하고 임신 이후에는 주수에 맞추어 태아의 기형 여부나 발달 상태를 파악해야 한다.
>
> 전반적인 임신 및 출산의 연령대가 높아지면서 보다 안전하고 건강하게 아이를 낳기 위한 산전관리에 관심을 보이는 부부들이 증가하고 있다. 특히 고령 산모일 경우 체계적인 시스템을 갖춘 산전 검사를 받는다면 난임이나 난산에 대한 걱정을 줄일 수 있다. 산전 검사의 종류로는 초음파, 자궁경부암, 풍진, 바이러스 항체 등이 있다. 산모의 연령이 높아질수록 태아의 염색체 이상으로 인한 선천적 기형 발생 위험도 증가한다. 또한 고령 산모가 아니더라도 쌍둥이를 임신했거나 산모가 당뇨병이 있거나 신경관 결손이나 염색체 이상 태아를 분만한 과거력이 있다면 기형아 임신 및 태아 염색체 이상의 위험성이 높아진다. 따라서 이런 경우에는 산전 기형아 검사를 받아보는 것이 좋다. 임신 초기 11~13주 사이에는 태아 후경부 투명대 측정 검사를 시행해야 한다. 이는 초음파 검사를 통해 태아 목덜미에 존재하는 투명대 두께를 측정하게 된다. 투명대는 임신 주수에 따라 민감하게 변하는 부위이므로 시기를 놓치면 검사를 시행할 수 없다. 일반적으로 투명대의 두께 3mm까지가 정상범위이며, 3mm 이상이라면 염색체 이상, 심장 기형의 가능성이 있어 추가 검사를 요할 수 있다.
>
> 트리플/쿼드 마커 검사는 임신 16~18주 사이에 시행하는 산모 혈액 검사로, PAPP-A 검사와 쿼드 검사의 결과를 통합하여 태아의 다운증후군, 에드워드 증후군, 신경관 결손증 등의 질환이 있을 가능성을 확인할 수 있다. 비침습적 산전검사인 NIPT는 산모 혈액에 존재하는 태아 유래 DNA를 분리하여 태아 염색체 이상과 관련된 질환을 조기에 선별하는 검사 방법이다. 만 35세 이상의 고령 산모이거나 과거 염색체 이상 태아를 임신한 경험이 있거나 초음파 검사 결과 이상인 산모가 주요 검사 대상이다. NIPT는 임신 초기인 10주 차부터 검사를 받아볼 수 있으며 다운증후군, 에드워드 증후군 등의 염색체 이상을 발견할 수 있다. 대한 모체태아의학회에서는 모든 임산부에게 NIPT 정보를 제공하고 있으며 특히 고령 산모에게 NIPT를 우선적으로 권고하고 있다.
>
> 또한 고령 산모가 고려할 수 있는 산전검사로 양수 검사도 있다. 양수 검사는 침습적인 방법으로, 임신 17~20주에 초음파를 이용하여 가늘고 긴 바늘로 임산부의 복부를 통해 양수를 뽑아 양수 내에 함유되어 있는 태아 유래의 세포를 배양하고, 염색체 검사를 하는 방법이다. 검사 소요기간이 약 2주 정도 걸리므로 산모와 보호자가 결과를 기다리는 데 정신적인 부담을 겪을 수도 있다. 이는 트리플/쿼드 마커 검사에서 이상이 있는 경우 시행할 수 있으며, 융모막 융모 검사 시기를 놓친 산모에게는 널리 이용되고 있는 방법이다.

① 후경부 투명대 측정 검사–NIPT–트리플/쿼드 마커 검사–양수 검사
② 후경부 투명대 측정 검사–NIPT–양수 검사–트리플/쿼드 마커 검사
③ NIPT–후경부 투명대 측정 검사–트리플/쿼드 마커 검사–양수 검사
④ NIPT–트리플/쿼드 마커 검사–후경부 투명대 측정 검사–양수 검사

10 다음 글의 내용과 일치하는 것을 고르면?

[2024 상반기 기출복원]

소리는 일반적으로 공기를 매개로 전달되지만, 골전도(骨傳導) 기술은 이를 거치지 않고 두개골을 통해 직접 내이에 소리를 전달하는 방식이다. 외이와 중이를 거치지 않아 난청이 있는 사람들에게 유용하며, 귀를 막지 않아 주변 소리를 들으면서도 음악을 감상할 수 있다. 특히 자전거를 타거나 조깅을 할 때 차량 소리나 주변 환경 소리를 함께 들을 수 있어 안전성을 높일 수 있다. 이러한 특성 덕분에 골전도 기술은 군사·보안 분야에서도 적극적으로 활용되고 있다. 기존 무전기는 사용자의 귀를 차단하여 외부 환경을 인식하는 데 불리하지만, 골전도 기반의 통신 장비는 외부 소리를 들으면서도 명확한 음성 전달이 가능하다. 특수 작전 부대, 소방관, 경호원 등의 직업군에서도 골전도 기술을 채택하고 있으며, 산업 현장에서도 사용이 확대되고 있다.

그러나 골전도 이어폰이 장기간 인체에 미치는 영향에 대한 연구는 아직 충분하지 않다. 일부 연구에서는 지속적인 진동이 두개골에 전달될 경우 피로도가 증가할 가능성이 있으며, 장기적으로 골밀도나 뼈 조직에 변화를 유발할 수 있는지에 대한 추가 연구가 필요하다고 보고되었다. 다만, 극단적인 실험 환경에서 확인된 결과일 뿐 일반적인 사용 환경에서 유의미한 영향을 미치는지는 밝혀지지 않았다. 또한, 사용자의 두개골 구조와 민감도에 따라 착용감이 다르게 느껴질 수 있으며, 일부 사용자들은 장시간 착용 시 두통이나 불편감을 경험하기도 한다.

음질 면에서도 기존의 공기 전도 방식과 차이가 있다. 골전도 방식은 특정 주파수 대역에서 소리가 감쇄될 가능성이 있으며, 특히 고음역대가 상대적으로 약해지는 경향이 있다. 일부 사용자들은 소리의 왜곡이나 진동감을 느끼기도 하며, 오디오 애호가들 사이에서는 골전도 방식이 공기 전도 방식보다 음질이 떨어진다는 평가를 받기도 한다. 이를 보완하기 위해 일부 제조업체들은 사용자의 두개골 구조를 스캔하여 최적의 진동 전달 경로를 설계하는 맞춤형 제품 개발을 추진하고 있으며, 향후 기술 발전을 통해 기존의 공기 전도 방식과 경쟁력을 갖출 것으로 기대된다.

골전도 이어폰은 기존 이어폰과 차별화된 방식으로 소리를 전달하는 혁신적인 기술이지만, 장기간 사용에 따른 신체적 영향과 음질 개선에 대한 추가 연구가 필요하다. 향후 연구가 진행되고 기술이 더욱 발전한다면, 골전도 이어폰의 활용 범위는 더욱 넓어질 것으로 전망된다.

① 골전도 이어폰을 장기간 착용하면 두개골 골밀도가 감소한다는 연구 결과가 입증되었다.
② 골전도 이어폰은 고음역대의 음질이 우수하여 오디오 애호가들에게 선호된다.
③ 골전도 이어폰은 외이와 중이를 거치지 않고 진동을 통해 소리를 전달하는 방식이다.
④ 골전도 이어폰의 진동이 두개골에 전달되면서 청각 신경이 손상될 수 있으며, 장기간 사용 시 난청을 유발한다.

11 주머니에 무효라고 적힌 구슬 4개와 당첨이라고 적힌 구슬 1개가 들어 있고, 당첨 구슬을 1번 뽑을 때마다 컵라면을 1개씩 준다고 한다. 이 주머니에서 구슬을 3번 뽑는다고 할 때, 컵라면 3개를 받을 확률을 고르면?(단, 한 번 뽑은 구슬은 다시 주머니에 넣는다.)

① $\frac{1}{27}$　　② $\frac{1}{64}$

③ $\frac{3}{64}$　　④ $\frac{1}{125}$

03 실전모의고사 2회

12 지구를 반지름의 길이가 15cm인 완전한 구의 형태라 하고, 바다가 차지하는 면적이 지구 표면적의 70%라고 할 때, 바다의 면적을 고르면?

① $575\pi\text{cm}^2$　　② $590\pi\text{cm}^2$

③ $615\pi\text{cm}^2$　　④ $630\pi\text{cm}^2$

13 다음 [그래프]는 2022년 하반기 A~E의 용돈을 나타낸 자료이다. 이 자료에 대한 설명으로 옳은 것을 고르면?

[2023 하반기 기출복원]

[그래프] 2022년 하반기 A~E의 용돈 (단위: 만 원)

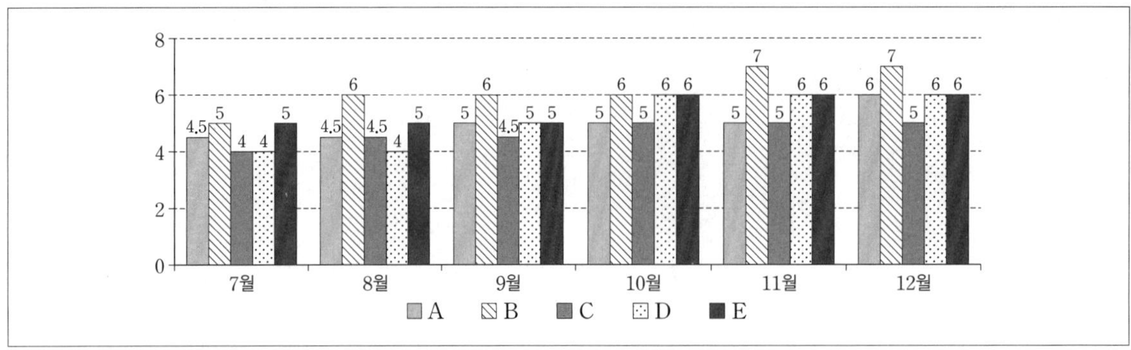

① A의 용돈의 평균은 5만 원 미만이다.

② B의 용돈의 최빈값은 E의 용돈의 최빈값과 같다.

③ C의 용돈의 중앙값은 5만 원 미만이다.

④ D의 용돈의 평균은 중앙값보다 높다.

14 A가 혼자 하면 6시간이 걸리고 B가 혼자 하면 8시간이 걸리는 일이 있다. B가 혼자 1시간 동안 일하고 나머지를 A와 같이 하여 일을 끝냈을 때, 두 사람이 함께 일한 시간을 고르면?

[2023 하반기 기출복원]

① 1시간 30분 ② 2시간

③ 2시간 30분 ④ 3시간

15 다음은 5명의 학생이 지난 기말고사에서 받은 수학 점수이다. 이 자료에 대한 표준편차를 고르면?

[2023 하반기 기출복원]

78, 82, 85, 74, 81

① $\sqrt{14}$점
② $\sqrt{15}$점
③ 4점
④ $\sqrt{17}$점

16 $\angle A=90°$인 직각삼각형 ABC에서 $\angle BAD=\angle CAD$일 때, $\triangle ADC$의 넓이를 고르면?

[2024 상반기 기출변형]

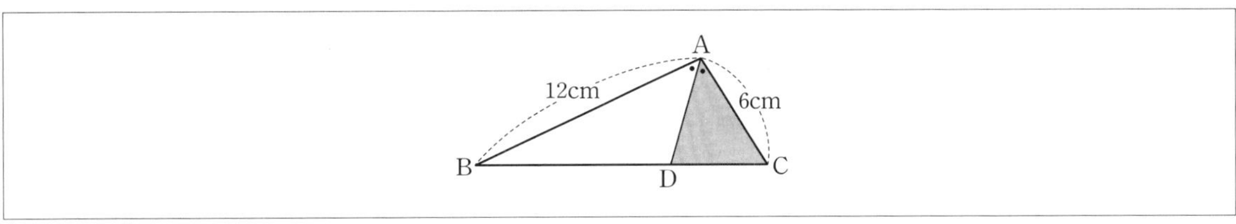

① 9cm^2
② 10cm^2
③ 11cm^2
④ 12cm^2

17 A와 B가 양궁 경기에 참여하여 A는 10발의 화살을 다 쏘았고, B는 현재 6발을 쏘았다. 현재까지의 결과가 다음 표와 같고 B가 남은 4발을 모두 쏘았을 때, A보다 점수의 합이 높을 확률을 고르면?(단, 과녁의 점수는 8, 9, 10점이고, B는 4발을 모두 과녁에 맞힌다고 가정한다.) [2024 상반기 기출변형]

(단위: 점)

회차	1	2	3	4	5	6	7	8	9	10
A	10	8	9	10	8	8	9	8	10	10
B	10	9	10	8	10	9				

① $\frac{1}{9}$
② $\frac{4}{15}$
③ $\frac{5}{36}$
④ $\frac{77}{81}$

18 상점에서 초콜릿 세트를 원가에 25%의 이익을 붙여서 판매하고 있다. 하지만, 생각보다 판매가 잘 되지 않아 정가에서 3,600원을 할인하여 판매하였더니 13%의 이익이 생겼다. 초콜릿 세트의 원가를 고르면? [2024 하반기 기출변형]

① 30,000원
② 35,000원
③ 40,000원
④ 45,000원

19 철수는 한 변의 길이가 40cm인 정육면체 나무 블록을 가지고 있다. 정육면체의 모든 면에 페인트를 칠하면 페인트 1통이 사용된다. 이때, 철수는 나무 블록을 한 변의 길이가 8cm인 작은 정육면체 조각으로 나눴다. 조각마다 세 면에만 페인트를 칠할 경우 필요한 페인트 통의 양을 고르면? [2024 하반기 기출복원]

① 1.5통
② 2통
③ 2.5통
④ 3통

20 다음 [표]는 연령대별 평균소득·중위소득에 관한 자료이다. 이에 대한 설명으로 옳지 않은 것을 [보기]에서 모두 고르면?

[표] 연령대별 평균소득·중위소득 (단위: 만 원)

구분	2016년		2017년		2018년		2019년		2020년	
	평균소득	중위소득	평균소득	중위소득	평균소득	중위소득	평균소득	중위소득	평균소득	중위소득
총계	277	203	287	210	297	220	309	234	320	242
19세 이하	74	54	74	50	78	50	84	52	96	61
20~24세	144	140	149	144	155	159	168	179	173	183
25~29세	224	206	229	213	237	221	251	237	258	241
30~34세	282	257	290	265	299	272	312	285	319	290
35~39세	321	285	331	295	341	302	356	317	368	325
40~44세	335	269	348	284	362	298	379	317	392	329
45~49세	341	237	355	251	367	262	382	280	394	293
50~54세	335	213	351	226	360	236	375	250	388	261
55~59세	295	187	312	199	320	205	337	220	352	230
60~64세	219	150	234	159	235	169	254	184	263	190
65세 이상	153	106	154	105	168	122	162	112	172	118

※ 중위소득: 총가구 중 소득 순으로 순위를 매겼을 때 정확히 가운데에 위치하는 가구의 소득을 말하며, 이는 소득계층을 구분하는 기준이 됨. 중위소득의 30% 미만은 저소득층, 150% 초과는 고소득층으로 구분됨

보기

㉠ 2016~2020년 동안 매년 19세 이하의 중위소득은 전국민 소득 대비 저소득층에 속한다.

㉡ 2016~2020년 동안 매년 평균소득은 45~49세의 연령대에서 가장 높고, 중위소득은 35~39세의 연령대에서 가장 높다.

㉢ 2020년에 40~44세와 45~49세의 인구가 서로 같다고 할 때, 40~44세보다 45~49세의 총소득이 더 많다.

① ㉠　　② ㉡

③ ㉢　　④ ㉡, ㉢

03 실전모의고사 2회

21 **다음 [보기]의 내용이 모두 참일 때, 이끌어 낼 수 있는 결론으로 옳은 것을 고르면?** [2024 하반기 기출복원]

보기

- 조개를 좋아하지 않는 사람은 생선을 좋아한다.
- 생선을 좋아하지 않는 사람은 고기를 좋아한다.
- 야채를 좋아하는 사람은 고기를 좋아하지 않는다.
- 미역을 좋아하지 않는 사람은 생선을 좋아하지 않는다.
- 계란을 좋아하는 사람은 야채를 좋아한다.

① 조개를 좋아하는 사람은 고기를 좋아한다.
② 조개를 좋아하는 사람은 미역을 좋아하지 않는다.
③ 계란을 좋아하는 사람은 생선을 좋아한다.
④ 생선을 좋아하지 않는 사람은 미역을 좋아하지 않는다.

22 **1~6층으로 이루어진 건물에 각 층마다 하나의 팀을 배치하고자 한다. 다음 중 항상 적절하지 <u>않은</u> 것을 고르면?**

- 배치해야 할 팀은 인사팀, 영업팀, 기획팀, 회계팀, 홍보팀, 디자인팀이다.
- 홍보팀 사무실은 영업팀 사무실보다 세 개 층 위에 배치한다.
- 기획팀 사무실은 디자인팀과 영업팀 사무실 사이에 배치한다.
- 인사팀 사무실은 디자인팀 사무실보다 낮은 층에 배치한다.
- 인사팀 사무실은 1층에 배치하지 않는다.
- 회계팀 사무실은 5층 또는 6층에 배치한다.

① 기획팀 사무실은 인사팀 사무실보다 낮은 층에 위치한다.
② 영업팀 사무실은 1층에 위치한다.
③ 디자인팀 사무실은 6층에 위치한다.
④ 인사팀과 기획팀 사무실은 서로 인접하지 않는다.

23 다음은 A사의 제품 관련 문제해결 과정을 나타낸 것이다. 이에 대한 설명으로 적절하지 않은 것을 고르면?

[2024 상반기 기출변형]

> A사에서는 기존 제품의 패키지 디자인 변경 회의를 진행하였다. 회의에는 개발팀, 디자인팀, 경영팀, 마케팅팀, 영업팀이 참석하였으며 각 팀의 입장을 듣고 최종 결론을 내리기로 하였다.
>
> 경영팀장: 신제품 패키지 디자인 변경에 대한 논의가 필요하다고 들었습니다. 현재 각 부서의 입장은 어떻습니까?
>
> 디자인팀: 기존 디자인을 유지하는 것이 브랜드 정체성을 지키는 데 중요하다고 생각합니다. 갑작스러운 변화는 혼란을 초래할 수 있습니다.
>
> 마케팅팀: 요즘 소비자들은 트렌디한 디자인을 선호합니다. 현재 디자인을 유지하면 경쟁력이 떨어질 가능성이 큽니다.
>
> 개발팀: 트렌드도 중요하지만, 제품의 특징이 잘 드러나는 디자인이 되어야 합니다. 단순히 유행을 따라가기보다는 제품의 강점을 부각하는 것이 필요합니다.
>
> 경영팀장: 무엇보다 비용을 고려해야 하는 것도 잊지 말아주세요. 디자인을 완전히 바꾸는 것은 제작비용 증가라는 문제가 발생합니다. 요즘의 상황에 맞으면서 비용적인 측면에서 부담되지 않는 방법이 없을까요?
>
> 영업팀: 요즘 시장 상황을 보면 한정판으로 소량으로 출시하는 경우가 많이 있습니다. 해당 제품에 대한 반응이 좋은 경우 더 이상 한정판이 아닌 정규 제품으로 출시합니다.
>
> 마케팅팀: 그렇게 한다면 제품 홍보 차원에서도 활용도가 높아져서 괜찮은 방법 같습니다.
>
> 디자인팀: 그럼 한정판에 활용할 수 있는 특정 주제를 정하면 기존 디자인에서 해당 주제를 넣어 변경하는 방법이 있습니다.
>
> 개발팀: 디자인팀에서 기존 디자인 전체를 바꾸지 않는다면 제품 특징을 드러내는 데 문제가 없을 것 같아요.
>
> 경영팀장: 그럼 시장 반응을 보고 이후 제품의 방향을 다시 설정해도 되겠군요.

① 다른 사람의 견해를 편견 없이 들을 수 있는 능력이 필요하다.
② 주최자가 합의점을 정해두고 해당 방향으로 흘러 갈 수 있도록 구성원들에게 방향을 제시하여 문제를 해결한다.
③ 대화를 통해 구성원들의 팀워크가 강화된다.
④ 구성원이 자율적으로 실행하는 것으로 서로의 문제점을 이해하고 공감하여 창조적인 문제해결을 도모한다.

24 다음 중 비판적 사고를 개발하기 위한 태도에 해당하지 않는 것을 고르면? [2024 상반기 기출복원]

① 체계성 ② 객관성
③ 지속성 ④ 논리성

25 다음 A~E 5명 중에서 1명만 거짓말을 하고 있을 때, 거짓말을 하는 사람을 고르면?

A: B는 거짓말을 하고 있지 않다.
B: C의 말이 참이면 D의 말도 참이다.
C: E는 거짓말을 하고 있다.
D: B의 말이 거짓이면 C의 말은 참이다.
E: A의 말이 참이면 D의 말은 거짓이다.

① B ② C
③ D ④ E

26 다음 ㉠~㉤ 중 세 가지는 동일한 문제 유형이라고 할 때, 세 가지를 제외한 나머지 두 가지를 고르면?

㉠ 정 대리는 출장지에서 항공편 등 이동 스케줄을 여행사에 재확인하지 않아 전시회에서 바이어 미팅 기회를 놓쳐 버렸다.
㉡ 팀원들과의 조화와 융합 점수가 0점인 조 사원은 기술팀의 골칫거리이다.
㉢ 지난 번 출시된 신제품이 배터리 결함으로 인해 전량 리콜 사태를 맞게 되었다.
㉣ 하반기 판매 실적의 신장률이 전년 동기 대비 5% 이상에 미치지 못하면 올 한 해는 적자를 보게 될 것이다.
㉤ 회사 차량을 몰고 외출을 한 백 대리는 비포장도로 위에서 타이어에 펑크가 나는 사고를 당했다.

① ㉠, ㉢ ② ㉡, ㉢
③ ㉡, ㉣ ④ ㉢, ㉤

27 T사의 김 대리는 작년에 맺은 거래처와의 계약 7건(A, B, C, D, E, F, G)을 계약 순서에 따라 정리하려고 한다. 다음 계약 순서에 관한 정보를 바탕으로 다섯 번째로 체결된 계약을 고르면?

- B는 F보다 먼저 체결되었다.
- G는 D보다 먼저 체결되었고, E와 F보다는 나중에 체결되었다.
- B는 가장 먼저 체결되지 않았다.
- D는 A보다 먼저 체결되었다.
- C는 G보다 나중에 체결되었다.
- A와 D는 연이어 체결되지 않았다.

① A　② B
③ C　④ D

28 다음 중 [보기]의 상황에서 나타난 오류와 동일한 오류가 나타난 것을 고르면?

보기

이 과장: 팀장님, 공개채용 지원자들의 이력서 검토를 모두 끝마쳤습니다. 이력서를 살펴보니 이번 지원자 중에 O사에서 인턴을 한 사람이 있습니다. O사는 우리나라에서 영업을 가장 잘하는 회사이니 O사에 근무했던 이 지원자도 분명 영업력이 좋은 사람일 것입니다. O사에 근무했던 지원자를 채용하는 것이 어떨까요?

임 팀장: 이 과장님, 지원자를 그렇게 판단하는 것은 오류를 범하는 것입니다.

① 프랑스에서 태어난 Q와 E의 눈동자는 모두 파란색이므로 프랑스인의 눈동자는 모두 파란색일 것이다.
② A 휴대폰이 매우 무거운 것으로 보아 A 휴대폰의 부품들도 모두 무거울 것이다.
③ 외계인이 존재하지 않는다는 증거가 없으므로 외계인은 존재할 것이다.
④ X는 Y를 싫어하지 않으므로 X는 Y를 좋아하는 것이다.

29 다음은 조기폐차 보조금 지원 사업에 관한 안내문이다. 이에 대한 설명으로 옳은 것을 고르면?

조기폐차 보조금 지원 사업 안내

1. 사업대상
   - 배출가스 5등급 경유 자동차 및 2005년 이전 배출허용기준을 적용하여 제작된 도로용 3종 건설기계

     ※ 3종 건설기계: 덤프트럭, 콘크리트믹서트럭, 콘크리트펌프트럭
   - 지원기준: 아래 사항을 모두 충족하는 사업대상 자동차 및 건설기계
     - 조기폐차 신청 지역에 6개월 이상 연속하여 등록되어 있을 것
     - 자동차 관능검사 또는 건설기계 정기검사 결과 '적합' 판정 받았을 것
     - 지자체장 또는 한국자동차환경협회가 발급한 조기폐차 대상차량 확인서상 '정상가동' 판정 받았을 것
     - 저감사업에 참여한 적이 없을 것
     - 최종 소유자의 소유 기간이 보조금 신청일 전 6개월 이상일 것

2. 지원내용
   - 지원금액: 차량기준가액×지원율
   - 지원기준

구분		상한액 (기본+추가 지원)	지원율	
			기본 지원	추가 지원
총중량 3.5톤 미만		300만 원	70% (최대 210만 원)	30% (최대 90만 원)
총중량 3.5톤 이상	3,500cc 이하	440만 원	100%	200%
	3,500cc 초과 5,500cc 이하	750만 원		
	5,500cc 초과 7,500cc 이하	1,100만 원		
	7,500cc 초과	3,000만 원		
3종 건설기계		4,000만 원		

※ 저소득층 차량은 차량기준가액의 10%를 추가 지원함(상한액과 무관)

※ 저감장치 장착 불가 차량은 60만 원을 추가 지원함(상한액과 무관)

① 총중량이 3.5톤 이상이고 7,500cc를 초과하는 차량기준가액 1,500만 원짜리 덤프트럭은 3,000만 원을 지원받는다.

② 3월 2일에 차량을 구입한 후 8월 15일에 조기폐차 보조금 지원 사업을 신청하였다면 사업대상에 해당한다.

③ 배출가스 5등급의 경유 자동차라도 2005년 이전 배출허용기준을 적용하지 않았다면 사업대상에 해당하지 않는다.

④ 저소득층인 B 씨가 총중량 3.5톤 미만의 차량기준가액 400만 원짜리 차량을 조기폐차하면 340만 원을 지원받는다.

30 다음은 「독점규제 및 공정거래에 관한 법률」의 일부 내용이다. 이에 대한 설명으로 옳지 않은 것을 고르면?

> **제5조(시장지배적지위의 남용금지)** ① 시장지배적사업자는 다음 각 호의 어느 하나에 해당하는 행위(이하 "남용행위"라 한다)를 해서는 아니 된다.
> 1. 상품의 가격이나 용역의 대가(이하 "가격"이라 한다)를 부당하게 결정·유지 또는 변경하는 행위
> 2. 상품의 판매 또는 용역의 제공을 부당하게 조절하는 행위
> 3. 다른 사업자의 사업활동을 부당하게 방해하는 행위
> 4. 새로운 경쟁사업자의 참가를 부당하게 방해하는 행위
> 5. 부당하게 경쟁사업자를 배제하기 위하여 거래하거나 소비자의 이익을 현저히 해칠 우려가 있는 행위
>
> ② 남용행위의 유형 및 기준은 대통령령으로 정한다.
>
> **제6조(시장지배적사업자의 추정)** 일정한 거래분야에서 시장점유율이 다음 각 호의 어느 하나에 해당하는 사업자(일정한 거래분야에서 연간 매출액 또는 구매액이 40억 원 미만인 사업자는 제외한다)는 시장지배적사업자로 추정한다.
> 1. 하나의 사업자의 시장점유율이 100분의 50 이상
> 2. 셋 이하의 사업자의 시장점유율의 합계가 100분의 75 이상. 이 경우 시장점유율이 100분의 10 미만인 사업자는 제외한다.
>
> **제7조(시정조치)** ① 공정거래위원회는 남용행위가 있을 때에는 그 시장지배적사업자에게 가격의 인하, 해당 행위의 중지, 시정명령을 받은 사실의 공표 또는 그 밖에 필요한 시정조치를 명할 수 있다.
>
> ② 공정거래위원회는 남용행위를 한 회사인 시장지배적사업자가 합병으로 소멸한 경우에는 해당 회사가 한 남용행위를 합병 후 존속하거나 합병에 따라 설립된 회사가 한 행위로 보아 제1항의 시정조치를 명할 수 있다.
>
> ③ 공정거래위원회는 남용행위를 한 회사인 시장지배적사업자가 분할되거나 분할합병된 경우에는 분할되는 시장지배적사업자의 분할일 또는 분할합병일 이전의 남용행위를 다음 각 호의 어느 하나에 해당하는 회사의 행위로 보고 제1항의 시정조치를 명할 수 있다.
> 1. 분할되는 회사
> 2. 분할 또는 분할합병으로 설립되는 새로운 회사
> 3. 분할되는 회사의 일부가 다른 회사에 합병된 후 그 다른 회사가 존속하는 경우 그 다른 회사
>
> ④ 공정거래위원회는 남용행위를 한 회사인 시장지배적사업자가 「채무자 회생 및 파산에 관한 법률」 제215조에 따라 새로운 회사를 설립하는 경우에는 기존 회사 또는 새로운 회사 중 어느 하나의 행위로 보고 제1항의 시정조치를 명할 수 있다.
>
> **제8조(과징금)** 공정거래위원회는 시장지배적사업자가 남용행위를 한 경우에는 그 사업자에게 대통령령으로 정하는 매출액(대통령령으로 정하는 사업자의 경우에는 영업수익을 말한다. 이하 같다)에 100분의 6을 곱한 금액을 초과하지 아니하는 범위에서 과징금을 부과할 수 있다. 다만, 매출액이 없거나 매출액의 산정이 곤란한 경우로서 대통령령으로 정하는 경우(이하 "매출액이 없는 경우 등"이라 한다)에는 20억 원을 초과하지 아니하는 범위에서 과징금을 부과할 수 있다.

① 남용행위를 한 회사가 분할된 경우 분할된 회사가 남용행위를 한 회사로 판단될 수도 있다.
② 매출액이 58,500백만 원인 시장지배적사업자가 남용행위를 한 경우 3,510백만 원 미만의 과징금이 부과될 수 있다.
③ 매출액이 모두 100억 원 이상인 동일한 거래분야의 사업자 A, B, C의 시장점유율이 각각 38%, 26%, 12%인 경우 A, B, C 모두 시장지배적사업자로 추정된다.
④ 시장지배적사업자는 새로운 경쟁사업자의 참가를 부당하게 방해하는 행위를 하지 않아야 한다.

03 실전모의고사 2회

31 다음 중 [보기]의 빈칸 ㉠, ㉡에 들어갈 말이 바르게 짝지어진 것을 고르면? [2024 상반기 기출복원]

보기
인력 정책의 핵심은 인적자원의 (㉠) 예측과 (㉡) 예측에 있다. (㉠) 예측은 조직의 목표 달성을 위하여 필요한 구성원 수를 예측하는 것으로, 수요가 증가할 때 요구되는 인력을 사전에 예측하는 것을 말한다. (㉡) 예측은 필요한 인력의 양과 유형을 예측하는 것으로 해당 직무에 숙련된 인력을 조달할 것인가에 대한 예측을 의미한다.

	㉠	㉡
①	필요성	타당성
②	필요성	중요성
③	필요성	적정성
④	효율성	타당성

32 다음 중 C에 들어갈 상황으로 가장 적절한 것을 고르면?

개발 책정 비용	=	실제 비용	→	A
개발 책정 비용	<	실제 비용	→	B
개발 책정 비용	>	실제 비용	→	C

① 적자 발생　　② 이상적 상태
③ 경쟁력 손실　　④ 최대의 효과

33 **O기업 홍보팀에 근무 중인 박 차장은 여름휴가를 신청하고자 한다. 업무 일정표에 확정되어 있는 업무 일정과 여름휴가 사용 규정을 고려하였을 때, 박 차장의 여름휴가 시작일로 가장 적절한 날짜를 고르면?**(단, 홍보팀에 근무하는 직원은 박 차장, 최 과장, 김 대리, 황 주임, 이 사원, 정 사원으로 총 6명이다.)

[표] 홍보팀 8월 업무 일정표

월	화	수	목	금
			1	2
			정 사원 여름휴가 최 과장 여름휴가	정 사원 여름휴가 최 과장 여름휴가
5	6	7	8	9
최 과장 여름휴가		김 대리 여름휴가 이 사원 여름휴가	김 대리 여름휴가 이 사원 여름휴가 정 사원 출장	정 사원 출장
12	13	14	15	16
황 주임 여름휴가	황 주임 여름휴가 최 과장 출장		광복절	
19	20	21	22	23
	사원, 주임 외부 교육 참석		김 대리 출장	사원 외부 교육 참석
26	27	28	29	30
박 차장 출장			월간 회의 (팀 전체 참석)	

여름휴가 사용 규정

- 과장 이상급의 직원은 3일, 과장 미만급의 직원은 2일의 여름휴가가 부여된다.
- 여름휴가는 8월 내에 사용해야 하며, 부여된 휴가는 연속적으로 사용해야 한다.
- 월요일부터 금요일까지의 정규 근무 시간에는 전체 팀원의 과반수가 사무실에서 근무해야 하며, 근무 인원에는 차장 또는 과장이 반드시 포함되어야 한다.
- 공휴일과 주말 전·후로 여름휴가를 사용할 수 있으나, 공휴일과 주말을 포함해 연속 6일 이상 근무하지 않을 수는 없다.

① 6일　　② 14일
③ 21일　　④ 27일

34 다음은 스티븐 코비(Stephen R. Covey)의 시간관리 매트릭스를 나타낸 자료이다. ㉣에 해당하는 내용으로 가장 적절한 것을 고르면? [2024 상반기 기출복원]

	긴급함	긴급하지 않음
중요함	㉠	㉡
중요하지 않음	㉢	㉣

① 하반기 사업계획 수립
② 건강관리를 위한 규칙적인 운동
③ 최근 유행하는 드라마 시청
④ 마감이 임박한 프로젝트

35 다음 [표]는 제품을 구매할 쇼핑몰을 선정하기 위해 A~E쇼핑몰의 배송 관련 정보를 비교한 자료이다. 쇼핑몰 선택 기준을 바탕으로 제품 구매를 위해 최종 선정된 쇼핑몰을 고르면?

[표] 쇼핑몰별 배송 관련 정보

구분	배송지 거리(km)	제품 가격(만 원)	평판	상담원 응대	A/S 수준
A쇼핑몰	125	9.2	매우 나쁨	매우 좋음	보통
B쇼핑몰	180	9.3	매우 좋음	좋음	나쁨
C쇼핑몰	90	10.5	나쁨	나쁨	좋음
D쇼핑몰	100	10	보통	보통	매우 좋음
E쇼핑몰	150	9.5	좋음	매우 나쁨	매우 나쁨

[쇼핑몰 선택 기준]

• 배송 관련 정보의 항목별 순위를 정해 다음과 같이 점수를 부여한다.

1위	2위	3위	4위	5위
5점	4점	3점	2점	1점

※ 배송지 거리는 가까울수록, 제품 가격은 낮을수록 더 높은 점수를 부여함
※ 평판, 상담원 응대, A/S 수준은 '매우 좋음>좋음>보통>나쁨>매우 나쁨'의 순으로 더 높은 점수를 부여함

• 순위 점수의 합이 큰 쇼핑몰을 선택하되, 평판과 A/S 수준 점수가 최하위인 곳은 선택하지 않는다.

① A쇼핑몰
② B쇼핑몰
③ C쇼핑몰
④ D쇼핑몰

36 **다음은 B공사에서 운영하는 체육관의 이용 안내문이다. 이에 대한 설명으로 옳은 것을 고르면?**(단, 제시되지 않은 정보는 고려하지 않는다.)

체육관 이용 안내

[이용 시설]

배드민턴장 4면 및 대관

[이용 요금 및 시간]

구분		이용 요금	이용 일자	이용 시간
체육 시설	배드민턴장(1면)	20,000원	화~금요일	05:30~23:00
			토요일/공휴일	05:30~17:30
			일요일	07:30~11:30
	대관(체육관 전체)	100,000원	별도 문의 예약	
부대 시설	냉난방기	30,000원	체육시설 이용 시	
	샤워실(1인)	2,500원	체육시설 이용 시	
참고		이용 인원의 과반수가 해당 지역구 주민이거나 해당 지역구 소재 사업체 직장인일 경우, 이용 요금의 50% 감면(부대시설 제외)		

[신청 방법]

- 예약: 전월 20일까지 공사 홈페이지에서 예약 신청(추가 신청 및 변경, 취소 등은 지정 기일까지 홈페이지에서 신청)
- 승인: 전월 22일까지 승인(승인 후 3일 이내 지정된 계좌로 이용 요금 납부)
- 증빙서류 발행: 전월 24일까지 공사 지정 계좌로 납부 시 납부확인서 또는 세금계산서 발행

※ 납부 후 예약 취소 시 이용 예정일 3일 전까지 이용 금액의 70%, 2일 전까지 50% 반환

[유의사항 및 이용 수칙]

- 승인 후 수정은 불가하오니 수정 내역이 있을 경우 유효한 기일 내에 재예약해 주시기 바랍니다.
- 이용자는 실내 전용 운동화를 착용해야 하며, 바닥에 손상을 줄 수 있는 구두 등은 착용할 수 없습니다.
- 이용자는 바닥에 임의로 라인 테이프를 부착할 수 없습니다.
- 전열기 및 발화성 물질은 반입할 수 없으며, 체육관 내 각종 기기는 임의로 조작할 수 없습니다.

① 해당 지역구 소재의 사업체가 직원 50명이 참여하는 체육 행사를 진행하기 위해 체육관을 대관한 경우, 냉방기를 가동하고 참여 인원 중 20명이 샤워실을 이용하였을 때의 총이용 요금은 90,000원이다.

② 해당 지역구의 주민인 박 씨 부부와 김 씨가 지역 주민이 아닌 친구 2명과 배드민턴장 2면만을 이용하려고 할 때의 이용 요금은 20,000원이다.

③ 1월에 체육관을 이용하기 위해 12월 10일에 예약하여 15일에 승인이 났을 경우, 이에 대한 이용 요금은 늦어도 12월 24일까지 납부해야 한다.

④ 대관 일자를 바꾸기 위해 승인된 예약 사항에 대한 수정이 필요할 경우, 유효 기일 내에 가능하다.

03 실전모의고사 2회

37 C사는 신규 프로젝트에 필요한 인원 1명을 채용하고자 한다. 채용 기준과 응시자 정보가 다음과 같을 때, 신규 프로젝트에 채용될 사람을 고르면?

[채용 기준]

채용을 위해 판단할 항목은 필기, 실기, 면접이며, 다음 기준에 따라 항목별 점수의 합계가 가장 높은 응시자를 채용한다.

• 항목별 배점 비율(3개 항목 합계 총점 100점으로 함)

필기	실기	면접
40%	40%	20%

• 실기

5.5 미만	5.5~6.4	6.5~7.4	7.5~8.4	8.5~9.4	9.5 이상
75점	80점	85점	90점	95점	100점

• 면접

하	중하	중	중상	상
80점	85점	90점	95점	100점

[응시자 정보]

구분	필기	실기	면접
갑	80점	7.6	중하
을	85점	6.9	중
병	80점	7.3	중
정	80점	8.0	중하

① 갑 ② 을
③ 병 ④ 정

38 서 과장은 2박 3일 일정으로 베트남 출장을 다녀오려고 한다. 베트남에 도착하는 날 공항에서 바로 거래처 장소로 이동 후 베트남 현지 시각 기준 오전 11시에 미팅이 있을 예정이며, 한국으로 복귀하는 날 베트남 현지 시각 기준 오후 3시까지는 거래처에서 업무를 볼 예정이다. 서 과장의 가능한 출발일과 귀국일이 순서대로 바르게 짝지어진 것을 고르면?

[표1] 비행기 시간표(출발지 시각 기준)

한국 → 베트남	4일	6일	9일	16일	20일	22일
오전 출발	07:00	07:00	08:00	06:00	07:00	07:00
오후 출발	–	–	–	–	–	–

베트남 → 한국	8일	11일	19일	22일	23일	26일
오전 출발	10:00	09:00	11:00	10:00	11:00	12:00
오후 출발	17:00	18:00	18:00	15:00	17:00	15:00

※ 한국–베트남 간 비행 시간은 편도로 4시간이 소요됨
※ 한국–베트남 간 시차는 2시간으로 베트남이 한국보다 2시간 느림

[표2] 출장 월 달력

일	월	화	수	목	금	토
			1	2	3	4
5	6	7	8	9	10	11
12	13	14	15	16	17	18
19	20	21	22	23	24	25
26	27	28	29	30		

※ 출장 일정은 주말도 포함할 수 있지만, 귀국일 바로 다음날에는 출장 보고서를 제출해야 하므로 귀국일 바로 다음날은 평일이어야 함
※ 출장지 거래처 장소는 공항에서 1시간 거리에 있음

① 6일, 8일
② 9일, 11일
③ 20일, 22일
④ 22일, 23일

39 L사는 사업 확장을 위해 새로이 부서를 신설하고 해당 부서의 사무실을 임차하려고 한다. 사장과 전무의 대화 내용을 고려하였을 때, 전무가 임차해야 할 사무실을 고르면? [2023 하반기 기출복원]

[표] A~D사무실 임차 정보 (단위: 평, 만 원)

구분	A사무실	B사무실	C사무실	D사무실
평수	47	55	50	53
보증금/월 임차료	4,000/220	5,000/180	4,200/230	4,800/170
월 관리비	80	60	50	100

사장: 전무님. 전에 말씀드린 신규 부서가 사용할 사무실은 알아보고 있으신가요?
전무: 네, 사장님. 말씀하신 대로 건물 연식이 오래되지 않은 40~50평대 규모로 알아보고 있습니다.
사장: 사업이 어떻게 될지 모르니 우선 2년 계약으로 하는 게 좋을 것 같습니다. 그리고 인테리어 비용은 1평당 150만 원으로 하되, 총 8,000만 원을 초과하지는 않았으면 합니다. 임차보증금은 계약 만료 시 어차피 돌려받을 수 있으니 크게 상관없지만, 계약기간 동안 임차료와 관리비, 초기 인테리어 비용을 합한 총 비용이 가장 저렴한 사무실로 알아봐 주세요.
전무: 네, 사장님. 알겠습니다.

① A사무실
② B사무실
③ C사무실
④ D사무실

40 다음은 K학회의 학회지 발간을 위한 인력 선발에 관한 자료이다. 아래 [조건]을 바탕으로 K학회지 발간에 참여하게 될 학생으로 바르게 짝지어진 것을 고르면?

K학회에서는 학회지 발간을 담당할 학생 2명을 선발하려고 한다. 선발된 학생은 학회지 발간과 관련한 기획 및 문서 작성, 편집, 인쇄 4가지 영역의 역할을 수행해야 하는데, 각각 서로 다른 역할을 맡아 4가지 영역을 모두 분담해야 한다. 각 역할을 수행하기 위해서는 다음과 같이 컴퓨터능력, 대인관계능력, 분석력, 적극성, 긍정적 사고 등의 자질을 갖춰야 한다.

구분	역할 수행에 필요한 자질
기획	컴퓨터능력, 대인관계능력
문서 작성	컴퓨터능력, 분석력
편집	분석력, 적극성
인쇄	대인관계능력, 긍정적 사고

조건

- K학회지 발간에 참여를 희망하는 학생은 갑, 을, 병, 정 4명이며, 각 학생들은 5가지 자질 중 3가지 자질을 갖추고 있다.
- 병을 제외하고 나머지 3명의 학생들은 긍정적 사고를 갖추고 있다.
- 정이 컴퓨터능력만 갖추면 편집 외에 모든 역할을 수행할 수 있다.
- 갑은 기획 역할에 부합하고, 을과 병은 편집 역할에 부합한다.
- 4명 중 대인관계능력을 갖춘 학생은 2명이다.

① 갑, 을
② 갑, 병
③ 을, 병
④ 을, 정

03 실전모의고사 2회

조직이해능력

※ 부산시 통합채용 출제 영역
(부산교통공사 응시자는 P.136로 이동하여 푸십시오.)

41 조직설계 학자인 리처드(Richard L. Daft)는 조직이 일차적으로 수행해야 할 과업인 운영목표에는 조직 전체의 성과, 자원, 시장, 인력개발, 생산성에 관한 목표가 포함된다고 하였다. 리처드가 언급한 목표에 대한 설명으로 옳지 않은 것을 고르면?

① 자원 관련 목표 – 조직에 필요한 재료와 재무자원을 획득하는 것에 대한 목표
② 조직 전체의 성과 관련 목표 – 시장점유율이나 시장에서의 지위 향상과 같은 목표
③ 인력개발 관련 목표 – 조직 구성원에 대한 교육훈련, 승진과 관련된 목표
④ 생산성 관련 목표 – 투입된 자원에 대비한 산출량을 높이기 위한 목표

42 경영전략의 대표적인 유형으로 차별화 전략, 원가우위 전략, 집중화 전략을 꼽을 수 있다. 다음 중 (가)~(라)에 대한 설명으로 옳은 것을 고르면?

(가) 전략을 수행하기 위해 많은 비용이 발생할 수 있다. (나) 대량 생산 체제를 갖출 필요가 있다. (다) 차별화로 인한 규모의 경제 활용에 제약이 있을 수 있다. (라) 산업 전체가 아닌 특정 부분의 시장을 공략하는 방식이 활용된다.

① 차별화 전략의 특징은 2가지이다.
② 원가우위 전략의 특징은 (나), (다)이다.
③ 집중화 전략에 적절한 특징은 (나)와 (라)를 제외한 나머지 2가지이다.
④ (라)와 같은 전략은 신규기업 진입에 대한 효과적인 억제가 가능한 특징이 있다.

43 IT회사인 K사는 얼마 전 D사를 인수하는 합병을 진행하였다. 같은 IT 계열사라는 공통점과 수평적 조직문화로 유명했던 두 회사였기 때문에 조직문화의 융합도 원활하게 진행될 것으로 예상하였으나, 약간의 마찰이 생겼다. 이에 따라 다음과 같은 '함께 일하는 10가지 원칙'을 만들어 공표하였고 결과적으로 K사는 수평적이고 논쟁적이지만 몰입이 이뤄지는 조직문화를 구축하게 되었다. 다음 원칙을 참고하여, K사가 합병 후 성공적인 조직융합을 구축할 수 있게 된 이유를 분석한 것으로 가장 적절하지 <u>않은</u> 것을 고르면? [2023 상반기 기출복원]

> **[함께 일하는 10가지 원칙]**
>
> 1. 공개하고 공유합니다.
> 2. 영어 호칭을 사용합니다.
> 3. 권한과 책임을 알고 있습니다.
> 4. 팀원과 다른 팀 팀장이 업무를 협의합니다.
> 5. 신뢰하고, 충돌하며, 헌신합니다.
> 6. 회의를 잘합니다.
> 7. 다른 부서의 일도 우리의 일입니다.
> 8. 빠르게 실행해봅니다.
> 9. 회고합니다.
> 10. 일에 몰입할 수 있는 방식은 서로 다릅니다.

① 자기 주도적으로 업무를 수행할 수 있는 분위기를 형성하였다.
② 정보와 의사결정 과정을 개방하여 구성원들의 참여와 몰입을 이끌어냈다.
③ 다양한 의견 간의 충돌 및 갈등을 건설적인 의사결정 과정으로 인식하였다.
④ 구성원의 생산성 향상과 혁신을 위해 관리자적 관점에서 사고하며 업무 환경 개선을 꾀하였다.

44 다음 그림과 같은 형태의 조직체계를 유지하고 있는 기업에 대한 설명으로 적절한 것을 고르면?

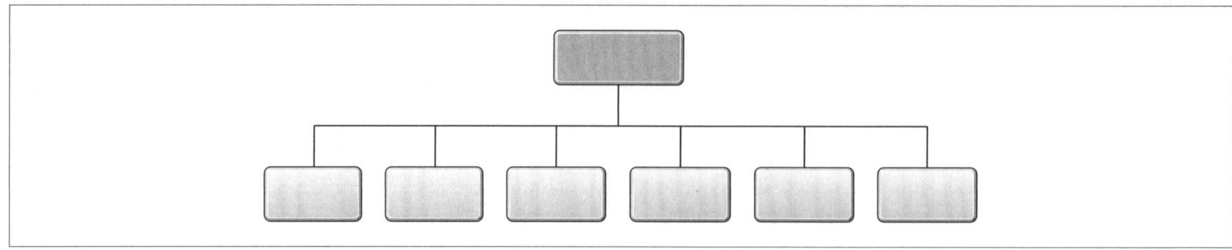

① 다양한 프로젝트를 수행해야 할 필요성이 커짐에 따라 조직 간의 유기적인 협조체제를 구축하였다.
② 의사결정 권한이 분산되어 더욱 전문적인 업무 처리가 가능하다.
③ 의사결정까지 시간이 오래 걸리기 때문에 각 부서장의 역할이 매우 중요한 조직 구조이다.
④ 조직의 내부 효율성을 확보할 수 있는 조직 구조이다.

45 다음 중 조직을 유형에 따라 구분한 내용으로 옳지 않은 것을 고르면? [2023 하반기 기출복원]

① 공식조직은 조직의 구조, 기능, 규정 등이 조직화되어 있는 집단을 의미하며, 비공식조직은 개인들의 협동과 상호작용에 따라 형성된 자발적인 집단을 의미한다.
② 비공식조직은 인간관계에 따라 형성된 것으로, 이러한 조직의 규모가 커지면서 점차 조직구성원들의 행동을 통제할 장치를 마련하는 등 공식화가 진행된다. 즉, 비공식조직이 공식조직으로 발전하는 것이다.
③ 글로벌 기업이란, 동시에 둘 이상의 국가에서 법인을 등록하고 경영활동을 벌이는 기업을 의미한다. 대표적으로 애플과 3M, 화이자 등이 있으며, 우리나라 기업으로는 삼성전자, LG전자, 포스코 등이 있다.
④ 영리성을 기준으로 조직을 구분하면, 영리조직과 비영리조직으로 구분할 수 있다. 영리조직은 기업과 같이 이윤을 목적으로 하는 조직으로, 공기업이나 사기업이 이에 해당한다. 비영리조직은 정부를 비롯하여 병원, 대학, 시민단체와 같이 공익을 추구하는 조직을 의미한다.

46 다음은 G회사의 조직도와 부서별 업무 내용에 관한 자료이다. 이 자료를 바탕으로 부패를 저지른 직원을 신고할 수 있는 부서의 수를 고르면?

부서	업무 내용
총무부	주주총회 및 이사회 개최 관련 업무, 의전 및 비서 업무, 집기·비품 및 소모품의 구입과 관리, 국내외 출장 업무 협조, 복리후생 업무, 법률자문과 소송관리, 사내외 홍보 광고 업무, 사무실 임차 및 관리, 차량 및 통신 시설의 운영
인사부	조직기구의 개편 및 조정, 업무 분장 및 조정, 인력수급 계획 및 관리, 직무 및 정원의 조정 종합, 노사관리, 평가 및 신고관리, 상벌관리, 인사발령, 교육체계 수립 및 관리, 임금제도, 복리후생제도 및 지원업무, 복무관리와 퇴직관리
기획부	경영계획 및 전략 수립, 전사기획업무 종합 및 조정, 중장기 사업계획의 종합 및 조정, 경영정보조사 및 기획보고, 경영진단업무, 종합예산수립 및 실적관리, 단기사업계획 종합 및 조정, 사업계획, 손익추정, 실적관리 및 분석
회계부	회계제도의 유지 및 관리, 재무상태 및 경영실적 보고, 결산 관련 업무, 재무제표 분석 및 보고, 법인세, 부가가치세, 국세 지방세 업무자문 및 지원, 보험가입 및 보상업무, 고정자산 관련 업무
영업부	판매 계획, 판매예산의 편성, 시장조사, 광고 선전, 견적 및 계약, 제조지시서의 발행, 외상 매출금의 청구 및 회수, 제품의 재고 조절, 거래처로부터의 불만처리, 제품의 AS, 판매원가 및 판매가격의 조사 검토
감사실	감사종합계획 수립, 법인카드 실시간 모니터링 운영, 자체감사 및 특정감사 업무추진, 일상경비검사 업무, 청렴도 향상 종합대책, 청렴교육, 청렴시책사무 추진, 부정청탁금지법 업무 추진(신고조사 포함), 반부패 경쟁력 평가 업무추진, 부패영향평가제도 운영

① 1개　　② 2개
③ 3개　　④ 4개

47 다음 글의 빈칸에 들어갈 업무수행시트로 적절한 것을 고르면?

(　　　　　　　　)은/는 일의 흐름을 동적으로 보여주는 데 효과적인 업무수행시트로, 여러 도형을 이용함으로써 주된 작업과 부차적인 작업, 혼자 처리할 수 있는 일과 다른 사람의 협조를 필요로 하는 일, 주의해야 할 일, 도구를 사용해서 해야 할 일 등을 구분하여 표현할 수 있다. 이때, 각 활동별로 소요시간을 표기하여 더욱 효과적으로 활용할 수도 있다.

① 간트 차트(Gantt Chart)
② 체크리스트(Checklist)
③ 워크 플로 시트(Work Flow Sheet)
④ WBS(Work Breakdown Structure)

48 다음은 국내 자동차 회사인 E사가 유럽 시장에 진출하면서 겪은 문제 상황이다. E사의 H9이 유럽 시장에서 실패한 원인으로 보기 어려운 것을 고르면?

> 국내 자동차 회사인 E사는 최근 유럽 시장에 대형 SUV 차량인 H9을 출시했다. 유럽 SUV 시장은 A사의 F3로 대표되는 소형 SUV 시장과 C사의 R4로 대표되는 준중형 SUV 시장으로 양분되어 있었다. 유럽 자동차 회사들이 대형 SUV를 출시하지 않은 것은 유럽의 도로 여건과 법규, 실용성을 중시하는 소비자의 특성 때문이었다.
>
> H9의 출시로 국내 시장에서 큰 성공을 거둔 E사는 유럽 시장 출시와 함께 대대적인 마케팅 활동을 결정하고 막대한 자금을 투자했다. 또한, 차량의 성능과 디자인을 중심으로 하는 기존 유럽 자동차 광고들과는 달리 국내 자동차 광고처럼 유명 연예인 모델을 기용해 미디어 매체에 광고했다.
>
> 출시 6개월 후, 유럽 자동차 잡지들은 소비자 마케팅 조사 결과를 언급하며 그 해 최악의 신차로 H9을 선정했다. 판매량은 바닥을 쳤고 E사는 내부적으로 H9을 대체할 다음 신차를 논의할 수밖에 없는 상황에 이르렀다.

① 국내시장의 소비 패턴이 유럽에도 적용될 것이라고 생각했다.
② 해외 소비자에 대한 광고 트렌드를 면밀히 파악하지 못했다.
③ 해외 소비자의 특성을 정확하게 이해하지 못했다.
④ 해외 신차 출시와 함께 대대적인 마케팅 활동을 펼쳤다.

49 다음 글을 참고할 때, 권위주의의 단점으로 적절한 것을 고르면?

> 권위주의 자체는 많은 비판적인 의견에도 불구하고 분명 장점도 존재한다. 가장 대표적인 권위주의 체제는 비스마르크가 만든 관료제일 것이다. 지금은 관료제가 비효율성의 결정체라는 점에서 많은 비판을 받고 있지만, 그 당시의 관료제는 혁신 그 자체였다. 상명하복을 핵심으로 업무를 실제적으로 수행하는 이 체제는 의사소통의 비용을 혁신적으로 줄이고, 업무수행의 능률을 향상시켰다. 그 당시 관료제를 비판하던 권력층은 비스마르크만 사라지면 관료제가 허물어질 것이라고 예견했다. 하지만 비스마르크가 퇴임하자 오히려 그 후임들이 관료제에 절대적인 충성을 바쳤다.
>
> 이런 모습을 기능적 권위주의라고 한다. 이는 권위주의에서 직급이라는 권위가 가지는 위상을 존중하고, 그 명령을 따름으로써 의사소통의 비용을 줄이고 효율성을 증대시키는 움직임을 말한다. 물론 이에 따른 부작용과 비판도 많지만, 예산을 배정받기 위한 각 부처의 노력을 대통령이라는 권위로 제압하고, 샤워실의 바보로 상징되는 정부의 비효율성을 줄였다는 평가도 받는다.
>
> 한창 발전이 필요한 시기에는 권위주의의 효율성이 빛을 발한다. 일사천리로 일을 척척 처리해서 극도의 효율을 뽑아내고, 누군가가 전체를 관리하면서 필요한 조치를 즉각적으로 내릴 수 있기 때문이다. 이런 부분에서 가장 극대화된 국가가 싱가포르다. 싱가포르는 세계 최고의 공공부문 효율성, 의료 효율성, 주택 보급률, 사회보장제도 등에서 긍정적인 효과를 발휘하고 있지만 비슷한 인구의 북유럽, 스위스, 뉴질랜드 등의 국가들은 이런 정도의 높은 효율성을 발휘하지 못한다.

① 최종 의사결정에 소요되는 시간이 매우 오래 걸릴 수 있다.
② 이해집단에 대한 영향력을 행사하기 어려울 수 있다.
③ 과도한 정치적 자유로 인해 집단의 정체성 유지가 어렵다.
④ 최고 결정권자의 올바른 결정이 담보되어야 한다.

50 다음은 어느 회사의 위임전결규정 및 구분표이다. 주어진 자료를 이해한 내용으로 적절하지 않은 것을 고르면?

위임전결규정

제1조(목적) 본 규정은 상급자 결재권한의 일부를 위임하여 책임행정 체계의 확립을 기하며 업무능률을 도모하고 직위별 권한과 한계를 규정함을 목적으로 한다.

제2조(권한과 책임) ① 각 직위자는 해당 전결사항에 대하여 권한을 가지며 책임을 진다.

② 전결사항 중 타부서와 관련되는 사항은 해당부서와의 협의를 거쳐야 하며 합의를 보지 못한 경우는 그 사유를 기재하여 상급자의 결재를 받아야 한다.

제3조(중요사항) ① 본 규정에 규정된 전결사항이라 할지라도 그 내용이 특히 중요하다고 인정되는 사항은 상급자의 결재를 받아야 한다.

② 전결 처리한 사항일지라도 중요하다고 인정되는 사항은 상급자에게 보고하여야 한다.

③ 위임전결사항이 아니더라도 그 내용이 지극히 경미하거나, 결재권자의 결재를 받은 사항의 단순한 시행에 관한 것은 위임전결 할 수 있다.

제4조(전결권자의 부재 및 의명(依命)) ① 전결권자가 부재 시에는 상급자의 결재를 받아야 한다.

② 전결사항이라도 의명(依命)의 문구를 사용할 때에는 상급자의 승인을 받아야 한다.

[위임전결 구분표]

구분	내용	대표 이사	본부장	차장	과장
계획수립 및 업무추진	계획수립에 관한 중요업무	○	○		
업무보고 및 결재	일반적인 업무협조사항	○	○	○	○
업무분장 및 조정	부처 간 업무분장	○	○	○	
사무 인수인계	업무일지 확인			○	○
복무 및 교육	직원 출장 및 교육(당일)		○	○	
문서관리	보존 문서 이관	○	○		

① 일반적인 업무협조 사항의 경우 과장급 이상은 모두 위임결재가 가능하다.
② 보존 문서 이관의 경우 본부장 혹은 대표이사의 위임결재가 필요하다.
③ 업무추진과 관련하여 차장급 이상의 결재가 요구된다.
④ 당일 출장과 관련하여 과장의 결재는 유효하지 않다.

※ 부산교통공사 출제 영역
(부산시 통합채용 응시자는 P.130로 이동하여 푸십시오.)

41 다음 중 이메일을 주고받을 때의 행위로 적절하지 않은 것을 고르면? [2023 상반기 기출복원]

① 이메일을 통해 바이러스에 감염될 수 있으므로 발신자가 불분명하거나 스팸 메일로 의심되는 전자우편은 열어보지 않고 바로 삭제한다.
② 네트워크 공유 폴더에 있는 파일을 사용하기 전에는 반드시 바이러스 검사를 실시하고 감염 방지를 위해 공유 폴더의 속성을 '쓰기 전용'으로 설정한다.
③ 직접 수신인 외에도 참조인을 포함시키면 수신 누락을 피할 수 있고 재전송의 번거로움을 없앨 수 있다.
④ 컴퓨터 바이러스 예방 및 치료에 대한 프로그램을 지속적으로 업데이트하여 최신 버전을 갖추도록 한다.

42 주민센터에서 근무하는 정 사원은 아파트 호수별 가구원 수를 조사한 후, MS Excel을 활용하여 다음과 같은 표를 만들고자 한다. 호수는 1씩 증가하며, 가구원 수는 3명과 4명이 반복되어 나타난다는 사실을 안 정 사원은 일일이 모든 수치를 입력하지 않고 특정 키(key)를 사용한 간단한 방법을 쓰고자 한다. 정 사원이 사용해야 할 방법으로 옳은 것을 고르면?

	A	B	C	D	E	F	G	H	I
1	호수	101	102	103	104	105	106	107	108
2	가구원 수	3명	4명	3명	4명	3명	4명	3명	4명

① B1 셀을 Ctrl 키를 누르지 않고 그냥 I1 셀까지 드래그하고, B2, C2 셀을 함께 지정하여 Ctrl 키를 누르지 않고 그냥 I2 셀까지 드래그한다.
② B1 셀을 Ctrl 키를 누르지 않고 그냥 I1 셀까지 드래그하고, B2, C2 셀을 함께 지정하여 Ctrl 키를 누른 채 I2 셀까지 드래그한다.
③ B1 셀을 Ctrl 키를 누른 채 I1 셀까지 드래그하고, B2, C2 셀을 함께 지정하여 Ctrl 키를 누르지 않고 그냥 I2 셀까지 드래그한다.
④ B1 셀을 Ctrl 키를 누른 채 I1 셀까지 드래그하고, B2, C2 셀을 함께 지정하여 Ctrl 키를 누른 채 I2 셀까지 드래그한다.

43 다중 백신 프로그램 설치로 인한 충돌을 해결하기 위해 불필요한 백신을 제거하려고 한다. 다음 중 백신 제거를 위한 방법이 아닌 것을 고르면? [2023 하반기 기출복원]

① 작업 관리자에서 실행 중인 프로세스 확인
② Windows 보안 센터 열기
③ 시스템 트레이 아이콘 확인
④ 제어판 > 프로그램 및 기능에서 설치된 프로그램 목록 확인

44 다음 중 업무상 필요한 소프트웨어와 그 설명이 올바르지 않은 것을 고르면?

㉠프레젠테이션	각종 정보를 사용자 또는 대상자에게 전달하는 데 적합한 프로그램으로 대표적인 것은 MS Office Access가 있다.
㉡데이터베이스	대량의 자료를 관리하고 검색이나 자료관리 작업을 효과적으로 하는 프로그램
㉢그래픽 소프트웨어	그림을 그리거나 사진 파일을 불러 편집하는 프로그램으로 포토샵, 3D Max 등이 있다.
㉣워드 프로세서	문서 작성, 편집, 저장, 인쇄를 할 수 있는 프로그램으로 '한글과 컴퓨터', MS Office Word 등이 있다.

① ㉠ ② ㉡
③ ㉢ ④ ㉣

45 다음은 ○○공사의 직원 A~E가 정보화 사회에 대해 나눈 대화이다. 정보화 사회의 의미와 특징에 대해 바르게 설명한 사람을 모두 고르면?

A: 경제 활동의 중심이 상품의 정보나 서비스, 지식의 생산으로부터 벗어나고 있다는 걸 의미합니다.
B: 거의 모든 사회생활에서 정보 의존도가 커지고 있는 걸 보면 정보화 사회는 정보의 사회적 중요성이 가장 많이 요구된다고 할 수 있지.
C: 선진국보다 산업화는 늦었지만 정보화는 앞장서자는 것이 우리나라 정부의 핵심 가치 중 하나인 걸로 알고 있어요.
D: 지식 정보와 관련된 산업이 부가가치를 높일 수 있는 사회로 변화되고 있다는 게 하나의 특징입니다.
E: 정보화 덕분에 수직적 네트워크 커뮤니케이션이 가능한 사회가 되어가고 있는 것이 사실이죠.

① B, C, D　② B, D, E
③ C, D, E　④ A, B, D, E

46 MS Excel을 활용하여 다음과 같은 데이터를 만들고, 오른쪽에 특정 항목의 순위값인 '홍보팀'과 '영업팀'을 INDEX 함수를 이용하여 나타내었다. J4 셀과 J5 셀의 함수식에 대한 설명으로 옳은 것을 [보기]에서 모두 고르면?

	A	B	C	D	E	F	G	H	I	J
1	구분	1순위	2순위	3순위	4순위					
2	A	인사팀	홍보팀	영업팀	기획팀					
3	B	기획팀	홍보팀	인사팀	영업팀					
4	C	영업팀	기획팀	홍보팀	인사팀		B가 두 번째로 좋아하는 팀			홍보팀
5	D	인사팀	영업팀	홍보팀	기획팀		C가 첫 번째로 좋아하는 팀			영업팀

보기

㉠ J4 셀에 들어갈 함수식은 '=INDEX(A1:E5, 3, 3)'이다.
㉡ J5 셀에 들어갈 함수식은 '=INDEX(A1:E5, 2, 4)'이다.
㉢ 절대 참조 기능을 사용하지 않았을 때, J5 셀을 J6 셀로 드래그하면 J6 셀의 값은 '인사팀'이다.
㉣ =INDEX(A1:E5, 2, 4)의 값과 =INDEX(A1:E5, 5, 2)의 값은 동일하다.

① ㉠, ㉢　② ㉠, ㉣
③ ㉡, ㉢　④ ㉡, ㉣

47 다음은 컨테이너 번호 생성 규칙에 관한 자료이다. 이 자료를 바탕으로 컨테이너 번호 'KMTU510622( )'의 마지막 번호인 Check digit에 들어갈 숫자를 고르면?

컨테이너 외벽에 새겨진 컨테이너 번호는 일정한 규칙에 따라 알파벳과 숫자가 합쳐져 만들어진 11자리 식별 번호이다. 가령 HALU3413606이라는 컨테이너 번호는 다음과 같은 규칙에 의하여 만들어진다.

- HAL: Owner code
- U: Category identifier
- 341360: Serial number
- 6: Check digit

여기서 Owner code는 특정 선박 회사를 지칭하는 고유의 약어이며, Category identifier는 제품군을 특정하는 문자이다. U는 '모든 화물 컨테이너'를 의미한다. Serial number는 문자 그대로 일련번호를 의미한다. Check digit은 앞의 번호들이 올바른 것인지를 확인하기 위하여 다음 생성 규칙에 의하여 계산된다.

1) 각 알파벳에 해당하는 다음 숫자를 '1차 환산' 수치로 한다. 알파벳을 제외한 나머지 숫자들의 '1차 환산' 수치는 원래의 숫자와 동일하다.

A	B	C	D	E	F	G	H	I	J	K	L	M
11	12	13	14	15	16	17	18	19	20	21	23	24
N	O	P	Q	R	S	T	U	V	W	X	Y	Z
25	26	27	28	29	30	31	32	34	35	36	37	38

2) Check digit을 제외한 10자리의 알파벳과 숫자에 순서대로 다음과 같이 2의 배수를 대응시켜 이를 'W/F'(Weighting factor)로 한다. 예를 들어 HALU341360의 W/F는 다음과 같다.

H	A	L	U	3	4	1	3	6	0
1	2	4	8	16	32	64	128	256	512

3) 각 자릿수에 해당하는 '1차 환산×W/F'의 수치 10개를 구하여 모두 더한다.

4) 모두 더한 수치를 11로 나눈 나머지가 Check digit이 된다.

① 3 ② 4

③ 5 ④ 6

48 다음은 각 진법에 대한 알파벳의 아스키(ASCII) 코드표이다. 도서명 『DEMIAN』에 해당하는 각 진법과 아스키85 코드로 옳지 않은 것을 고르면?

모양	8진법	10진법	16진법	아스키85
A	101	65	41	32
B	102	66	42	33
C	103	67	43	34
D	104	68	44	35
E	105	69	45	36
F	106	70	46	37
G	107	71	47	38
H	110	72	48	39
I	111	73	49	40
J	112	74	4A	41
K	113	75	4B	42
L	114	76	4C	43
M	115	77	4D	44
N	116	78	4E	45
O	117	79	4F	46
P	120	80	50	47
Q	121	81	51	48
R	122	82	52	49
S	123	83	53	50
T	124	84	54	51
U	125	85	55	52
V	126	86	56	53
W	127	87	57	54
X	130	88	58	55
Y	131	89	59	56
Z	132	90	5A	57

①

8진법
104. 105. 115. 111. 101. 116.

②

10진법
68. 69. 77. 73. 65. 78.

③

16진법
44. 45. 4D. 49. 41. 4E.

④

아스키85
35. 36. 44. 39. 32. 45.

49 다음은 A사의 J사원이 MS Excel로 작성한 자료이다. J사원은 B16 셀과 B17 셀에 해당하는 값을 계산하여 입력했다. 이때 '=ABS(SUM(B16:B17))'의 결괏값으로 적절한 것을 고르면?

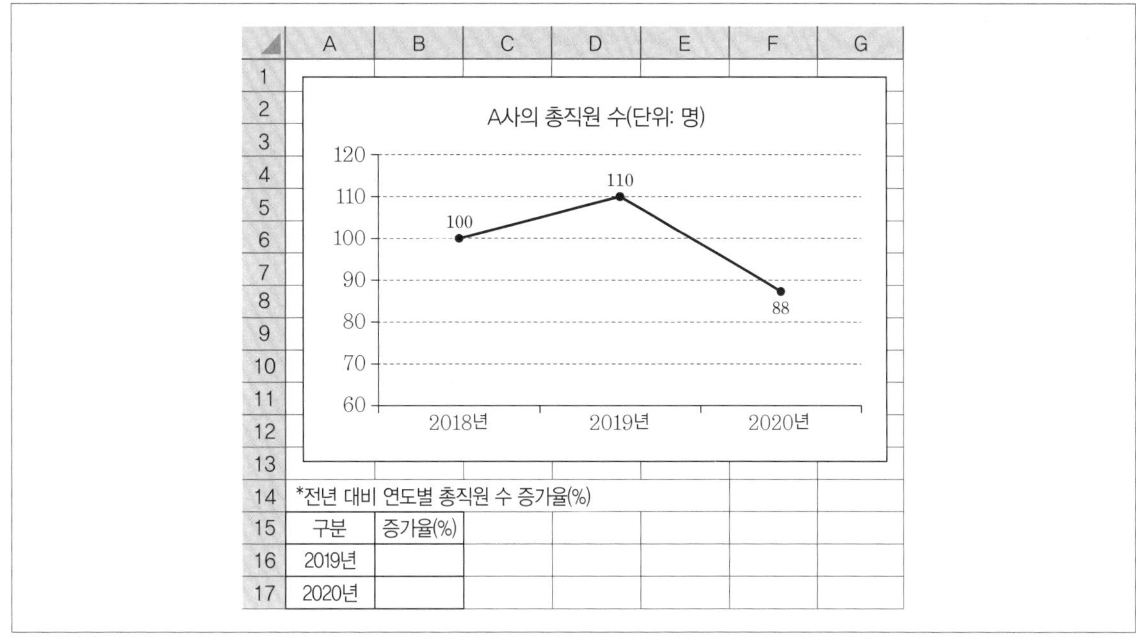

① −10　　　② 0
③ 10　　　④ −20

50 다음 글의 빈칸 ㉠, ㉡에 들어갈 말이 바르게 짝지어진 것을 고르면?

피싱(Phishing)은 개인정보(Private data)와 낚시(Fishing)의 합성어로 금융기관을 위장한 E−mail을 발송하여 첨부파일이나 E−mail에서 안내하는 인터넷주소를 클릭하도록 하여 가짜 은행사이트로 접속을 유도해서 보안강화 구실로 보안카드번호 입력을 요구해서 금융 정보를 탈취해 범행계좌로 이체하는 범죄유형이다.

(㉠)은 피싱에 이어 등장한 새로운 인터넷 사기 수법으로, 피싱보다 한 단계 진화한 범죄유형이다. 피싱은 사용자로 하여금 가짜 금융 거래사이트로 접속하도록 유도한 뒤 개인정보를 빼내는 방식인 데 비하여, 이것은 금융 사이트의 도메인 자체를 중간에서 탈취하는 수법으로 사용자가 도메인 주소나 URL 주소를 주의 깊게 살펴본다 하더라도 속을 수밖에 없다. 아무런 의심 없이 접속하여 개인 아이디(ID)와 암호(password), 금융 정보 등을 쉽게 노출시킴으로써 피싱 방식보다 심각한 피해를 당할 수 있다.

또한 (㉡)이란 스마트폰에서 QR 코드를 스캐닝하면 악성 애플리케이션이 다운로드되도록 유도해 스마트폰을 감염시켜 금융사기, 휴대폰 소액결제 등의 피해를 입히는 범죄 유형이다. 이러한 사기 피해를 예방하려면 출처가 확인되지 않은 QR 코드는 스캔하지 말고 알 수 없는 출처의 애플리케이션이 동의 없이 설치되지 않도록 스마트폰의 보안설정을 강화해야 한다. 또한 악성 애플리케이션을 감지하고 차단시키는 백신 애플리케이션을 스마트폰에 설치해 두어야 한다.

	㉠	㉡
①	파밍(Pharming)	큐싱(Qshing)
②	파밍(Pharming)	스미싱(Smishing)
③	스니핑(Sniffing)	큐싱(Qshing)
④	스니핑(Sniffing)	파밍(Pharming)

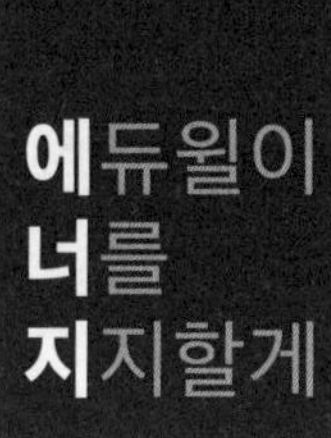

ENERGY

당신은 수많은 별과 마찬가지로 거대한 우주의 당당한 구성원이다.
그 사실 하나만으로도 당신은 자신의 삶을 충실히 살아가야 할
권리와 의무가 있다.

– 맥스 에흐만(Max Ehnmann)

최신판

부산시 공공기관 +부산교통공사

Ⅰ 실전모의고사 3회 Ⅰ

※ 2024년, 2023년 시행된 필기시험의 기출복원 문제가 포함되어 있습니다.

시험 구성 및 유의사항

- **부산시 공공기관+부산교통공사의 NCS직업기초능력평가는 다음과 같이 출제되었습니다.(2024년 하반기 기준)**

구분	출제 영역	문항 수	권장 풀이 시간	비고
부산시 공공기관 (부산교통공사 제외)	공통(의사소통능력, 수리능력, 문제해결능력, 자원관리능력) + 조직이해능력	50문항	50분	객관식 사지선다형
부산교통공사 (공무직, 상용직 제외)	공통(의사소통능력, 수리능력, 문제해결능력, 자원관리능력) + 정보능력	50문항	50분	

※ 오답 감점은 없으며, 각 문제는 하나의 정답으로 이루어져 있습니다.

※ 채용 시기에 따라 공고를 확인하여 직무에 따른 필기시험 출제 영역을 확인하십시오.

모바일 OMR 자동채점&성적분석 무료

정답만 입력하면 채점에서 성적분석까지 한번에!

STEP 1

교재 내 QR 코드 스캔

- 위 QR 코드를 모바일로 스캔 후 에듀윌 회원 로그인
- QR 코드 하단의 바로가기 주소로도 접속 가능

STEP 2

모바일 OMR 입력

- 회차 확인 후 '응시하기' 클릭
- 모바일 OMR에 답안 입력
- 문제풀이 시간까지 측정 가능

STEP 3

자동채점 & 성적분석표 확인

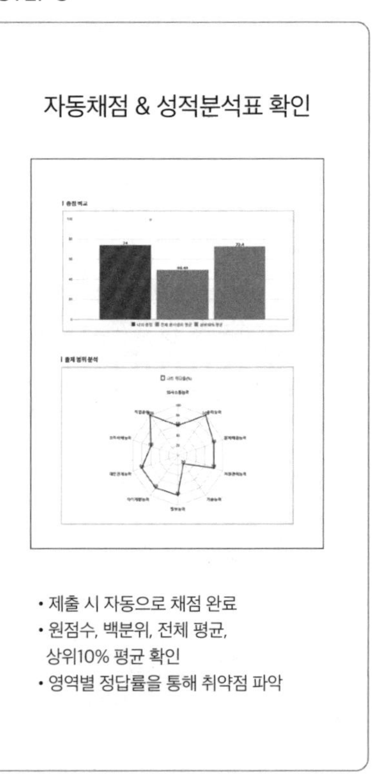

- 제출 시 자동으로 채점 완료
- 원점수, 백분위, 전체 평균, 상위10% 평균 확인
- 영역별 정답률을 통해 취약점 파악

※ 본 회차의 모바일 OMR 채점 서비스는 2027년 4월 30일까지 유효합니다.

실전모의고사 3회

정답과 해설 P.33

공통

※ 의사소통능력, 수리능력, 문제해결능력, 자원관리능력으로 구성되어 있습니다.

01 **다음 중 의사소통의 기능에 대한 설명으로 적절하지 않은 것을 고르면?** [2024 상반기 기출변형]

① 의사소통은 의사결정이나 문제해결에 필요한 자료와 정보를 제공하는 것이다.
② 의사소통은 조직이나 집단의 구조적 특성을 반영한다.
③ 의사소통은 집단과 집단 사이의 감정을 표현하는 호혜적 행동이다.
④ 의사소통은 구성원들의 행동을 통제하며 영향력을 행사하는 수단으로 사용된다.

02 **다음 중 공문서 작성 방법에 대한 설명으로 적절하지 않은 것을 고르면?**

① 항목 기호와 그 항목의 내용 사이에는 1타를 띄운다.
② 항목은 '1. → 가. → 1) → 가)'의 순서로 표시한다.
③ 둘째 항목부터는 바로 위 항목 위치에서 오른쪽으로 1타씩 옮겨서 시작한다.
④ 문서의 끝을 표시할 때는 본문 내용의 마지막 글자에서 2타를 띄우고 '끝' 표시를 한다.

03 다음 글을 읽고 추론한 내용으로 적절한 것을 고르면? [2023 상반기 기출복원]

> 적도 부근이 극지방보다 태양열을 더 많이 받기 때문에 생기는 열적 불균형을 해소하기 위해, 저위도 지방의 따뜻한 공기가 바다로부터 수증기를 공급 받으면서 강한 바람과 많은 비를 동반하며 고위도로 이동하는 기상 현상을 태풍이라 한다. 지구는 자전하면서 태양의 주위를 돌기 때문에 낮과 밤, 계절의 변화가 생기며 이로 인해 지구가 태양으로부터 받는 열량의 차이가 발생한다. 또한 대륙과 바다, 적도와 극지방과 같이 지역 조건에 따른 열적 불균형이 일어난다. 이러한 불균형을 해소하기 위하여 태풍이 발생하고, 비나 눈이 내리고, 바람이 불고, 기온이 오르내리는 등 날씨의 변화가 생기게 된다.
>
> 태풍의 크기는 작은 곳이라도 지름이 200km 정도이고, 큰 것은 지름이 무려 1,500km 정도나 되는 것도 있다. 중심 풍속이 17m/s미만의 약한 것은 열대성 저기압이라 부르고, 17m/s이상 34m/s미만을 열대성 폭풍, 34m/s이상을 태풍이라고 한다. 그리고 열대성 폭풍 이상에 대하여는 호수와 이름을 붙이게 되어 있다. 호수는 매년 1월 1일을 기점으로 하여 발생 순서에 따라 1호부터 차례로 붙여간다. 이름은 미국 National Analysis Center에서 정해 놓은 14개국에서 10개씩 제출한 140개의 이름을 교대로 붙이고 있다. 이름은 A, B, C, D순으로 4벌이 만들어져 있으며 이것을 순서대로 사용하고 있다.
>
> 태풍은 그 중심을 중심으로 한 동심원(同心圓)의 등압선이 특징이며, 중심으로 갈수록 등압선 간격도 좁아지고 바깥쪽으로 나갈수록 넓어진다. 이것은 중심에 가까울수록 바람이 강함을 뜻하는 것이다. 태풍의 모양을 모형화해 보면 중심을 향해 수증기를 많이 함유한 열대 기류가 주위로부터 흘러들어 중심 부근에서 강한 상승기류가 되므로 적란운(積亂雲)이 형성되어 강한 비를 내리게 한다. 수증기가 비로 변할 때는 많은 열을 방출하므로 주위의 공기를 데워서 또 다시 상승기류를 강화시켜 수증기를 강한 비로 바꾼다. 그 때의 열 방출이 또 상승기류를 강화시키는 식으로 몇 번이고 되풀이되어서 태풍은 점점 커지게 된다.

① 적도와 극지방 사이의 열적 불균형을 해소하기 위해 태풍이 발생하며, 적도보다 고위도인 우리나라는 적도보다 태풍이 오는 횟수가 더 많다.
② 열대성 폭풍이 크기가 가장 크기 때문에 발생 순서에 따라 호수를 붙인다.
③ 태풍은 중심으로 갈수록 등압선 간격이 넓어지는데 이는 중심에 가까울수록 바람이 강함을 뜻한다.
④ 수증기가 비로 변할 때의 열 방출과 태풍의 크기는 반비례한다.

04 다음 [보기]의 밑줄 친 ㉠과 문맥적 의미가 유사한 것을 고르면? [2024 하반기 기출변형]

보기

보통 사이클이라 부르는 이 자전거는 핸들부터 앞으로 휘어진데다 알루미늄으로 만들어 날씬하고 가벼운 몸체와 날쌔게 보이는 얇은 바퀴를 가졌습니다. 도로 위에서 다른 자전거를 제치며 빠르게 달려 나아가는 모습은 마치 적토마나 치타를 떠올리게 합니다. 이런 사이클을 타는 사람들은 왠지 날씬하고 재빨라 보입니다. 실제 일반도로나 한강자전거도로에서 만난 사이클러들은 마치 바람을 ㉠가르며 달리는 힘 좋은 적토마를 탄 듯이 쌩하고 지나갑니다.

① 관악산은 서울과 경기도를 가르는 남쪽 경계이다.
② 어부는 익숙한 솜씨로 생선의 배를 가르고 내장을 꺼냈다.
③ 멀리서 작은 배 한 척이 물살을 하얗게 가르며 지나간다.
④ 죽음도 우리 사이를 가를 수는 없다.

05 다음 글을 통해 밑줄 친 ㉠의 의미를 가장 적절하게 설명한 것을 고르면?

㉠유능함이란 자신이 원하는 상태를 명확히 알고 그 상태에 도달할 수 있는 속성을 의미한다. 원하는 상태에 도달하기 위해서는 행동이 필요하므로, 원하는 상태가 되도록 행동할 수 있는 속성이 유능함이다. 여기서 능력이 있느냐 없느냐에서 능력이 있으려면 단지 원하는 상태의 명확한 지각과 그에 부합하는 행동이 있으면 되지만, 능력이 뛰어나려면 가능한 행동 중에서 보통보다 효과적인 행동을 할 수 있어야 할 것이다.

원하는 상태를 명료히 알지 못한다면 엉뚱한 곳을 향할 수 있고, 행동하지 않는다면 상태는 바뀌지 않는다. 행동하더라도 그 효율이 낮다면 상황에 따라 유능하지 않은 것과 차이가 없을 수 있다. 여기에 더해서 단발적인 행위라면 그 효과가 미약할 수 있으니 어느 정도 지속적인 수행이 가능해야 할 것이다. 결국 원하는 상태의 명료한 지각과 효율적인 행위의 지속적 수행이 필요하다.

그렇게 할 수 있는 상태에 도달하기 위해서는 일련의 투자가 필요할 것이고, 거기에는 고통이 따를 수도 있다. 고통이 능력을 직접 향상시켜 주지는 않지만, 능력을 얻는 길목에서 발생하는 고통은 감수해야 할 부분이다. 이렇게 유능함을 가치있는 것으로 여기지만, 실은 유능함이 인간에게 해를 끼치는 면도 있다. 유능해야 할 때 유능해야 하는데, 그러지 못해 어려움을 겪기 때문이다.

① 인간이 도달하지 못하기 때문에 궁극적으로는 해가 되는 요소이다.
② 인간의 효과적인 행동만을 불러일으키므로 지속적인 투자의 대상이다.
③ 인간에게 행동의 동기를 부여함과 동시에 고통의 원인이 되기도 한다.
④ 인간 스스로가 도달할 수 있는 속성으로, 효과적인 행동으로 이어진다.

06 다음 글의 빈칸에 들어갈 내용으로 가장 적절한 것을 고르면? [2024 상반기 기출복원]

자동차 운전은 단순한 기계 조작이 아니라, 다양한 수준의 의식과 인지 과정을 필요로 하는 복합적인 활동이다. 일반적으로 인간의 학습 과정은 무의식적 무능력(Unconscious Incompetence), 의식적 무능력(Conscious Incompetence), 의식적 능력(Conscious Competence), 무의식적 능력(Unconscious Competence)의 단계를 거친다고 알려져 있다. 이는 자동차 운전 능력의 향상 과정에서도 동일하게 적용될 수 있다.

운전을 처음 배우는 사람은 무의식적 무능력단계에 있다. 이들은 자동차의 작동 원리와 도로 주행 규칙을 잘 모르며, 실수의 위험이 높다. 이 단계에서는 운전자의 인지적 부담이 크고, 차량 제어에 대한 감각이 부족하여 빠른 판단이 어렵다. 따라서 초보 운전자는 신호등과 교통 표지판을 보는 데 집중하느라 주변 차량의 움직임을 제대로 인식하지 못할 가능성이 크다.

운전에 대한 기본적인 개념을 이해하고 나면, 의식적 무능력단계로 이동한다. 이 단계에서는 운전자가 자신의 부족한 점을 인식하기 시작하지만, 여전히 실수가 많고 반복적인 연습이 필요하다. 차선을 변경할 때 백미러를 확인하는 것이 중요하다는 것을 알지만, 실전에서는 타이밍을 맞추기 어려울 수 있다. 또한, 초보 운전자는 브레이크와 액셀러레이터의 적절한 사용법을 머리로는 이해하지만, 실제 주행에서는 부드럽게 조작하기 어렵다.

반복적인 연습을 통해 기본적인 운전 기술이 숙달되면, 의식적 능력단계에 도달한다. 이때 운전자는 차량 조작에 대한 명확한 개념을 가지고 있으며, 도로 상황을 예측하고 적절히 반응할 수 있다. 하지만 여전히 주의를 기울여야 하며, 순간적인 판단이 필요한 상황에서는 긴장감이 남아 있을 수 있다. 운전자는 교차로에서 좌회전 신호가 들어왔을 때, 맞은편에서 직진하는 차량의 속도를 고려하여 안전한 회전을 해야 한다는 점을 이해하고 있으나, 실제로는 여러 변수를 동시에 고려해야 하기 때문에 사고 위험이 완전히 사라지지는 않는다.

최종적으로, 무의식적 능력단계에 이르면 운전자는 복잡한 교통 상황에서도 별다른 인지적 부담 없이 자연스럽게 차량을 조작할 수 있다. 이 단계에서는 운전 동작이 자동화되어 있으며, 경험을 통해 위험 요소를 미리 예측하고 대응할 수 있는 능력이 발달한다. 예를 들어, 숙련된 운전자는 비보호 좌회전 시 맞은편 차량의 속도를 직관적으로 판단하여 적절한 타이밍에 좌회전을 수행할 수 있다. 또한, 고속도로에서 앞차의 미세한 움직임만으로도 차선 변경 가능성을 예측하고, 이에 대비할 수 있다.

그러나 무의식적 능력 단계에서도 주의가 필요한 순간이 존재한다. 익숙한 경로를 반복해서 운전할 경우, 운전자는 '자동 조종 모드'에 들어가게 되며, 주변 환경을 세밀하게 인식하지 못할 수 있다. 매일 같은 길로 출퇴근하는 운전자는 특정 신호에서 멈춰야 한다는 것을 자동적으로 인지하지만, 신호등이 예외적으로 바뀌었을 때 반응이 늦어질 가능성이 있다. 또한, 운전자가 무의식적으로 습관적인 행동을 하다가 새로운 교통 상황을 맞닥뜨렸을 때, 순간적인 판단 착오가 발생할 수 있다.

이러한 점에서 운전 능력의 숙련도가 높아질수록 반드시 안전 운전에 대한 경각심을 유지하는 것이 중요하다. (   ) 이를 위해 일부 국가에서는 숙련된 운전자에게도 일정 주기마다 재교육을 받도록 하는 제도를 운영하고 있다. 독일과 일본에서는 일정 기간마다 운전면허 갱신을 위해 필수적으로 안전 교육 이수를 의무화하여 사고 예방 효과를 높이고 있다.

① 무의식적 능력에 도달한 운전자는 교통사고 발생률이 낮아지므로, 개인의 운전 습관을 유지하는 것이 더욱 중요하다.

② 무의식적 능력 단계에 있는 운전자라 할지라도 주기적인 안전 교육과 방어 운전 훈련을 통해 위험 상황에 대한 대응 능력을 지속적으로 강화해야 한다.

③ 운전 능력이 일정 수준에 도달하면 운전자의 인지 부담이 줄어들어 사고 위험성이 감소하므로, 경험이 많을수록 자연스럽게 안전 운전이 가능하다.

④ 자동차 사고의 대부분은 초보 운전자가 아니라 숙련된 운전자의 부주의로 발생하므로, 경험이 많을수록 경각심을 가져야 한다.

07 다음 중 글의 내용과 일치하지 않는 것을 고르면?

누구나 한 번쯤은 햇살이 강하게 내리쬐는 여름의 해변에서 피부가 벌겋게 달아오르다가 시간이 지나면 허옇게 벗겨지는 경험을 한다. 이는 태양광에 포함된 자외선이 세포 속의 DNA를 파괴하여 죽은 세포가 피부조직에서 이탈하는 현상이다. 이처럼 자외선은 생물체의 DNA를 파괴하여 그 생물의 세포를 사멸시킬 수 있는 물리화학적 에너지를 가지고 있다.

자외선은 태양광선 중 가시광선의 가장 짧은 파장인 보라색 안쪽으로 파장이 더 짧아 눈에 보이지 않는 광선을 의미한다. 자외선은 파장이 짧아 투과력은 약하지만 강력한 에너지를 가지고 있어 화학반응을 촉진하고 유기물을 산화시키며 미생물들에는 살균작용을 일으킨다. 양지에 계속 세워 둔 자동차가 변색되고 이불을 일광소독하는 것도 이러한 자외선의 특성이 작용하여 가능한 일이다.

자외선이 DNA에 조사되면 DNA의 염기 중 티민의 분자구조가 집중적으로 파괴된다. 자외선을 흡수한 티민은 이웃한 티민이나 시토신과 눌어붙게 된다. 이와 같이 티민이 중합되면 DNA의 복제가 제대로 이루어질 수 없기 때문에 생명체로서의 기능이 정지되는 것이다. 세균들마다 자외선에 대한 민감성이 차이가 나는 것은 DNA 속에 포함된 티민의 양이 다르기 때문이다. 이 외에도 자외선은 세포막을 이루는 인지질과 단백질을 산화시켜 세균들의 생명활동이 연장되지 못하도록 한다.

① 자외선은 눈에 보이지 않지만 강력한 에너지로 미생물들에 살균작용을 일으킨다.
② 자외선은 파장이 짧으며 세포막을 이루는 시토신 등과 만나 눌어붙게 된다.
③ 자외선은 세포 속의 DNA를 파괴하여 죽은 세포가 피부조직에서 이탈하는 현상을 일으킨다.
④ 자외선은 DNA의 염기 중에서 티민의 분자구조를 집중적으로 파괴하기 때문에 세균들마다 자외선에 대한 민감성에 차이가 난다.

08 다음 글의 내용과 관련이 가장 적은 한자성어를 고르면? [2024 상반기 기출복원]

토론이나 논쟁에서 상대방의 주장에 논리적으로 반박하는 대신, 상대 역시 같은 잘못을 저질렀다고 지적하며 논점을 흐리는 경우가 있다. 이는 '피장파장의 오류(Tu quoque fallacy)'라고 불리는 대표적인 논리적 오류 중 하나다. 이 오류는 상대의 주장 자체를 논리적으로 검토하기보다는, 그의 과거 행동이나 발언을 근거로 주장을 기각하려는 방식으로 나타난다.

어떤 환경운동가가 기업의 환경오염 문제를 지적했을 때, 기업 측에서 '하지만 당신이 속한 단체도 과거에 환경 문제를 일으킨 적이 있지 않느냐?'라고 반박하는 것이 피장파장의 오류에 해당한다. 환경운동가의 단체가 과거에 실수를 저질렀다고 해서 현재의 환경오염 문제를 지적하는 주장이 무효화되는 것은 아니다. 논점은 기업의 환경오염 여부이며, 발언자의 과거 행동과는 별개로 논의되어야 한다.

정치적 논쟁에서도 자주 발견된다. 선거 토론에서 후보자가 상대 후보의 정책을 비판할 때, 상대 후보가 '당신도 과거에 같은 정책을 추진하지 않았느냐?'라고 반박하는 경우를 생각해 보자. 이는 비판받고 있는 정책의 문제점을 논리적으로 반박하는 것이 아니라, 단순히 상대의 과거 발언과 행동을 이용해 논의의 초점을 흐리는 전략이다. 하지만 특정 정책이 타당한지는 그 정책의 실효성, 경제적 영향 등을 기준으로 평가해야 하며, 비판자의 과거 행동이 어떠했는지는 핵심 논점이 될 수 없다.

피장파장의 오류는 개인적인 논쟁에서도 흔히 발생한다. 부모가 자녀에게 '게임을 너무 많이 하면 학업에 지장이 있을 수 있어.'라고 충고했을 때, 자녀가 '부모님도 어릴 때 게임을 많이 하셨잖아요.'라고 반박하는 것이 논리적인 반박이 아니라 피장파장의 오류다. 부모의 과거 행동이 어떠했든 간에, 게임이 학업에 미치는 영향에 대한 주장은 그 자체로 평가되어야 한다.

이 오류는 논점에서 벗어나 논리적 검토를 방해하는 문제를 초래한다. 논쟁의 본질은 주장이 옳고 그른지를 따지는 것이지, 주장하는 사람의 과거 행동이 일관적인지 여부를 평가하는 것이 아니다. 그러나 피장파장의 오류는 논리적 검토를 어렵게 만들며, 감정적인 반응을 유도하여 건설적인 논의를 저해할 수 있다. 또한, 종종 책임 회피의 수단으로 사용된다. 한 사람이 법을 어겼을 때, '다른 사람도 똑같이 했다.'라고 주장한다고 해서 자신의 행동이 정당화될 수는 없다.

그렇다면 피장파장의 오류를 피하는 방법은 무엇일까? 첫째, 상대방의 주장을 논리적으로 평가하는 습관을 길러야 한다. 상대가 주장하는 내용이 타당한지 여부는 그의 과거 행동과 무관하게 판단되어야 한다. 둘째, 논점에서 벗어난 반박을 경계해야 한다. 상대의 주장에 대해 논리적으로 반박하지 않고 과거 행동을 문제 삼고 있다면, 이는 논점을 흐리는 오류일 가능성이 크다. 셋째, 논쟁에서 감정적 대응을 피해야 한다. '너도 마찬가지야.'라는 반응은 논리적인 반박이 아니라 개인적인 공격에 가깝기 때문에, 보다 객관적인 근거를 바탕으로 논의를 이어가는 것이 중요하다. 피장파장의 오류는 논쟁을 감정적으로 변질시키고, 본래의 논점을 흐리게 만든다. 이를 방지하려면 상대의 주장 자체를 평가하는 태도를 유지하고, 논리적 반박을 통해 논의를 발전시키는 것이 중요하다.

① 오십보백보(五十步百步)
② 견강부회(牽强附會)
③ 지록위마(指鹿爲馬)
④ 호가호위(狐假虎威)

[09~10] 다음 글을 읽고 이어지는 질문에 답하시오. [2024 상반기 기출변형]

부산광역시 보도자료

부산시(시장 박00)는 오늘(24일)부터 청년들의 진로 설계와 역량 강화를 위해 '2025년 부산청년멘토단' 사업에 참여할 청년 60명을 모집한다고 밝혔다. 이 사업은 지역 내 다양한 분야의 전문가(멘토)와 청년(멘티)을 연결해 전문적인 조언과 교류(네트워킹) 기회를 제공하는 멘토링 사업이다.

[가] 한편, 지난해 '부산청년멘토단'에는 멘토 10명, 멘티 30명이 참여했으며, 참여한 청년들의 만족도가 높은 것으로 나타났다. 특히 멘토들의 경험과 인생 노하우를 위한 특강의 만족도가 높아 올해부터는 부산 청년 누구나 들을 수 있도록 할 예정이다.

[나] '부산청년멘토단'에 참여하는 멘토들은 시정, 의정, 인공지능(AI)·빅데이터, 해양수산, 환경 등 다양한 분야의 전문가 20명으로 구성돼, 인생에서 중요한 선택의 기로에 있는 청년 멘티들이 자신의 역량을 강화하고 꿈을 이루는 데 많은 도움이 될 수 있을 것으로 기대된다. '2025년 부산청년멘토단'에 참여할 '멘티'는 부산에 거주하거나 활동하는 18~39세 청년이라면 누구나 신청할 수 있다.

- 멘티 신청 시, 본인의 관심 분야와 목표에 맞는 멘토를 선택할 수 있으며, 최종 매칭은 멘티의 희망 사항과 멘토의 전문성을 고려해 이뤄진다.
- 모집 분야는 시정, 의정, 인공지능(AI)·빅데이터, 해양수산, 환경·사회·지배구조(ESG), 심리, 세무회계, 법률, 환경 등 20개다.
- 자세한 멘토 분야 및 명단은 부산청년플랫폼(young.busan.go.kr)을 통해 확인할 수 있다.
- 아울러, 멘토링뿐만 아니라 청년들이 멘토의 경험을 직접 들을 수 있는 인생 특강과 주요 산업 현장을 방문해 실무를 체험할 기회도 마련된다.

[다] 특히, 올해부터는 기존의 1대 3 멘토링 매칭 방식에서 벗어나, 인원 제한 없이 원하는 멘토와 자유롭게 멘토링을 받을 수 있도록 운영 방식을 개편하는 등 맞춤형 멘토링 지원을 강화한다.

- 1차 모집 이후 추가 모집이 가능하며, 이를 통해 청년들이 연중 원하는 시점에 멘토링을 신청할 수 있도록 기회를 확대하고 지속적인 멘토링이 이뤄질 수 있도록 운영할 방침이다.

[라] 김○○ 시 청년산학국장은 "'부산청년멘토단'은 단순한 멘토링 프로그램이 아니라, 청년들이 스스로 미래를 설계하고 도전할 수 있도록 돕는 실질적인 지원책"이라며, "올해부터는 멘토링 방식이 더욱 유연해짐에 따라, 더 많은 청년이 자신에게 맞는 멘토와 연결될 수 있도록 적극적으로 지원할 계획"이라고 말했다.

09 다음 중 주어진 글의 [가]~[라]를 문맥에 따라 바르게 배열한 것을 고르면?

① [가]－[나]－[다]－[라]
② [나]－[다]－[가]－[라]
③ [다]－[라]－[나]－[가]
④ [라]－[가]－[나]－[다]

10 다음 중 [나]의 서술 방식으로 적절한 것을 고르면?

① 분류 ② 비교
③ 쟁의 ④ 상세화

11 다음 그림과 같이 밑변의 길이가 4cm, 빗변의 길이가 $4\sqrt{5}$cm인 직각삼각형이 있다. 이 직각삼각형의 높이를 고르면?

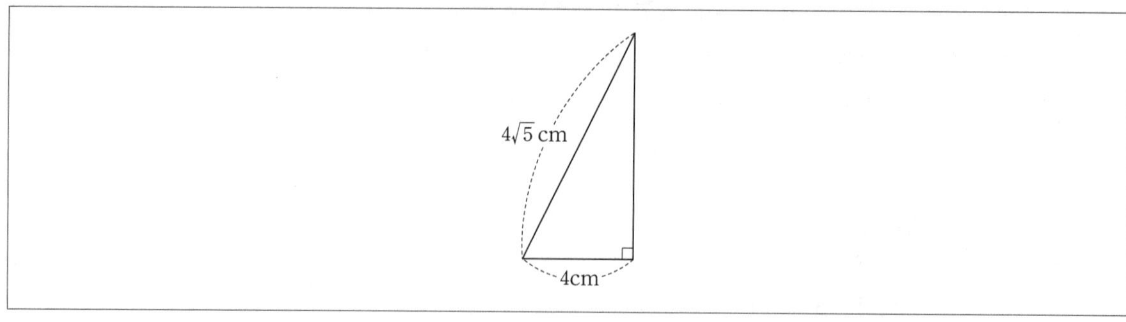

① 8cm
② 7.5cm
③ 7cm
④ 6.5cm

12 다음은 5명의 토익 점수이다. 점수의 중앙값과 평균을 바르게 나열한 것을 고르면?

710	660	840	920	780

	중앙값	평균
①	780	780
②	780	782
③	840	780
④	840	782

13 네 야구팀 A, B, C, D가 다음과 같은 방법으로 우승팀을 결정하기로 하였다. [2024 하반기 기출변형]

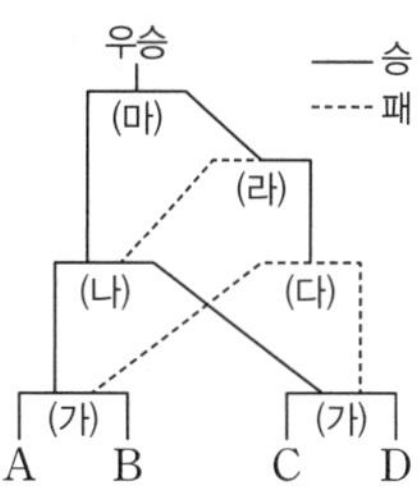

(가) A팀과 B팀이 경기하고, C팀과 D팀이 경기한다.
(나) (가)에서 이긴 팀끼리 경기한다.
(다) (가)에서 진 팀끼리 경기한다.
(라) (나)에서 진 팀과 (다)에서 이긴 팀이 경기한다.
(마) (나)에서 이긴 팀과 (라)에서 이긴 팀이 경기한다.
(바) (마)에서 이긴 팀이 우승팀이 된다.

매 경기에서 각 팀이 이길 확률이 $\frac{1}{2}$일 때, A팀이 우승한 경우 (가)에서 이겼을 확률을 고르면?

① $\frac{1}{2}$　② $\frac{1}{3}$
③ $\frac{2}{3}$　④ $\frac{3}{4}$

14 다음 그림에서 삼각형 ABC의 높이에 해당하는 h의 값을 고르면? [2023 상반기 기출복원]

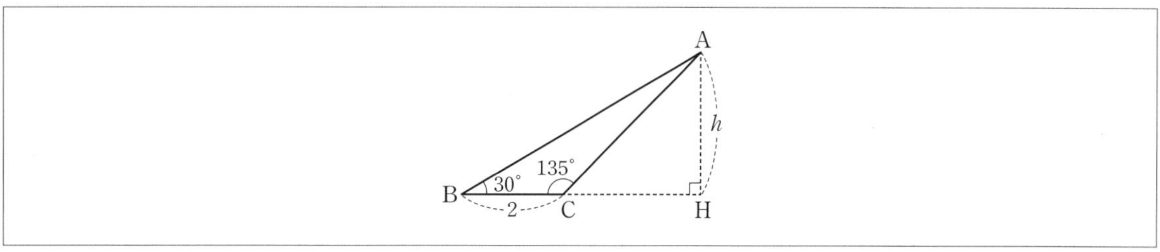

① $2\sqrt{2}$　② $2\sqrt{3}$
③ $\sqrt{2}+1$　④ $\sqrt{3}+1$

15 다음은 동일한 메뉴를 판매하는 A, B 두 분식집의 메뉴판이다. 각 메뉴를 가격이 더 저렴한 곳에서 1인분씩 구입하면, 각 메뉴를 가격이 더 비싼 곳에서 1인분씩 구입할 때보다 결제 금액이 4,000원 적다고 할 때, 각 분식집에서 떡볶이만 2인분씩 구입할 경우 결제 금액의 차를 고르면?

[A분식집]

메뉴	1인분 기준
떡볶이	5,000원
튀김	3,000원
순대	4,000원
김밥	3,000원
라면	4,500원

[B분식집]

메뉴	1인분 기준
떡볶이	□원
튀김	4,000원
순대	3,000원
김밥	3,500원
라면	4,000원

① 500원
② 1,000원
③ 1,500원
④ 2,000원

16 다음 [표]는 2021~2024년 △△회사의 재무와 관련한 자료이다. 이 자료를 바탕으로 할 때, 당기순이익률이 가장 낮은 해와 가장 높은 해를 차례로 나열한 것을 고르면? [2024 상반기 기출변형]

[표] 2021~2024년 매출액 및 영업 실적 (단위: 천만 원)

구분	2021년	2022년	2023년	2024년
매출액	1,500	1,000	800	1,200
매출원가	500	200	300	500
판매관리비	800	900	700	300
기타비용	320	−200	−150	200

※ 매출액 = 매출총이익 + 매출원가
※ 영업이익 = 매출총이익 − 판매관리비
※ 당기순이익 = 영업이익 − 기타비용
※ 당기순이익률(%) = 당기순이익 ÷ 매출액 × 100

① 2021년, 2024년
② 2022년, 2023년
③ 2023년, 2022년
④ 2024년, 2021년

17 다음 그림은 마름모에서 각 변의 중점을 연결하여 직사각형을 그린 것이다. 직사각형의 넓이가 $3cm^2$일 때, 마름모의 넓이를 고르면? [2023 상반기 기출복원]

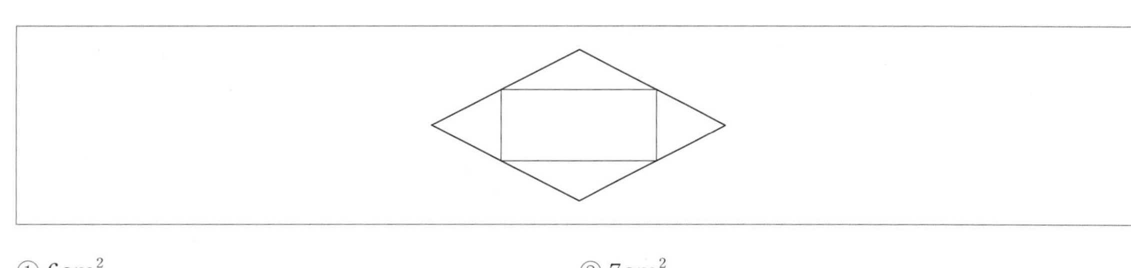

① $6cm^2$
② $7cm^2$
③ $8cm^2$
④ $9cm^2$

18 진구는 8%의 소금물 150g과 12%의 소금물 250g, 18%의 소금물을 섞어보려고 한다. 세 소금물을 모두 섞었을 때의 최종 농도가 14%가 되었을 경우, 18%의 소금물의 양을 고르면? [2024 하반기 기출변형]

① 250g
② 300g
③ 350g
④ 400g

19 다음 수열에서 98번째 항에 관한 내용으로 옳은 것을 [보기]에서 모두 고르면? [2024 하반기 기출변형]

1	2	4	7	13	24	44	…

보기

㉠ 98번째 수는 홀수이다.
㉡ 98번째 수는 짝수이다.
㉢ 98번째까지 모든 수의 합은 홀수이다.
㉣ 98번째까지 모든 수의 합은 짝수이다.

① ㉠, ㉢
② ㉠, ㉣
③ ㉡, ㉢
④ ㉡, ㉣

04 실전모의고사 3회

20 다음 [표]는 부산교통공사 물품 보관함 개수 현황에 관한 자료이다. 이에 대한 설명으로 옳지 않은 것을 고르면?

[2024 상반기 기출변형]

[표1] 부산교통공사 물품 보관함 현황(2023.07.31. 기준) (단위: 개)

구분	소형	중형	대형	특대형	계
1호선	344	435	22	222	1,023
2호선	634	228	136	0	998
3호선	170	69	40	0	279
4호선	35	21	0	0	56
계	1,178	750	198	222	2,348

[표2] 부산교통공사 물품 보관함 현황(2024.11.30. 기준) (단위: 개)

구분	소형	중형	대형	특대형	계
1호선	436	419	78	264	1,197
2호선	476	0	209	123	808
3호선	160	0	66	30	256
4호선	30	0	18	0	48
계	1,102	419	371	417	2,309

① 물품 보관함 개수의 2023.7.31. 기준 대비 2024.11.30. 기준의 변동은 2호선이 가장 크다.
② 소형 물품 보관함 개수의 비율은 2023.7.31. 기준이 2024.11.30. 기준보다 더 크다.
③ 4호선의 물품 보관함 개수의 비율은 2023.7.31. 기준보다 2024.11.30. 기준이 더 크다.
④ 1호선과 2호선의 물품 보관함 개수를 합한 비율은 2023.7.31. 기준과 2024.11.30. 기준 모두 85% 이상이다.

21 다음 중 문제해결의 장애요인으로 가장 적절하지 않은 것을 고르면?

① 절차에 따라 적당한 양의 자료를 수집하려고 노력하는 경우
② 개인의 경험으로 문제를 바라보는 경우
③ 직관적으로 떠오르는 정보에 의지하는 경우
④ 문제를 심도있게 분석하지 않는 경우

22 다음 글에서 언급된 판단 오류에 해당하는 것을 고르면?

매장에 애플 워치가 하나 있다고 가정하자. 애플 워치가 삼성 워치나 다른 브랜드보다 디자인적으로나 기능적으로 장점이 있을 수 있다. 그러나 단점 또한 존재한다. 문제는 애플 워치의 장점만을 강조하는 정보에만 집중하고, 단점을 뒷받침하는 자료가 많음에도 불구하고 이를 간과하는 경향이 있다. 자기 가설을 확인하지 않고 일단 한번 결정된 마인드를 갖고 그것을 믿게 되는 것이다. 다시 말해, 콩깍지가 씌는 것이다. 이러한 판단 오류로부터 벗어나기 위해서는 구체적이고 표적성 및 관련성이 높은 자료를 취합 및 분석하는 것이 중요하다. 구체적인 연구에 따른 주장별 뒷받침이 필요하기 때문이다. 마음에 꼭 드는 것이 있다면, 1주 정도 기다려보자. 1주 정도 기다린 후, 시간 차를 두고 자료를 수집하고 구매를 할 것인가 말 것인가 고민을 하는 것도 좋은 방법이다.

① 인지부조화의 오류
② 불완전 근거의 오류
③ 교차검증의 오류
④ 확증편향의 오류

23 다음 [보기] 중 창의적 사고에 대한 설명으로 옳지 않은 것을 모두 고르면?

보기

㉠ 교육과 훈련을 통해 개발할 수 있는 능력이다.
㉡ 사고의 전후 관계가 일치하고 있는지를 확인하고, 아이디어를 평가하는 사고능력을 의미한다.
㉢ 누구나 가지고 있는 능력으로 일상생활에서 끊임없이 사용하고 있다.
㉣ 문제를 해결하기 위해 이미 알고 있는 경험지식을 해체하여 새로운 아이디어를 다시 도출하는 것이다.
㉤ 아이디어가 많고 다양하고 독특한 것을 의미하는 것으로 아이디어의 쓰임을 따지는 것과는 다르다.

① ㉠, ㉣
② ㉡, ㉢
③ ㉡, ㉤
④ ㉢, ㉤

24 다음은 노인 일자리 사업에 관한 안내문이다. 이에 대한 설명으로 옳지 않은 것을 고르면?

노인 일자리 사업 안내

1. 노인 일자리 사업 목적

저소득·고령 어르신들의 지속적인 사회활동을 지원함으로써 사회적 관계 증진과 소득보충을 통해 건강하고 활기찬 노후생활에 기여함

2. 노인 일자리 사업 내용

– 사업근거: 노인복지법 제23조, 저출산고령사회기본법 제11조

– 사업대상

- 공익형: 만 65세 이상 기초연금 수급자
- 사회서비스형: 만 65세 이상
  ※ 단, 일부 유형의 경우 만 60세 이상 참여 가능함
- 시장형·취업알선형: 만 60세 이상 사업특성 적합자

– 사업유형

구분	공익형	사회서비스형	시장형	취업알선형
참여기간	11개월	10개월	연중	연중
근무시간	일 3시간, 월 30시간	주 15시간, 월 60시간	일 최대 8시간	근로계약서에 따름
급여지급	월 27만 원	월 최대 59.4만 원	최저시급 기준	근로계약서에 따름

3. 노인 일자리 사업 지원

– 모집기간: 11월 30일(월)~12월 24일(목)

– 지원방법: 온라인 홈페이지 신청 또는 방문 접수

① 최저시급이 9,620원이라면 시장형 사업 참여자는 하루에 75,000원 이상을 받을 수 없다.

② 노인 일자리 사업을 통해 고령 어르신들의 소득보충을 지원한다.

③ 만 62세의 A씨는 사회서비스형에 지원할 수도 있다.

④ 공익형 사업 참여자의 시급은 9,000원이다.

25 **올림픽 경기에서 A, B, C, D 4명이 배구, 역도, 펜싱, 양궁 중 한 종목씩 출전하였다. 4명이 출전한 종목은 서로 다르며, 네 명 중 한 명만 거짓을 말하고 있다고 할 때, 거짓을 말하는 사람을 고르면?**(단, 거짓을 말하는 사람은 모든 진술이 거짓이다.)

> A: 내가 출전한 종목은 역도이고, C가 출전한 종목은 양궁이야.
> B: D가 출전한 종목은 펜싱이야.
> C: 내가 출전한 종목은 양궁이고, B가 출전한 종목은 배구야.
> D: 내가 출전한 종목은 펜싱이 아니야.

① A ② B
③ C ④ D

26 **B사에 근무 중인 갑, 을, 병, 정, 무 5명은 각각 경영팀, 법무팀, 인사팀, 재무팀, 홍보팀에 1명씩 근무하고 있다. 갑~무 5명 중 1명만 거짓을 말하고 있을 때, 항상 참인 것을 고르면?**(단, 거짓을 말하는 사람은 모두 거짓을 말하고, 참을 말하는 사람은 모두 참을 말한다.) [2023 하반기 기출복원]

> • 갑: 무는 법무팀에서 근무하고, 정은 홍보팀에서 근무하지 않아.
> • 을: 나는 재무팀에서 근무하지 않아.
> • 병: 갑은 홍보팀에서 근무하지 않고, 정은 경영팀에서 근무해.
> • 정: 병은 홍보팀에서 근무하고, 을은 재무팀에서 근무해.
> • 무: 병은 인사팀에서 근무하지 않아.

① 거짓을 말하는 사람은 을이다.
② 을은 홍보팀에서 근무한다.
③ 병은 재무팀에서 근무하지 않는다.
④ 정은 경영팀에서 근무한다.

27 **다음 예시와 같은 집단의사결정의 특징으로 알맞은 것을 고르면?**

> Maine 주에 있는 한 작은 도시는 매년 눈 때문에 고생하고 있었다. 눈보라가 치는 동안 송전선에 눈이 쌓여서 얼게 되면 그 무게로 인해 송전선이 끊어지는 일이 잦았던 것이다. 지방 공무원들은 다 같이 모여 해법을 찾기로 하였다.
> Mike: 전선을 흔들면 눈이 떨어질 것입니다.
> Jay: 어떻게 하죠?
> Karen: 전봇대를 흔들면 되잖아요.
> Jay: 전봇대가 땅에 고정되어 있어서 어려울 것 같은데요. 그렇지만 곰이 올라가게 하는 건 가능할 것 같은데요.
> Mike: 그게 가능하다고요?
> Gooden: 모든 전봇대의 꼭대기에 꿀통을 올려놓으면 곰들이 올라갈 것 같은데요?
> Sylvia: 그런데 어떻게 올려놓아요?
> Jay: 헬기를 사용하면 쉽게 할 수 있을 것 같은데요?
> Karen: 헬기를 어디서 구해요?
> Mike: 군에 요청하면 될 것 같아요.

① 다양한 집단 구성원이 있기에 각자 다른 시각으로 접근하여 다양한 견해를 가지고 접근할 수 있다.
② 많은 아이디어 생성보다 좋은 질의 아이디어를 내는 데 초점을 맞춘다.
③ 정해진 틀 안에서 사고하기를 강조한다.
④ 타인의 아이디어를 바로 비판한다.

28 P공사에서 근무 중인 귀하는 채용형 인턴의 정규직 전환 평가를 정리하는 업무를 담당하게 되었다. 채용형 인턴 정규직 전환 규정에 따라 정규직 전환 대상자를 발표하려고 할 때, 정규직으로 전환되는 대상자를 고르면?

채용형 인턴 정규직 전환 규정

- 인턴 계약기간 중 근무 태도, 업무 능력, 발전 가능성을 평가하여 정식 채용 여부를 결정한다.
- 근무 태도는 직속 상위자가 평가하며, 업무 능력과 발전 가능성은 소속장이 평가한다.
- 평가 기준별 가중치를 적용하여 최종 점수를 산정한다.
  ※ 평가 기준별 가중치: 발전 가능성 20%, 업무 능력 20%, 근무 태도 60%
- 최종 점수가 가장 높은 대상자를 정규직으로 전환한다.

[표] 인턴 기간 평가 점수 (단위: 점)

평가 기준 / 대상자	근무 태도	업무 능력	발전 가능성
A	80	70	80
B	90	100	50
C	70	80	90
D	80	90	80

① A ② B
③ C ④ D

04 실전모의고사 3회

29 다음 [보기]의 명제가 모두 참일 때, 도출할 수 있는 결론으로 적절하지 않은 것을 고르면?

보기

- 부동산 거래가 많아지면 대출이 증가한다.
- 은행 손실이 증가하지 않으면 경기가 좋아진다.
- 대출 연체자가 많아지면 은행 손실이 증가한다.
- 경기가 좋아지지 않으면 대출이 증가한다.
- 부동산 거래가 많아지지 않으면 대출 연체자가 많아진다.

① 대출 연체자가 많아지지 않으면 대출이 증가한다.
② 경기가 좋아지지 않으면 은행 손실이 증가한다.
③ 부동산 거래가 많아지지 않으면 은행 손실이 증가한다.
④ 대출이 증가하면 대출 연체자가 많아진다.

30 카드 8장을 다음과 같은 형태로 배치하였다. 제시된 [조건]을 바탕으로 상단과 하단의 첫 번째 카드에 해당되는 모양으로 바르게 짝지어진 것을 고르면?

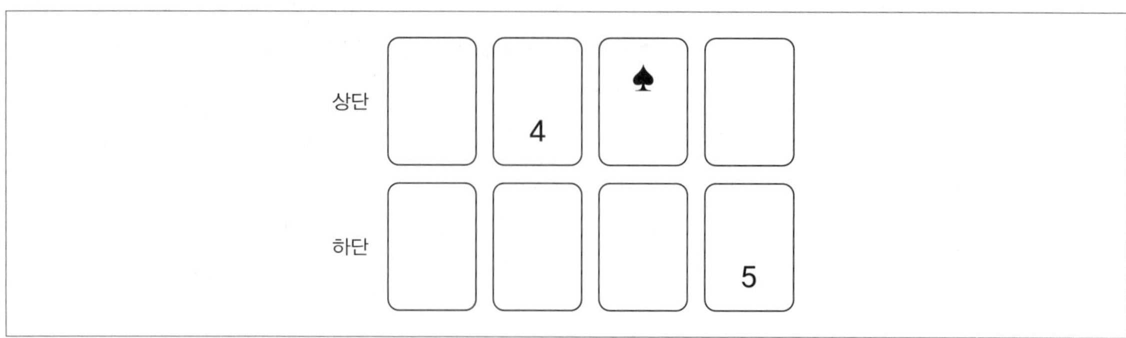

조건

- 1, 2, 3, 4, 5, 6, 7, 8이 적힌 카드가 한 장씩 포함되어 있다.
- 상단과 하단에 ♠, ◆, ♥, ♣ 모양의 카드가 각각 한 장씩 포함되어 있다.
- 짝수인 네 장은 모두 상단에 있다.
- 같은 모양의 카드는 세로로 연달아 배치되지 않았다.
- 1이 적힌 카드는 상하 양쪽 끝 네 자리 중 한 곳에 있다.
- 3이 적힌 카드의 모양은 ♠이다.
- 8이 적힌 카드의 모양은 ♣가 아니다.
- ♥ 모양의 카드는 상하 양쪽 끝 네 자리에 없다.
- ◆ 모양의 카드 2장의 숫자의 합은 11이다.

	상단 첫 번째 카드	하단 첫 번째 카드
①	♠3	♥8
②	♥8	♣1
③	♣1	◆6
④	◆6	♣1

31 다음 중 시간자원의 특징으로 옳지 <u>않은</u> 것을 고르면? [2024 상반기 기출복원]

① 시간은 매일 주어진다.
② 시간은 멈추게 할 수 없으며, 누구에게나 똑같은 속도로 흐른다.
③ 시간은 시절과 상관없이 밀도가 동일하다.
④ 시간은 어떻게 사용하느냐에 따라 가치가 달라진다.

32 다음 [보기]에서 자원관리에 대한 설명으로 옳은 것의 개수를 고르면?

보기

㉠ 자원의 종류에 따라 무한한 자원도 존재한다.
㉡ 효과적인 자원관리를 위해서는 활동의 우선순위를 고려하여 자원활동 계획을 세워야 한다.
㉢ 기업활동에서의 자원은 기업활동에 사용되는 시간과 예산뿐만 아니라 물적자원과 인적자원을 모두 일컫는다.
㉣ 인적자원의 능동성은 자연적인 성장과 성숙은 물론 잠재능력과 자질을 보유하고 있다는 것이다.
㉤ 자신이 편한 방향으로만 자원을 활용하여 자원을 낭비하는 것은 편리성 추구에 해당한다.

① 1개
② 2개
③ 3개
④ 4개

33 K사는 뉴욕, 베이징, 밴쿠버, 시드니에 해외 지사를 두고 있다. 본사인 서울 시간을 기준으로 5일 오전 9시에 주간 화상회의를 진행하려고 한다. 다음 [조건]을 참고하여, 각 지사별 회의 시작 시각으로 옳지 <u>않은</u> 것을 고르면? [2024 상반기 기출복원]

조건

- 시드니는 베이징보다 시차가 3시간 빠르고, 밴쿠버는 뉴욕보다 시차가 3시간 느리다.
- 베이징은 서울보다 시차가 1시간 느리고, 뉴욕보다 시차가 13시간 빠르다.

① 밴쿠버 지사-4일 오후 6시
② 뉴욕 지사-4일 오후 7시
③ 베이징 지사-5일 오전 8시
④ 시드니 지사-5일 오전 11시

34 다음 중 F 팀장이 말하는 인력배치의 원칙으로 가장 적절한 것을 고르면?

P 이사: 이번 인사이동에 대해 각 팀의 팀장님들과 이야기를 나누어 보고자 합니다. 각 팀장님들께서는 회사를 위해 어떻게 인력을 배치하는 것이 좋다고 생각하십니까?
E 팀장: 부서마다 효율성을 높이기 위해서는 직원들이 가지고 있는 역량이나 성격 등 여러 조건을 바탕으로 가장 적합한 위치에 배치해 역량을 최대한 발휘할 수 있도록 해야 합니다.
F 팀장: 팀원들의 개인 능력을 고려하는 것도 중요하지만 회사 전체의 자리를 함께 고려해야 합니다. 회사 전체의 능력을 향상시키기 위해서는 알맞은 인재를 알맞은 자리에 배치해 팀 전체와 직원 개인이 균형을 이루어야 합니다.

① 균형주의
② 적재적소주의
③ 능력주의
④ 공정보상주의

35 다음 [표]는 A학회의 추계 심포지엄 현장 운영요원 모집 요강 중 모집 분야 및 모집 인원에 관한 자료이다. 참고사항을 바탕으로 행사 진행을 위해 필요한 현장 운영요원은 몇 명인지 고르면?

[표] 현장 운영요원 모집 분야 및 모집 인원

모집 분야	모집 인원	비고
사전 등록자 확인 업무	3명 이내	• 사전 등록자가 150명 이상인 경우: 3명 • 사전 등록자가 150명 미만인 경우: 2명
현장 등록 업무	4명 이내	• 현장 등록 가능 인원이 120명 이상인 경우: 4명 • 현장 등록 가능 인원이 120명 미만인 경우: 3명
강의실 출석 관리	강의실 1개당 2명 이내	• 강의실 규모가 50석 이상인 경우: 2명 • 강의실 규모가 50석 미만인 경우: 1명
강의실 내부 진행	강의실 1개당 4명 이내	• 강의실 규모가 100석 이상인 경우: 4명 • 강의실 규모가 50석 이상 100석 미만인 경우: 3명 • 강의실 규모가 50석 미만인 경우: 2명
포스터룸 및 전시 부스 관리	• 포스터룸: 2명 • 전시 부스: 3명 이내	• 전시 부스가 12개 이상인 경우: 3명 • 전시 부스가 12개 미만인 경우: 2명
학회장 안내	4명	–

[참고사항]
• A학회 추계 심포지엄 참가 정원은 320명이고, 사전 등록인원은 182명이다.
• A학회에서 대여한 강의실은 40석 규모 1개, 80석 규모 2개, 150석 규모 3개이다.
• A학회 추계 심포지엄에 전시 부스를 신청한 기업은 10곳이며, 전시 부스는 총 14개이다.

① 44명
② 45명
③ 46명
④ 47명

36 예산을 구성하는 원가항목을 직접비용과 간접비용으로 구분할 때, 다음 [보기] 중 간접비용에 해당하지 않는 것을 모두 고르면?

보기

㉠ 광고비	㉡ 시설비	㉢ 인건비	㉣ 공과금
㉤ 통신비	㉥ 재료비	㉦ 건물관리비	㉧ 출장비

① ㉠, ㉡, ㉢
② ㉥, ㉦, ㉧
③ ㉠, ㉣, ㉤, ㉦
④ ㉡, ㉢, ㉥, ㉧

37 다음 [보기] 중 물적자원을 적절하게 이용하지 못하는 원인에 해당하는 것을 모두 고르면? [2023 하반기 기출복원]

보기

㉠ 분명한 목적 없이 어떠한 물건을 구입하는 경우
㉡ 기존에 구입한 물건에 대한 보관 장소를 파악하지 못한 경우
㉢ 한 번 활용한 물건을 앞으로 다시 활용할 것이라는 생각 없이 아무 곳에나 놓아 두는 경우
㉣ 기존에 구입한 물건을 적절하게 관리하지 못하여 고장나거나 훼손된 경우

① ㉠, ㉡, ㉢
② ㉠, ㉢, ㉣
③ ㉡, ㉢, ㉣
④ ㉠, ㉡, ㉢, ㉣

38 H팀장은 공연을 위해 A~D공연장 중 가장 저렴한 공연장을 대관하려고 한다. 각 공연장의 대관료와 대관 계획이 다음과 같을 때, H팀장이 대관해야 할 공연장을 고르면? [2023 하반기 기출복원]

[표] A~D공연장 대관료 (단위: 만 원)

구분		A공연장	B공연장	C공연장	D공연장
공연 대관료	기본(2시간 기준)	40	45	50	40
	반일(4시간 기준)	80	90	90	75
	종일(9시간 기준)	160	165	170	150
	대관시간(기본, 반일, 종일) 초과 시	시간당 25	시간당 25	시간당 30	시간당 25
연습 대관료(3시간 기준)		45	50	60	45
철수 대관료(1시간 기준)		15	20	25	15
리허설룸 대관료	기본(4시간 기준)	40	35	40	45
	4시간 초과 시	시간당 15	시간당 10	시간당 10	시간당 5
부대시설 대여료	음향(1일 기준)	10	5	무료	10
	조명(1일 기준)	5	5	무료	10
비고		4시간 이상 공연 대관 시 철수 대관 1시간 무료	5시간 이상 리허설룸 대관 시 연습·철수 대관료 각각 30% 할인	공연·연습·철수 대관료의 합이 200만 원 초과 시 리허설룸 대관료 50% 할인	–

[대관 계획]
- 공연 대관: 공연 당일 5시간
- 연습 대관: 공연 전날 3시간
- 철수 대관: 공연 당일 2시간
- 리허설룸 대관: 공연 당일 5시간
- 부대시설(음향, 조명) 대여: 공연 전날과 당일

① A공연장 ② B공연장
③ C공연장 ④ D공연장

39 ○○사에서 가장 중요시 여기고 있는 자원을 효율적으로 관리하기 위해 필요한 원칙으로 적절하지 않은 것을 고르면?

> ○○사는 작년 매출 100억의 실적을 바탕으로 평균 20%의 매출 신장률을 가지고 성장하고 있는 유망 중소기업으로서 직원들의 복지와 근무환경 개선 등 다방면을 통한 인적자원 관리로 노사간의 두터운 신뢰감을 형성하고 있다. 복지혜택부분으로 직원들의 체력관리를 위해서 사내 테니스장을 설치 자유롭게 이용하게 하였으며 매년 워크샵을 통해 건강 및 의식강화를 도모하고 있다. 중·고생 자녀 학자금 뿐만 아니라 대학까지 확대지원을 계획하고 있다. 매월 모든 사원이 참가하는 월례조회를 통해 결속력을 강화하고 개인 운동에 필요한 장비(운동용품 구입시) 50%를 지원하고 있다. 장기근속 근로자를 위한 6년차에 아시아, 12년차에 서유럽을 보내주고 있으며 12년 장기근속 근로자는 특별 포상금 및 감사패를 증정하고 있다. 연말에는 회사 실적보고 및 망년회를 호텔에서 전 직원 및 일가족이 참가하는 각종 이벤트, 게임, 경품추첨 등을 하여 한해를 마감하는 자리를 마련하고 있다. 효율적 인적 자원관리를 위해서 상급자와 하급자의 대화의 필요성을 인식하여 회의를 단계적으로 실시하고 있다.

① 단결의 원칙
② 종업원 안정의 원칙
③ 창의력 계발의 원칙
④ 공동 보상의 원칙

40 서울에 근무하는 G대리는 ○○박람회에 참석하기 위해 교통편을 확인하고자 한다. G대리는 ○○박람회가 종료되기 2시간 전까지는 도착해야 한다. 이때, G대리가 선택하게 될 교통편으로 가능하지 <u>않은</u> 것을 고르면?

[KTX 시간표 및 비행기 시간표]

KTX 시간표		
열차번호	출발(서울)	도착(부산)
K222	13:50	16:42
K231	14:15	16:48
K234	14:25	16:51
K246	14:35	16:58
K248	15:15	17:26
K254	15:30	17:38
K260	15:55	18:04

비행기 시간표		
항공편	출발(김포)	도착(김해)
A1905	15:05	15:55
A1888	15:25	16:15
K8385	16:10	17:00
A6072	16:15	17:05
K2454	16:20	17:10
K1389	16:30	17:20
A5876	17:00	17:50

[시내 교통편]

경로	소요시간	비고
회사 → 서울역	50분	지하철
회사 → 김포공항	1시간 40분	지하철
부산역 → ○○박람회장	35분	지하철
김해공항 → ○○박람회장	55분	공항버스

[참고사항]
- ○○박람회는 20시에 종료된다.
- G대리는 담당자 미팅을 마친 후 회사에서 바로 출발한다.
- 담당자 미팅은 11~13시로 예정되어 있다.
- 서울역이나 김포공항에 도착한 후 30분 동안 점심 식사를 한다.
- 다른 교통편으로 갈아 탈 때 소요되는 시간은 고려하지 않는다.

① K231
② K246
③ A1888
④ A6072

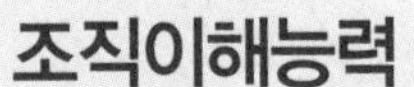

조직이해능력

※ 부산시 통합채용 출제 영역
(부산교통공사 응시자는 P.175로 이동하여 푸십시오.)

41 팀장은 박 사원에게 다음과 같은 지시 사항을 전달하였다. 다음 중 박 사원이 업무 협조를 구해야 할 ㉠~㉢의 조직명이 바르게 짝지어진 것을 고르면?

> 팀장: 박 사원, 이건 우리 부서의 지난달 경비 집행 서류인데, (㉠) 조 부장에게 좀 전해 주고 오세요. 올 때, (㉡)에 들러서 내일 바이어 픽업 관련 배차 신청은 제대로 되어 있는지도 확인해 주고, (㉢)에는 신입사원 교육 결과가 나왔는지 문의해서 알려 주면 고맙겠군요.

	㉠	㉡	㉢
①	총무팀	회계팀	홍보팀
②	회계팀	총무팀	인사팀
③	기획팀	총무팀	홍보팀
④	외환팀	총무팀	인사팀

42 다음 중 밑줄 친 ㉠을 파악하기 위한 수단으로 옳지 않은 것을 고르면?

> 직업인에게는 자신이 속한 조직의 목적을 달성하기 위해 외국인을 설득하거나 이해시켜야 하는 경우가 있다. 이와 같이 서로 상이한 문화 간 커뮤니케이션을 이문화 커뮤니케이션이라고 한다. 반면에 국제 커뮤니케이션은 국가 간의 커뮤니케이션으로, 직업인이 자신의 일을 수행하는 가운데 문화 배경을 달리 하는 사람과 커뮤니케이션을 하는 것이다.
>
> 세계화 시대에 업무를 효과적으로 수행하기 위해서는 관련 ㉠국제 동향을 파악할 필요가 있다. 이는 조직의 업무와 관련된 국제적인 법규나 규정을 숙지하고, 특정 국가에서 관련 업무 동향을 점검하며, 국제적인 상황 변화에 능동적으로 대처해야 한다.

① 신문의 국제면을 탐독한다.
② 조직의 업무를 주제로 한 외국 영화를 시청한다.
③ 고용노동부, 한국산업인력공단 등의 인터넷 사이트를 방문한다.
④ 관련 분야의 해외 인터넷 사이트를 방문하여 최신 이슈를 확인한다.

43 다음 글의 빈칸에 들어갈 말로 가장 적절한 것을 고르면?

> 커피전문점 S사가 지난 2022년 5월 10일부터 7월 11일까지 이벤트 행사로 고객에게 증정한 서머 캐리백에서 발암물질인 포름알데하이드가 최저 29.8mg/kg에서 최고 724mg/kg까지 검출되었고 니켈도 0.55~0.65μg/cm^2 정도가 검출되었다. 니켈은 의류, 아동용 제품 안전 기준인 0.50μg/cm^{2}를 초과하는 양이며 섬유 제품에 대한 포름알데하이드 기준은 내의류 및 중의류의 경우 kg당 75mg 이하, 외의류 및 침구류의 경우에는 kg당 300mg 이하이다.
>
> 사회적 파장은 지난 5월과 7월 중순 캐리백 제조사와 공급사로부터 발암물질 검출 사실을 통보받고도 선제적 대응에 나서지 않다가 뒤늦게 공식 인정함으로써 친환경소재 제품 등 환경 분야와 안전과 보건 등을 고려해야 하는 (　　　　　)에서 F학점이라는 지탄을 면치 못하게 됐다.
>
> 특히 이 같은 발암성 물질로 제조된 서머 캐리백이 전량 수입되어 섬유폐기물이 국내에 뿌려졌다는 점에서 향후에는 S사에서 제공하는 다양한 제품들에 대한 꼼꼼한 감시가 필요한 시점이다.

① ESG 경영　　② 사회책임 경영

③ CSV 경영　　④ CSR 경영

44 조직문화는 일반적으로 관계지향 문화, 혁신지향 문화, 위계지향 문화, 과업지향 문화의 네 가지로 분류되며, 다음과 같은 특징을 갖는다. 주어진 표의 빈칸 (가)~(라)에 들어갈 말이 올바르게 짝지어진 것을 고르면?

[2023 하반기 기출복원]

구분	특징
(가)	• 조직 내부의 안정적이고 지속적인 통합/조정을 바탕으로 조직 효율성을 추구함 • 명확한 상하 관계를 기반으로 운영되며, 체계적인 절차와 정해진 규범을 중시하는 문화
(나)	• 조직의 목표 달성을 최우선으로 하며, 업무 수행의 효과성과 생산성을 극대화하는 것을 강조 • 따라서 명확한 조직목표의 설정을 강조하며, 합리적 목표 달성을 위한 수단으로써 구성원들의 전문능력을 중시하고 구성원들 간의 경쟁을 주요 자극제로 활용함
(다)	• 조직의 유연성을 강조하는 동시에 외부 환경에의 적응성에 초점을 둠 • 따라서 이러한 적응과 조직성장을 뒷받침할 수 있는 적절한 자원획득이 중요하고, 구성원들의 창의성 및 기업가 정신이 핵심가치로 강조됨
(라)	• 조직 내 가족적인 분위기의 창출과 유지에 가장 큰 역점을 둠 • 조직 구성원들의 소속감, 상호 신뢰, 인화/단결 및 팀워크, 참여 등이 이 문화유형의 핵심가치로 자리 잡음

	(가)	(나)	(다)	(라)
①	위계지향	과업지향	혁신지향	관계지향
②	위계지향	혁신지향	관계지향	과업지향
③	관계지향	혁신지향	위계지향	과업지향
④	관계지향	위계지향	혁신지향	과업지향

45 다음에서 설명하고 있는 사회 공헌 기금 조성 프로그램을 일컫는 말로 적절한 것을 고르면?

> 임직원이 공익을 목적으로 하는 사업 또는 기관에 후원금을 지원하면 회사가 같은 금액만큼 1 대 1 비율로 기금을 조성하는 방법이다. 기업과 직원이 함께 참여하여 이루어지게 되므로 노사 화합에도 긍정적인 영향을 주며 바람직한 조직 문화 형성에 도움이 된다. 선진국에서는 일반화되어 있는 제도이나, 한국에서는 2000년 처음으로 도입되었다.

① 모방 소비
② 매칭 그랜트
③ 니치 마케팅
④ 프로슈머 마케팅

46 조직에서 의사결정을 내릴 때는 일반적으로 다음 그림과 같은 점진적 의사결정 모형을 활용한다. 다음 중 개발 단계에 관한 설명으로 적절한 것을 고르면?

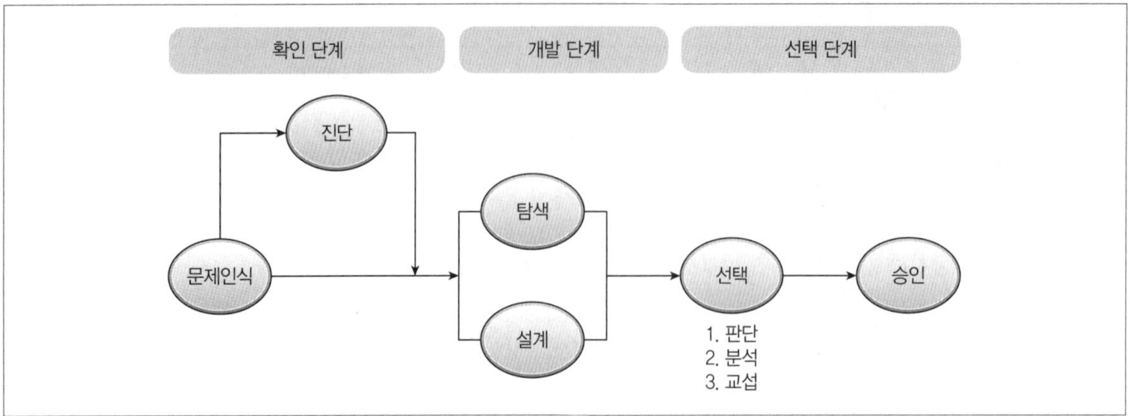

① 여러 문제 중 주요 문제를 선별하거나 문제의 증상이 나타나는 근본 원인을 파악한다.
② 조직 내 관련자와 대화하거나 공식 문서 등을 참고하여 적합한 해결 방법을 찾는다.
③ 실행할 수 있는 해결안을 택하고 조직 내 공식적 승인 절차를 거친 뒤에 수행한다.
④ 문제의 중요도나 긴급도에 따라 비공식적으로 이루어지기도 한다.

47 다음은 우리나라에서 월마트의 사업 행보에 관해 설명한 글이다. 월마트가 우리나라에서 실패한 경영 전략을 지적한 내용으로 옳은 것을 고르면?

월마트는 우리나라에 들어올 때부터 세계 1위 할인점이라는 자부심으로 가득 차 있었고, 자신들의 방식이 우리나라에서도 통할 것이라 굳게 믿고 있었다. 그러나 국내 경쟁 업체였던 이마트는 전혀 새로운 방식의 전략을 세웠다. 월마트의 창고형 마트 개념은 동일했지만 월마트와 같은 창고식 진열 방식에서 벗어나 백화점 못지 않은 세련되고 정교한 디스플레이를 선보였던 것이다. 이에 월마트의 현지 매니저들은 우리나라에서의 위협적 상황에 대해 여러 차례 본사에 보고했지만 본사는 별다른 대응을 하지 않았다. 결국 우리나라 고객들의 니즈를 고려하지 않고, 싸게만 팔면 된다는 기존의 전략을 고집했던 세계적인 공룡기업 월마트는 우리나라 진출 8년 만에 고국으로 짐을 싸야만 했다.

① 세계화 전략을 강조하다 현지화 전략에 실패하였다.
② 무리한 가격 정책으로 지속되는 손실을 감수하지 못하였다.
③ 경쟁사와 다른 차별화 전략을 세우지 못해 기존 시장 진입에 실패하였다.
④ 기업의 사회적 책임인 사회 공헌 활동을 통한 기업 이미지 제고에 실패하였다.

48 다음은 호주에서 편의점 브랜드 7-Eleven이 성공한 사례를 보여주고 있다. 다음 사례를 보고 성공 요인을 분석한 내용으로 적절하지 않은 것을 고르면?

[표] 주요 프랜차이즈 편의점의 매장 수 (단위: 개)

7-Eleven	EzyMart	Lucky7	Night Owl
680	250	150	70

[그래프] 호주 7-Eleven 연도별 매출액 및 성장률 (단위: 백만 달러(A$), %)

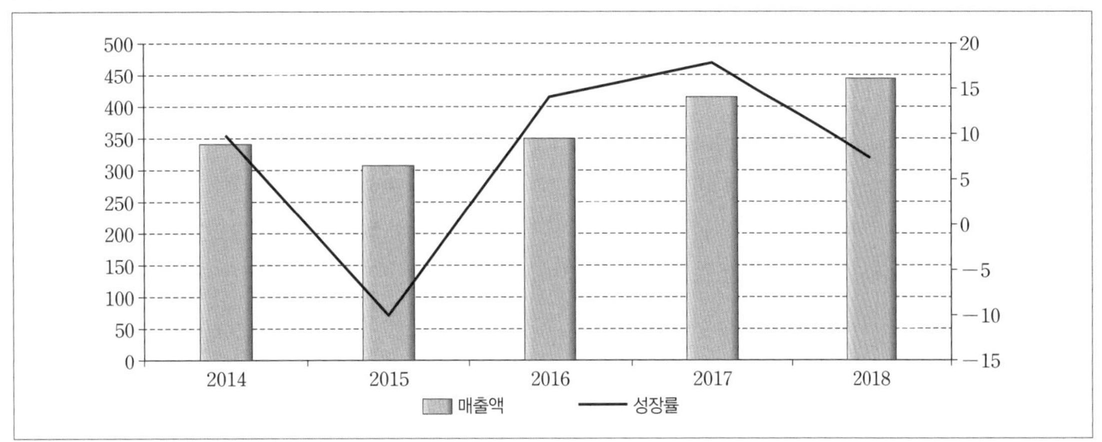

[호주 7−Eleven의 특징]

1) 7−Eleven Fuel 앱의 도입

현재 위치 주변 5개의 7−Eleven 주유소의 가격을 실시간으로 비교하고 최저 주유 가격을 동결(lock in)해 7일 안에 사용할 수 있는 서비스

※ 호주의 7−Eleven은 주유소와 같이 운영하며, 직접 주유하고 주유소 내 편의점에서 직접 계산함

2) 체크아웃 프리

- 호주 편의점 최초로 현금과 카드 없이 구매하는 '체크아웃 프리' 콘셉트의 매장을 멜버른에 오픈
- 스마트폰으로 구매하려는 제품을 스캔하면 등록된 신용카드로 자동 결제. 이는 미국 아마존을 벤치마킹한 것으로 시간이 부족한 소비자들에게 편리함을 제공

3) 1달러 커피

- 1달러 커피를 출시하여 매년 7,000만 개의 커피를 판매
- 온라인으로 샌드위치, 랩, 스시 롤을 대량으로 주문할 수 있는 케이터링 서비스 시작

4) 사회공헌 아이템 적용

- 영국의 커피 컵 재활용회사 Simply Cups와 파트너십을 맺고 호주 최초로 커피 컵, 컵뚜껑, 빨대의 재활용을 시작
- 특별히 제작한 수거함을 200개 이상의 7−Eleven 매장에 비치했으며 5개월 만에 150만 개의 컵을 재활용해 주차장 범퍼, 병원용 트레이 등을 생산
- Good Cause라는 내부 프로그램을 통해 기금을 모아 어린이 병원에 전달하고 AMES와 파트너십을 통해 이민자, 난민 등이 호주에 정착하고 일자리를 찾을 수 있도록 지원
- 비영리 단체 SecondBite와 함께 어려운 이웃을 위한 식품 기부 사업을 하는 등 적극적으로 사회적 활동 수행

① 사회공헌 아이템의 적용으로 동반 성장을 추진하였다.
② 소비자 중심의 호주형 서비스를 개발하여 매출 향상에 기여하였다.
③ 편의점에서 판매하는 모든 제품에 대한 판매 가격을 동결하여 소비자에게 가격에 대한 신뢰를 심어주었다.
④ 혁신적인 결제시스템 도입을 통해 소비자들에게 편리함을 제공하였다.

04 실전모의고사 3회

49 조직의 경영 전략은 조직이 변화하는 환경에 적응하기 위하여 경영 활동을 체계화하는 것으로, 전략은 목표 달성을 위한 수단이 된다. 경영 전략의 추진 과정을 다음과 같이 도식화하였을 때, ㉠~㉢에 들어갈 말이 바르게 짝지어진 것을 고르면?

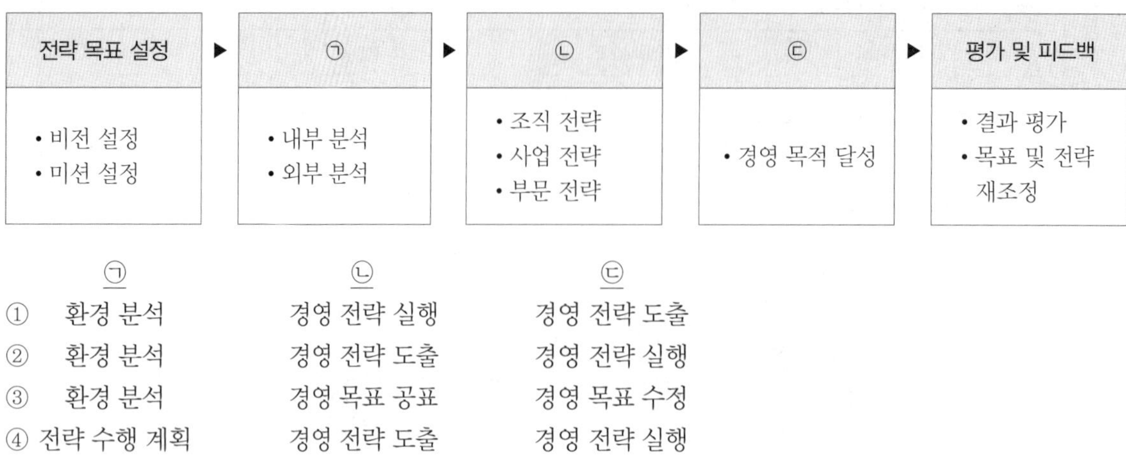

	㉠	㉡	㉢
①	환경 분석	경영 전략 실행	경영 전략 도출
②	환경 분석	경영 전략 도출	경영 전략 실행
③	환경 분석	경영 목표 공표	경영 목표 수정
④	전략 수행 계획	경영 전략 도출	경영 전략 실행

50 다음 [보기] 중 조직이론에 대한 설명으로 옳지 않은 것을 모두 고르면?

보기

㉠ 그라이너(Greiner)는 조직수명주기를 [창업 단계-공식화 단계-공동체 단계-정교화 단계]로 제시하였다.
㉡ 조직을 생산핵심부문, 전략경영부문, 중간관리부문, 기술지원부문, 일반지원부문으로 구분한 것은 오우치(Ouchi)이다.
㉢ 로빈스(Robbins)는 지금까지의 조직이론을 조합하여 조직목표별 관점과 체계적 관심을 기준으로 4가지 유형으로 분류하여 제시하였다.
㉣ 버나드(Barnard)는 조직을 '조정된 2인 이상의 활동'으로 정의하면서 조직 구성원의 협동이 조직 목표를 달성하는 데 있어서 가장 핵심적인 요소라고 주장하였다.

① ㉠, ㉡
② ㉠, ㉣
③ ㉡, ㉢
④ ㉢, ㉣

정보능력

※ 부산교통공사 출제 영역
(부산시 통합채용 응시자는 P.169로 이동하여 푸십시오.)

41 다음 사례를 읽고, K양이 당한 인터넷 상의 폭력을 일컫는 말을 고르면? [2023 상반기 기출복원]

> 2017년 8월 14일 서울의 A고등학교 1학년 K양(16)이 자신이 살던 서울의 한 아파트 11층에서 스스로 몸을 던져 목숨을 끊었다. 사건의 발단은 올해 초 남자친구 B군과 헤어진 뒤 B군을 우연히 만나 벌어진 일이 화근이 된 것이다. K양은 자신을 만나주지 않는 B군에게 화를 내며 주위에 있는 물건을 마구 던졌으며, 이를 지켜본 친구 C군 등이 이 일을 계기로 K양을 따돌리기 시작했다. K양은 6월 20일 10여명의 남학생으로부터 카카오톡 대화방에 초대를 받았다. 이 대화방에서 K양은 '맞아야 정신 차릴 X', '개 X' 등의 욕설을 듣게 되었다. 어떤 학생은 심지어 "스패너를 가지러 가야겠다."라는 글도 올렸다. 카카오톡으로 괴롭힘을 당한 K양은 2017년 7월 27일에 친구들에게 버림받았다며 손목을 그어 침대를 적실만큼 피를 흘린 적도 있었다. 8월 9일엔 "나를 괴롭힌 학생들을 볼 자신이 없다."라고 부모에게 털어놓아 부모가 욕설을 한 학생들을 찾아다니며 사과를 요구하였으며, 그러던 중 머리가 아프다며 학교를 조퇴하고 집으로 돌아와 K양은 사건 당일 오후 1시 20분 경 유서 4장을 남긴 채 스스로 목숨을 끊었다.

① 사이버 어노이　　② 현피
③ 사이버 불링　　④ 모티켓

42 다음은 SRAM과 DRAM을 비교 설명한 글이다. 밑줄 친 ㉠~㉣ 중 올바르지 않은 것을 고르면?

[2023 하반기 기출복원]

> RAM의 구조는 기본적으로 메모리 셀로 이루어져 있다. 메모리 셀은 데이터를 저장하는 작은 회로로, 비트(0 또는 1)를 저장한다. 이 메모리 셀들이 배열된 형태가 메모리 모듈이며, 우리가 사용하는 DDR4나 DDR5 같은 메모리 모듈도 이러한 기본 구조로 구성되어 있다. 메모리 셀은 매우 작은 전기 신호를 사용하여 데이터를 저장하거나 읽어낸다. 메모리의 속도와 성능은 이 신호가 얼마나 빠르게 처리될 수 있는지에 따라 결정되며, 이에 따라 SRAM과 DRAM이 나뉜다.
>
> DRAM은 매우 작은 셀 크기를 가지고 있어, 같은 면적에서 많은 데이터를 저장할 수 있으며, 따라서 대용량 메모리를 구현할 수 있다. 또한 ㉠제조 공정이 비교적 단순하기 때문에, 대량 생산이 용이하고 가격이 저렴하다. 그러나 데이터 새로고침 과정에서 추가적인 전력 소모가 발생할 수 있으며, ㉡주로 소용량이 필요하지만 가격보다는 속도가 중요한 컴퓨터 시스템에 사용된다.
>
> 반면 SRAM은 매우 빠르게 데이터를 읽고 쓸 수 있으며, ㉢재충전 과정이 없기 때문에, 데이터를 매우 안정적으로 유지할 수 있다. 그러나 플립플롭 회로는 DRAM의 커패시터보다 훨씬 크기 때문에, ㉣같은 면적에서 훨씬 적은 데이터를 저장하며 복잡한 구조로 인해 제조 비용이 비싸고 용량 당 가격이 높다.

① ㉠
② ㉡
③ ㉢
④ ㉣

43 MS Powerpoint를 활용하여 다음과 같이 텍스트에 이미지로 질감을 채워 넣었다. 질감 채우기 기능을 사용하기 위해 눌러야 할 메뉴를 고르면?

텍스트에 이미지를 활용하기

① 
도형 ▾

② 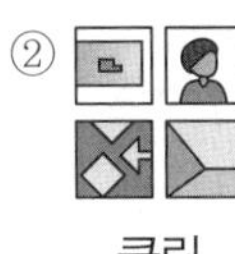
클립 아트

③ 가 텍스트 채우기 ▾
가 텍스트 윤곽선 ▾
가 텍스트 효과 ▾

④ 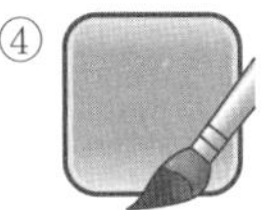
빠른 스타일 ▾

44 클립보드(clipboard)는 자료 일부를 복사하거나 잘라내서 다른 곳에 붙여 넣는 과정으로 문서나 응용 프로그램 사이에 자료가 전송될 때, 짧은 시간 동안 해당 자료를 저장하는 데 사용되는 소프트웨어 프로그램을 말한다. 다음 중 MS Window 환경에서 활용되는 클립보드 단축키에 대한 설명으로 옳지 <u>않은</u> 것을 고르면?

① [Shift]+[Del]－선택된 자료를 잘라내기
② [Ctrl]+[Ins]－선택된 자료를 복사하기
③ [Ctrl]+[X]－선택된 자료를 잘라내기
④ [Ctrl]+[C]－선택된 자료를 복사하기

45 다음 글을 참고할 때, [보기]와 같이 세계적으로 널리 알려진 브랜드 로고가 홍보를 위해 사용한 방법으로 가장 적절한 것을 고르면?

> 우리가 인지하든 그렇지 않든, 모든 기업의 브랜드 로고는 그것을 보는 사람들에게 특별한 의미를 전달하려고 한다. 여기에는 창조적인 로고 디자인을 포함해서 식별 가능한 여러 특징들이 있다. 만약 로고가 브랜드를 연상시키지 않거나 의미를 이해하기 너무 어렵다면 위험 소지가 있으며, 브랜드의 메시지를 소비자에게 제대로 전달할 수 없게 된다. 뒤늦게 사람들이 좋아하는 공식에 맞춰 극단적인 수정을 가하는 것도 소비자를 자극시켜 회사의 위험이 될 여지가 있다.
>
> 모든 기업의 로고는 그들의 상품을 팔기 위한 브랜드 홍보의 목적을 가지고 있다. 그리고 브랜드 홍보는 로고에 상당한 의지를 하고 있다. 확실히 창조적인 로고 디자인은 그들의 브랜드를 도드라지게 한다. 만약 로고를 가지고 있지 않다면 벼룩시장이나 야시장에서 상품을 파는 것처럼 특별한 관심을 갖지 못한다고 할 수 있다.

보기

FedEx	baskin BR robbins
amazon.com	Gillette®

① 자사의 상품이나 서비스를 돋보이기 위한 시크릿 코드를 숨겨 놓았다.
② 화려한 글씨체로 소비자에게 이미지를 각인시켰다.
③ 남녀노소 누구나 좋아하는 색상을 활용해 친숙한 이미지를 부각시켰다.
④ 흔하지 않은 디자인으로 경쟁사가 모방할 수 없는 독특한 로고를 제작하였다.

46 다음 글에서 엿볼 수 있는 정보의 특징으로 적절하지 않은 것을 고르면?

> 주식 시세를 분석하고 등락을 예측하는 데에는 많은 정보가 필요하다. 그러나 그러한 정보들은 전문가나 일부 고객들에게나 필요한 것이지 일반적으로 유용한 정보라고 할 수는 없다. 원유를 정제하는 데 필요한 시설에 쓰이는 부품 가격이 인상될 것이라는 정보는 해당 업체와 그를 통해 주가가 민감하게 반응하는 기업체에게 중요한 정보일 뿐 대다수 일반인들의 관심을 끄는 정보가 될 수는 없다. 또한 그러한 정보가 언제 일반에 공개되는지에 따라서도 가치와 영향력이 달라질 수 있다. 환경 변화에 충분히 대응할 수 없는 긴급한 상황에서는 예상보다 큰 영향을 끼칠 수 있지만 그렇지 않은 경우 정보로서의 파급력은 미미한 수준에 그칠 수 있다.

① 우리가 필요로 하는 정보의 가치는 여러 가지 상황에 따라서 아주 달라질 수 있다.
② 정보의 가치는 우리의 요구, 사용 목적, 그것이 활용되는 시기와 장소에 따라서 다르게 평가된다.
③ 정보는 비공개 정보보다는 반공개 정보가, 반공개 정보보다는 공개 정보가 더 큰 가치를 가질 수 있다.
④ 비공개 정보는 정보의 활용이라는 면에서 경제성이 떨어지고, 공개 정보는 경쟁성이 떨어지게 된다.

04 실전모의고사 3회

47 조 대리는 MS Excel을 활용하여 동일한 내용을 많은 셀에 복사하여 붙여 넣는 작업을 해야 한다. 이미 알고 있던 대로 Ctrl+C를 눌러 복사한 후, 다시 붙여 넣을 셀에 가서 Ctrl+V를 누르자니 너무 많은 반복행위 때문에 번거로움을 피할 수가 없다. 인접한 셀에 동일한 내용을 복사하여 붙여 넣고자 할 때 사용할 수 있는 단축키로 알맞은 것을 고르면?

① Ctrl+A와 Ctrl+B
② Ctrl+F9와 Ctrl+F10
③ Ctrl+D와 Ctrl+R
④ Shift+F3과 Shift+F11

48 다음 글은 창의 코딩 프로그램의 주요 도구인 스크래치 프로그램을 소개하는 내용이다. 이를 바탕으로 창의 코딩 프로그램의 핵심 요소 4P에 해당하지 <u>않는</u> 것을 고르면?

> 스크래치는 전 세계 150개국 이상에서 사용하고 있는 코딩 교육 프로그램이다. 스크래치 커뮤니티의 중심 활동은 프로젝트를 만드는 것이다. 스크래치로 프로젝트를 만들며 창의적 학습의 선순환을 경험하고, 창의적 과정을 깊이 이해할 수 있다.
>
> 사람들은 자기가 좋아하는 일을 할 때 더 오래, 더 열심히 하게 된다. 스크래치는 게임, 스토리, 애니메이션 등 다양한 유형의 활동을 지원하면서 모든 사람에게 자신이 하고 싶은 프로젝트를 할 수 있도록 해 준다.
>
> 창의성이란 사람들이 협력하고 공유하면서 서로 함께 쌓아가는 사회적 과정을 말한다. 스크래치는 프로그래밍을 온라인 커뮤니티와 통합함으로써 사회적으로 상호작용할 수 있도록 설계되었다. 또한 창의성에 도달하는 징검다리로서 아이들이 재미있게 어울리며 자유로운 놀이를 통해 실험할 수 있도록 지원한다. 창의적 과정에서 발생하는 위험을 감수하고 새로운 것을 시도해 볼 수 있도록 돕는다.

① Play ② Passion
③ Peers ④ Position

49 다음 [보기]에서 MS Excel의 데이터 통합 실행 방법으로 옳은 것을 모두 고르면?

보기

㉠ 원본 데이터가 변경되면 통합 기능을 이용해 자동으로 계산된 결과에 대한 변경 여부를 선택할 수 있다.
㉡ 여러 시트에 입력되어 있는 데이터들을 하나로 통합할 수 있으나 다른 통합 문서에 입력되어 있는 데이터를 통합할 수는 없다.
㉢ 통합 기능에는 표준편차와 분산 함수도 포함되어 있다.
㉣ 다른 원본 영역의 레이블과 일치하지 않는 레이블이 있는 경우에도 통합 기능을 수행할 수 있다.

① ㉠, ㉡, ㉢ ② ㉠, ㉡, ㉣
③ ㉠, ㉢, ㉣ ④ ㉡, ㉢, ㉣

50 **다음 [표]는 에어컨의 모델명 부여 규칙에 관한 자료이다. 이를 바탕으로 [보기]의 ㉠~㉢ 모델명에 대한 설명으로 옳은 것을 고르면?**(단, 1~12까지의 숫자는 각 항목이 기입되는 자리 순서를 의미한다.)

[표] 에어컨 모델명 부여 규칙

1	2	3, 4	5	6	7
구분	냉매종류	냉방능력	개발순서	품질(등급)	출시
F: 스탠드	W: 인버터/냉난방용	15: 49.58m^2	1: 2016년형	L: 럭셔리(상)	A: 정규
S: 벽걸이	Q: 인버터/냉방전용	16: 52.89m^2	2: 2017년형	P: 프리미엄	B: 파생
	C: 정속/냉방전용	18: 59.50m^2	3: 2018년형	S: 스페셜	
		20: 66.11m^2	4: 2019년형	D, K: 디럭스	
		23: 76.03m^2	5: 2020년형	M: 싱글모던	
			6: 2021년형	G: 싱글(기본)	
8	**9**	**10**	**11**	**12**	
패턴	색상	냉방범위	에너지 소비등급	옵션	
A: 없음	W: 화이트	2: 3 in 1	A: 1등급	1: 제균 청정 일반형	
J: 쥬얼리	B: 브라운	1: 2 in 1	B: 2등급	2: 제습 청정 고급형	
N: 노블	P: 파스텔	0: 1 in 1	C: 3등급		
W: 웨이브			D: 4등급		
C: 아이스콜드			E: 5등급		

※ 옵션은 해당될 경우에만 표시함

보기

㉠ FW166KBWW1B
㉡ FQ165KAWW1B
㉢ FC186GAWB2B1

① 옵션을 장착한 모델은 2개이다.
② 스탠드형 모델이 2개, 벽걸이형 모델이 1개이다.
③ 냉방전용 모델 2개의 색상은 동일하다.
④ 세 모델 모두 냉방능력이 60m^2 이하이며, 2020년 이후에 개발되었다.

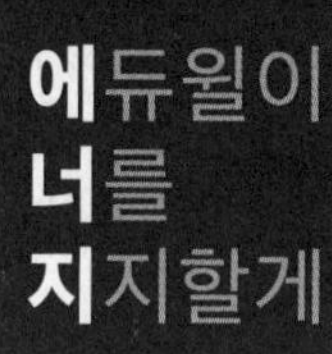

ENERGY

우리의 모든 꿈은 이루어질 것이다.
그것들을 믿고 나아갈 용기만 있다면

– 월트 디즈니(Walt Disney)

최신판

부산시 공공기관 +부산교통공사

실전모의고사 4회

※ 2024년, 2023년 시행된 필기시험의 기출복원 문제가 포함되어 있습니다.

시험 구성 및 유의사항

• **부산시 공공기관+부산교통공사의 NCS직업기초능력평가는 다음과 같이 출제되었습니다.(2024년 하반기 기준)**

구분	출제 영역	문항 수	권장 풀이 시간	비고
부산시 공공기관 (부산교통공사 제외)	공통(의사소통능력, 수리능력, 문제해결능력, 자원관리능력) + 조직이해능력	50문항	50분	객관식 사지선다형
부산교통공사 (공무직, 상용직 제외)	공통(의사소통능력, 수리능력, 문제해결능력, 자원관리능력) + 정보능력	50문항	50분	

※ 오답 감점은 없으며, 각 문제는 하나의 정답으로 이루어져 있습니다.

※ 채용 시기에 따라 공고를 확인하여 직무에 따른 필기시험 출제 영역을 확인하십시오.

모바일 OMR 자동채점&성적분석 무료

정답만 입력하면 채점에서 성적분석까지 한번에!

STEP 1

- 위 QR 코드를 모바일로 스캔 후 에듀윌 회원 로그인
- QR 코드 하단의 바로가기 주소로도 접속 가능

STEP 2

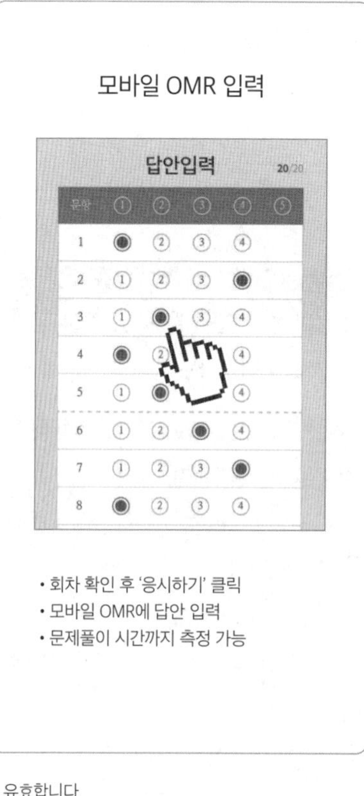

- 회차 확인 후 '응시하기' 클릭
- 모바일 OMR에 답안 입력
- 문제풀이 시간까지 측정 가능

STEP 3

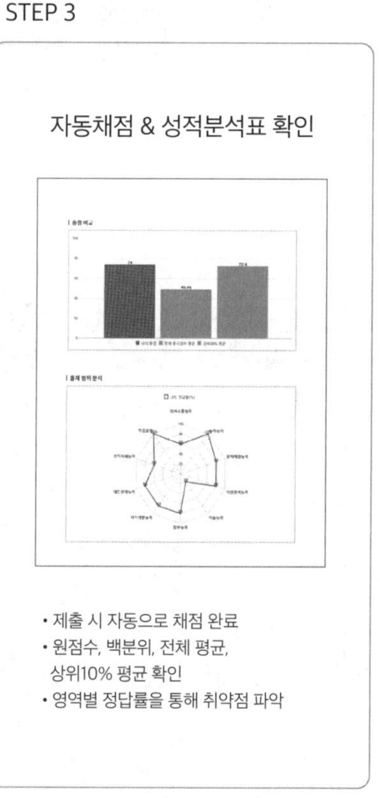

- 제출 시 자동으로 채점 완료
- 원점수, 백분위, 전체 평균, 상위10% 평균 확인
- 영역별 정답률을 통해 취약점 파악

※ 본 회차의 모바일 OMR 채점 서비스는 2027년 4월 30일까지 유효합니다.

실전모의고사 4회

정답과 해설 P.44

공통

※ 의사소통능력, 수리능력, 문제해결능력, 자원관리능력으로 구성되어 있습니다.

01 다음 글을 읽고 A씨가 이야기하는 습관을 고치기 위한 방법으로 적절하지 않은 것을 고르면?

> 광고회사에 다니는 A씨는 좋은 아이디어를 갖고 있어도 이를 제대로 표현하지 못한다. A씨는 남들 앞에서 프레젠테이션을 하는 상황이 되면 종종 당황하여 혼자 빠르게 중얼거리는 습관이 있다. A씨는 입술을 닫고 말하거나 분명하지 않게 발음하는 것이 틀림없다. 지금 A씨가 중얼거리는 것을 듣고 있는 사람들 모두가 느끼고 있다. A씨가 중요한 부분에서 자꾸 중얼거리자 사람들은 말하는 내용의 진실성을 의심하기 시작했다.
>
> 또한 A씨는 자신이 말해야 할 내용을 순서에 따라 전개하지 못하고 중간에 딴 방향으로 빠져 말하는 경향이 있다. 이로 인해 듣는 사람들은 A씨가 전달하고자 하는 내용의 진위를 파악할 수 없고 A씨의 지나친 반복과 앞 내용과 매끄럽게 연결되지 못한 발표로 불만이 커지고 있다.

① 목에 힘을 주어서 말하는 연습을 한다.
② 입술과 혀, 턱을 빨리 움직이는 연습을 한다.
③ 말하는 속도를 천천히 조절하는 연습을 한다.
④ 호흡을 충분히 하는 연습을 한다.

02 다음의 특징을 갖는 보고서의 종류로 가장 적절한 것을 고르면?

> • 문제를 제기하는 추진 배경, 현황, 문제점 등을 드러내는 보고서
> • 문제점들이 다 해소될 경우의 상황과 모습이 드러나는 보고서
> • 성과목표 확인과 평가지표가 설정되어 있고 목표를 실현하기 위한 기본 방향이 설정된 보고서

① 정책 보고서　　② 사실 보고서
③ 연구 보고서　　④ 행사 보고서

03 다음 중 지원자가 사용한 면접 기법에 대한 설명으로 적절하지 않은 것은? [2024 하반기 기출복원]

면접관: 학교에서 성과를 나타냈던 것이 있다면 어떤 일인지 구체적으로 말씀해 주세요.
지원자: 학교에서 조원들과 어플을 만드는 과제를 수행하면서 조장을 맡고 있었습니다. 이때 조원 중 한 명이 계속해서 담당했던 일을 하지 않아 일정이 지연되어 다툼이 있었습니다. 저는 해당 조원에게 본인이 역할을 다하지 않음으로써 조원들이 힘들게 되는 점을 이야기하면서 무슨 일이 있는지 들어본 결과 집에 어려움이 있는 것을 알게 되어 다른 조원들과도 상의를 했고 업무를 조금 더 나누어 진행하게 되었습니다. 이로 인해 프로젝트가 잘 수행되어 A^+을 받았고 해당 조원들도 아직까지 연락하며 우정을 다질 수 있는 계기가 되었습니다.

① 지원자의 경험과 역량을 효과적으로 전달할 수 있다.
② 지원자는 더욱 자신감 있고 설득력 있는 답변을 할 수 있다.
③ 면접관에게 긍정적인 인상을 남길 수 있다.
④ 실패 경험을 이야기할 때에도 도움을 줄 수 있다.

04 다음 글에 대한 설명으로 적절하지 않은 것을 고르면?

블랙컨슈머는 정상적인 사람들이 아니다. 이러한 비정상적인 사람들의 비위를 맞춰가며 제대로 된 서비스를 제공하기 위해 노력하는 감정노동자들을 우리 주위에서 많이 볼 수 있다. 감정노동은 고객의 행위도 문제이지만 기업 또한 감정노동이 발생하게 된 원인을 제공하였다는 측면에서 보면 절대 자유로울 수 없다. 우리나라의 산업구조는 3차 산업이 주를 이루고 있으며, 기업 입장에서는 직원들의 단순한 노동력뿐만이 아닌 감정을 상품화함으로써 고객을 만족시켜 기업의 수익을 향상시킬 수 있다는 논리를 가지고 있기 때문이다. 고객서비스 현장에서 일하는 직원들의 감정은 고려하지 않은 채 기업이 일방적으로 감정을 관리하고 통제하여 감정노동 문제에 시달리는 직원들이 발생하므로, 기업은 블랙컨슈머로부터 직원을 구제하기 위한 방안에 대해 고민해야 한다. 최근 감정노동자를 보호하자는 캠페인이 시민단체를 중심으로 활발히 전개되고 있다. 특히 일부 감정노동자의 고민을 이해하는 기업과 착한 소비문화조성 전국협의회처럼 직접 캠페인을 전개하거나 국회토론회를 주관하여 공론화하는 활동도 병행하고 있다.

감정노동을 생각하는 기업 및 소비문화조성 전국협의회 주관으로 11개 단체가 모여 2014년부터 감정노동자를 보호하고 감정노동 문제 해결을 위한 범시민 사회운동을 전개하고 있다. 뿐만 아니라 발생 원인이 모호하다는 이유로 일부 국회의원에 의해 아직 계류 중이긴 하나, 산업안전보건법 일부개정 법률안이 발의되었다. 이에 따르면 고객으로부터의 폭언이나 폭행 및 과도한 요구 행위로 인해 발생하는 문제에 대해서 업주의 책임을 명확히 하거나 고객에 의해서 성희롱이 발생했을 경우 사업주가 수사기관에 즉시 고발하는 등의 조치를 취할 수 있도록 하였다. 이와 함께 최근에 대기업을 중심으로 감정노동자 인권 보호 및 향상을 위한 공동노력 협약식을 통해 감정노동자의 인권과 복지 및 근무환경 개선을 위해 공동으로 노력하는 활동을 전개하고 있다.

① 시민단체만을 중심으로 감정노동 종사자들의 권익을 찾고자 한다.
② 감정노동자들의 업무환경 개선을 위해서 기업도 노력해야 한다.
③ 사회적 측면에서도 감정노동자를 보호할 수 있는 제도가 필요하다.
④ 감정노동의 발생 원인을 밝히기 어렵다는 이유로 법률 개정이 지연되고 있다.

05 다음 글을 읽고 추론할 수 있는 것을 [보기]에서 모두 고르면?

그간 미세먼지가 인체에 미치는 유해성에 대해서는 우리나라를 비롯한 해외의 여러 연구에서 입증된 바 있다. 제2차 수도권 대책 미시행 시 초과사망자 2만 명, 호흡기계 질환자 1만 명, 기관지염 환자 80만 명이 발생하여 미세먼지로 인한 사회적 비용을 연간 12조 3,300억 원으로 추정하였고, 초미세먼지로 인한 사망자 발생률은 이보다 더 높을 것으로 분석되었다.

초미세먼지는 미세먼지와 달리 입자의 크기가 매우 작아 폐포까지 직접 침투하여 건강에 심각한 영향을 줄 수 있고, 초미세먼지에 노출되면 호흡기계 및 심혈관계 관련 질환으로 인한 입원이 증가할 뿐만 아니라 사망자 발생률이 유의하게 증가한다는 결과들이 보고되고 있다. 또한 초미세먼지의 장·단기 노출에 의한 사망률, 호흡기계 및 순환기계 질환 환자 발생과의 관계, 생식·발달과의 상관성 등에 대한 해외의 역학연구 결과 초미세먼지가 호흡기계와 순환기계를 중심으로 인체의 건강에 여러 가지 영향을 미친다는 사실이 밝혀지고 있는 것으로 나타났다.

이와 같이 초미세먼지는 폐질환, 심근경색, 순환기계 장애 등을 유발하고 조기사망 위험 증가에 영향을 주는 인자로 작용하는 등 인체에 미치는 영향이 심각하여 2013년 WHO에서 1급 발암물질로 규정하였다. 반면, 우리나라에서는 해외 여러 나라에 비해 초미세먼지와 관련된 건강영향 연구가 많이 미흡한 실정이며, 초미세먼지 대기환경기준 적용 및 예·경보제를 2015년부터 시행하고 있다.

보기

㉠ 제2차 수도권 대책 미시행 시 초미세먼지로 인한 초과사망자는 2만 명을 훨씬 웃돌 것이다.
㉡ 초미세먼지는 2013년경부터 인체에 발암물질로 작용하기 시작하였다.
㉢ 미세먼지는 발암성 물질을 포함하고 있지 않다.
㉣ 2015년 이후 대기 중의 초미세먼지 농도는 많이 감소하게 되었다.

① ㉠
② ㉠, ㉡
③ ㉡, ㉢
④ ㉢, ㉣

06 다음은 공문서의 유형별 문서 작성법에 관한 자료이다. 적절한 방법으로 작성한 것을 [보기]에서 모두 고르면?

[2024 하반기 기출변형]

> **1. 기안문을 작성하는 경우**
> 기안의 근거를 밝히고 시작해야 한다.
> 사업이나 활동의 목적과 방향, 실행 방법 등이 명확하게 드러나야 한다.
> 관련자 모두가 그 내용을 쉽고 정확하게 숙지할 수 있도록 필요한 정보를 일목요연하고 상세하게 기입하여야 한다.
>
> **2. 보도 자료를 작성하는 경우**
> 쉽고 친근한 어휘를 사용하여 적절한 길이의 문장으로 써야 한다.
> 내용은 객관성과 신뢰성, 공정성 등을 고려하여 작성하여야 한다.
> 인용한 자료는 정확한 출처를 밝혀야 한다.
> 적절한 양의 정보를 제공하여야 하고 시각적 편의를 고려하여 구성하여야 한다.
>
> **3. 내부 문서를 작성하는 경우**
> 단락을 구조적이고 계층적으로 구성하여야 한다.
> 제목에 본문의 핵심적인 내용을 드러내는 용어(위촉, 계획, 개최, 조사, 회의 결과 등)를 사용하여 문서의 성격을 쉽게 파악할 수 있도록 하여야 한다.
> 추상적이고 일반적인 표현보다 구체적이고 개별적인 표현을 써야 한다.
>
> **4. 공고문을 작성하는 경우**
> 공고하고자 하는 사안을 명료하게 설명하여야 한다.
> 시행 주체와 시행 내용이 분명하게 드러나야 한다.
> 간결하면서 정확한 표현을 사용하여야 한다.

보기

㉠ WHO 담배규제기본협약 제16차 당사국 총회와 관련된 보도 자료를 작성할 때 총회에서 논의될 공동 관심사를 주제별로 정리하여 기재하였다.

㉡ 직원PC 보관 업무자료 외부 유출과 관련된 내부 문서를 작성할 때 구체적인 사고 개황과 사고 조사 경과를 구체적인 표현을 사용하여 기재하였다.

㉢ 용역 입찰과 관련된 공고문을 작성할 때 시행 주체와 시행 내용을 공정성을 고려하여 입찰 결과 이후에 공지하겠다고 기재하였다.

① ㉠ ② ㉠, ㉡
③ ㉠, ㉢ ④ ㉡, ㉢

07 다음 A공사의 공고문 내용과 일치하는 것을 고르면?

국민의 관점에서 새로운 일자리 창출 아이디어를 발굴하고 양질의 일자리 사업으로 적극 연계하기 위한 '대전·충청 공공기관 일자리 아이디어톤'을 11월 18일(수)에 개최할 예정입니다.

여러분들의 창의적인 아이디어로 새로운 일자리가 창출될 수 있도록 많은 관심과 참여 부탁드립니다.

□ 공모 기간: 2021. 10. 13.(수)~10. 29.(금)

□ 공모 주제

공모 분야	공모 내용
공통 분야	▣ 사회적 가치 실현을 위해 대전·충청 공공기관이 추진할 수 있는 일자리 사업 ※ 단, 기관 간 협업할 수 있는 정도를 심사항목에 포함하여 평가
기관별 분야	▣ 깨끗하고 안전한 대전·충청지역 물 공급 서비스 확대를 위한 일자리 ※ 고품질 수돗물 서비스, 물 재해 예방 등 스마트 물 관리를 위한 일자리 ※ 물 에너지, 수변도시, 물 산업 육성 등 물의 新가치 창출을 위한 일자리

□ 참여 대상: 만 19세 이상 대한민국 국민 누구나[개인 또는 팀(2~5인) 단위로 지원 가능]

□ 참여 방법: 공모전 사이트 씽유(www.thinkyou.co.kr)에 접속하여 양식 다운로드 및 작성 후, 이메일(idea@int.com) 제출

□ 시상 내역: 총상금 1,900만 원(대상 150만 원, 우수상 100만 원, 장려상 50만 원)

□ 문의 사항: 인재경영처 일자리사무국(042－000－0000)

① 해당 공모전에는 미성년자도 참여할 수 있다.

② 해당 공모전에서 대상을 받으면 해당 공사에 입사할 수 있다.

③ 해당 공모전은 전국 공공기관의 일자리 사업 아이디어를 모으는 것이다.

④ 해당 공모전에서 좋은 성적을 받으려면, 기관 간 협업 방법도 고려해야 할 수 있다.

[08~09] 다음 글을 읽고 이어지는 질문에 답하시오.

[2023 하반기 기출복원]

2004년 1월 12일, 세계 최대의 초호화 유람선인 15만 톤급의 '퀸 메리2호'가 영국의 사우스햄턴항을 떠나 미국 플로리다 로더데일로 처녀항해에 나섰다는 소식이 전해졌다. 그렇다면 어떻게 이 커다랗고 무거운 배가 물 위를 떠다닐 수 있을까? 무거운 배가 물 위를 떠다닐 수 있는 이유는 바로 부력과 밀도 때문이다.

물속에 있는 물체는 항상 부력을 받게 되는데, 바로 물속에서 돌을 들어 올릴 때 힘이 덜 들도록 도와 준 것이 부력의 힘이다. 부력은 중력과 반대 방향인 위쪽으로 향하는 힘을 말한다. 무거운 배 또한 이러한 부력의 힘으로 물 위를 떠다닐 수 있는 것이다. (㉠) 물체의 밀도가 물의 밀도보다 작을 때 부력을 더 크게 받아서 뜰 수 있기 때문에 물체를 물보다 밀도(물의 밀도=1)를 작게 하여(즉, '밀도=질량/부피'로 질량을 줄이거나 부피를 크게 한다.) 물 위에 뜰 수 있게 한다. 배의 내부에 빈 공간을 많이 두어서 밀도가 작은 공기로 가득 채우면 무게에 비해 부피가 매우 커지면서 '밀도=질량/부피'의 식에 의해서 밀도는 작아지게 되고, 배 전체의 밀도가 물의 밀도보다 작아져 배가 물에 뜨게 된다.

물체에 작용하는 부력이 크면 물체는 물위에 떠 있을 수 있고, 부력이 물체의 무게와 같더라도 물체는 물속에서 떠 있게 된다. 그러나 물체의 무게가 부력보다 크면 물체는 물속으로 가라앉는다. (㉡) 물 속에서 돌을 들어 올릴 때 힘이 덜 들도록 도와 준 것이 바로 부력으로 중력과 반대 방향인 위쪽으로 향하는 힘이다.

달걀 껍데기에는 눈에 보이지 않는 미세한 구멍이 있어 그 틈으로 물이 증발한다. 부피는 그대로지만 질량은 내부에 틈이 생긴 만큼 줄어들었으므로 '밀도=질량/부피'로 밀도가 작아지게 된 것이다. 원래의 신선한 달걀은 물보다 밀도가 커서 부력이 존재하지만, 영향을 받지 않아 가라앉게 되는 것이고, 질량이 내부에 생긴 틈만큼 줄어든 오래된 달걀은 질량이 작아짐에 따라 밀도가 작아져 물속의 부력에 영향을 받아 물 위로 떠오르게 된 것이다.

모든 액체에는 부력이 존재한다. (㉢) 예를 들어 설탕물은 물보다 밀도가 더 크다. 왜냐하면 같은 부피의 물에 설탕을 넣는 것이므로 질량이 늘어났기 때문이다. 그러므로 설탕물의 농도가 진할수록 밀도는 더 커지게 된다. 물에서 가라앉는 물체도 설탕물보다 밀도가 작다면 설탕물에서 뜰 수 있다. 기체인 공기도 부력은 작용한다. 그런데 공기 중에 사는 우리의 몸이 붕붕 뜨지 않는 이유는 공기의 밀도(0.001 g/cm^3)가 아주 작기 때문이다.

공기 중에서도 공기보다 밀도가 큰 물체는 가라앉고 공기보다 밀도가 작은 물체는 뜬다. 공기의 밀도가 워낙 작아서 공기보다 밀도가 작은 물질은 흔하지 않지만, 수소 기체, 헬륨 기체는 공기보다 밀도가 작다. 그래서 입으로 분 풍선은 바닥에 가라앉지만, 헬륨 기체가 들어있는 풍선은 뜨게 되는 것이다. 단, 수소 기체는 산소와 결합 시 폭발할 위험이 있으므로 사용하지 않는다. 또, 공기는 온도가 올라가면 밀도는 작아진다. 그 이유는 온도가 올라가면 공기 속의 입자들은 활발하게 활동하여 팽창을 하고 이에 부피가 커지므로 밀도는 작아지는 것이다. 이를 이용한 것이 열기구로, 뜨거운 공기를 풍선 내부에 가두어 주변의 차가운 공기보다 밀도를 낮춰 열기구가 뜨도록 한다.

단위부피($1cm^3$)당 질량 값을 과학에선 밀도라고 한다. (㉣) 밀도가 작은 물질은 아무리 질량이 크다 하더라도 밀도가 큰 물질보다 가볍다. 그래서 10m짜리 통나무 보다 쇠구슬이 더 물에 잘 가라앉는 것이다.

같은 부피 안에 가볍고 무거운 정도를 비교한 값으로 물질은 일반적으로 고체 → 액체 → 기체로 갈수록 부피가 증가하므로 물질의 상태(고체, 액체, 기체)에 따른 밀도는 고체, 액체, 기체 순이다.

08 다음 글을 이해한 내용으로 적절하지 않은 것은?

① 물속에서 돌을 들어 올릴 때 힘이 덜 드는 이유는 부력과 반대 방향인 중력 때문이다.
② 물체의 무게와 부력은 반비례 관계이다.
③ 액체에는 부력이 존재하는데 질량과 밀도는 비례 관계이다.
④ 밀도는 단위부피당 질량 값으로 정해진다.

09 주어진 글의 흐름상 [보기]의 문장이 삽입되기 가장 적절한 위치를 고르면?

보기

A와 B가 같은 질량을 가질 때, B는 A보다 부피가 작아서 B의 밀도는 A보다 커진다. B의 밀도가 A보다 크기 때문에 A보다 작은 부력이 생겨 가라앉게 된다. 반면에 A는 부피가 B보다 크기 때문에 밀도가 작아져 더 큰 부력을 받게 되므로 물에 뜰 수 있는 것이다.

① ㉠
② ㉡
③ ㉢
④ ㉣

10 다음 글의 밑줄 친 내용의 교훈과 의미가 상통하는 것을 고르면? [2024 상반기 기출변형]

허 생원이라는 사람은 창리골 사람으로 평소 우스갯소리를 잘하는 사람이다. 어느 날, 친구의 집에 마실을 가기 위해 채비를 하고, 자신의 말을 타고 집을 나섰다. 말을 타고 가면서 하는 말이,

"하늘에 참새소리 들리고, 재 너머 푸른 빛, 붉은 빛 도는 것을 보니 봄이로고. 입맛이 도니 친구에게 맛있는 안주를 차려달라고 해야겠다."

자신이 아끼는 말을 타고 친구의 집에 도착하니, 친구가 마당에서 반겨주었다.

"어서 오시게 친구. 자네 오랜만일세."

친구는 김 선생을 마루에 앉게 하고, 술상을 내왔다. 그런데 술상의 안주가 오직 채소와 김치뿐이었다. 친구가 하는 말이 "알다시피 우리 집 형편이 넉넉지 않을뿐더러, 시장도 멀고 안주를 준비하지 못했네. 이리 채소와 김치뿐이니 부끄럽지만 많이 드시게."

그때, 마침 마당에서 여러 마리의 닭들이 모이를 쪼며 이리저리 움직이고 있었다.

이에 김 선생이 그것을 보고 말하였다.

"무릇 대장부란 천금을 아끼지 않는 법, 오랜만에 만난 친구끼리 만나는 자리에서 고기안주가 있어야 흥이 나는 이치라, 마땅히 내가 타고 온 말을 잡아 이 자리 안주로 삼읍시다."하고 칼을 뽑았다.

이 광경을 보던 친구가,

"아니 여보게, 갑자기 하나뿐인 귀한 말을 잡으면 어쩐단 말인가, 자네는 집에 어찌 돌아가려고?"

그러자 김 선생이,

"차계기환(借鷄騎還), 저기 마당에 닭 한 마리 빌려주오. 그것을 타고 가리다."하니,

주인이 크게 웃으며,

"<u>내 자네의 입장을 생각하지 못했는데, 서운할 수 있었겠구먼.</u> 그래도 덕분에 크게 웃었네."라 하였다.

이후 둘은 닭을 잡아 안주로 삼아 즐겁게 회포를 풀었다.

① 근묵자흑(近墨者黑)
② 형설지공(螢雪之功)
③ 역지사지(易地思之)
④ 동가홍상(同價紅裳)

11 어떤 과녁에는 3, 5, 7, 9점까지 총 4가지 점수가 있다. 이 과녁에 화살을 3번 던졌을 때 만들 수 있는 점수의 가짓수를 고르면?(단, 과녁에 맞지 않은 경우는 없다.) [2024 상반기 기출변형]

① 8가지 ② 10가지
③ 12가지 ④ 14가지

12 0부터 9까지 10개의 숫자 중에서 서로 다른 4개의 숫자를 선택하여 비밀번호를 만들려고 한다. 만들 수 있는 비밀번호의 경우의 수를 고르면?

① 3,024가지 ② 4,536가지
③ 5,040가지 ④ 8,762가지

13 길이가 같은 두 기차 A, B가 있다. 기차 A는 길이가 500m인 다리를 완전히 건너는 데 40초가 걸리고, 기차 B는 길이가 1km인 터널을 완전히 통과하는 데 1분이 걸린다. 두 기차가 4,800m 떨어진 두 지점에서 서로 마주 보고 동시에 달려오기 시작하여 앞부분이 만나는 순간까지 걸린 시간이 1분 20초일 때, 기차 A의 속력을 고르면? [2024 하반기 기출변형]

① 31m/초 ② 32m/초
③ 33m/초 ④ 34m/초

14 두 자리의 자연수에서 십의 자리의 숫자를 X, 일의 자리의 숫자를 Y라고 하자. X+Y=10이고 X×Y=24일 때, 다음 중 십의 자리 숫자와 일의 자리 숫자를 바꾸어 나타낸 두 자리의 자연수를 고르면?(단, X>Y이다.)
[2024 하반기 기출변형]

① 46 ② 38
③ 64 ④ 83

15 야구 선수 A가 상대 팀 투수 B와 대결할 때 안타를 칠 확률은 $\frac{1}{4}$이고, 상대 팀 투수 C와 대결할 때 안타를 칠 확률은 $\frac{3}{10}$이다. 한 경기에서 이 선수가 투수 B와 2회 대결한 후 투수 C와 1회 대결한 경우, 총 3회의 대결 중에서 2회 이상 안타를 칠 확률을 고르면? [2024 하반기 기출변형]

① $\frac{26}{160}$ ② $\frac{28}{160}$

③ $\frac{30}{160}$ ④ $\frac{32}{160}$

16 등차수열 $\{a_n\}$에 대하여 $a_1=4$, $a_1-a_2+a_3+a_4-a_5+a_6=18$일 때, a_8+a_9의 값을 고르면? [2024 상반기 기출변형]

① 34 ② 36

③ 38 ④ 40

17 다음 [보기] 중 삼각형 ABC가 하나로 결정되는 것의 개수를 고르면? [2024 하반기 기출변형]

보기

㉠ $\overline{BC}=6cm$, $\overline{AC}=8cm$, $\angle A=60°$

㉡ $\overline{AB}=5cm$, $\angle A=90°$, $\angle B=20°$

㉢ $\overline{AC}=5cm$, $\angle C=40°$, $\angle B=50°$

㉣ $\angle A=110°$, $\angle B=10°$, $\angle C=60°$

① 1개 ② 2개

③ 3개 ④ 4개

18 두 대각선의 길이의 합이 32cm인 마름모 A와 20cm인 마름모 B가 있다. 두 마름모 각각에 대하여 넓이의 최댓값의 차이를 고르면? [2023 상반기 기출복원]

① $78cm^2$ ② $80cm^2$

③ $82cm^2$ ④ $84cm^2$

19 지면에서 수직인 방향으로 쏘아 올린 공이 x초 후에 도달하는 높이를 ym라고 하면 $y=-5x^2+30x$인 관계가 성립한다고 한다. 공이 가장 높이 올라갔을 때의 시간을 a초라 하고, 그때의 높이를 bm라고 할 때, $a+b$의 값을 고르면? [2024 하반기 기출변형]

① 45　　② 46
③ 47　　④ 48

20 다음 [표]는 2021년 P시 지하철 수송에 관한 자료이다. 이에 대한 설명으로 옳은 것을 고르면?

[표] 2021년 P시 지하철 수송 (단위: 만 명, 백만 원)

구분	합계		1일 평균	
	수송인원	수입액	수송인원	수입액
1월	2,778	21,941	89.6	707.8
2월	2,473	19,826	88.3	708.1
3월	2,970	22,212	95.8	716.5
4월	2,922	24,108	97.4	803.6
5월	3,045	23,950	98.2	772.6
6월	2,780	20,809	92.7	693.6
7월	2,836	23,159	91.5	747.1
8월	2,764	21,206	89.2	684.1
9월	2,663	21,655	88.8	721.8
10월	2,989	23,262	96.4	750.4
11월	3,002	22,966	100.1	765.5
12월	3,031	24,726	97.8	797.6
계	34,253	269,820	93.8	739.2

※ 2021년 2월은 28일까지 있음

① 2021년 2~12월 동안 전월 대비 수송인원이 증가한 달에는 수입액도 전월 대비 증가하였다.
② 31일까지 있는 달 각각의 수송인원은 2021년 월평균 수송인원보다 많다.
③ 2021년 월평균 수송인원보다 수송인원이 많은 달에는 수입액도 월평균 수입액보다 많다.
④ 2021년 월평균 수입액보다 수입액이 많은 달에는 1일 평균 수입액도 연간 1일 평균 수입액보다 많았다.

05 실전모의고사 4회

21 다음의 전제가 모두 참일 때, 반드시 참이 되는 결론을 고르면?

전제1	모든 직장인은 퇴직연금에 가입한다.
전제2	어떤 직장인은 개인연금에 가입하지 않는다.
결론	

① 개인연금에 가입한 모든 사람은 퇴직연금에 가입한다.
② 퇴직연금에 가입한 어떤 사람은 개인연금에 가입하지 않는다.
③ 개인연금에 가입하지 않은 모든 사람은 퇴직연금에 가입한다.
④ 퇴직연금에 가입한 모든 사람은 개인연금에 가입하지 않는다.

22 5명의 학생 A~E는 점심시간에 식당에 가서 줄을 섰다. 5명은 다음 [조건]과 같이 말하였는데, 이들 중 1명은 거짓을 말하였다. 이를 바탕으로 거짓을 말한 사람과 줄의 가장 마지막에 서 있는 사람을 고르면?

조건

A: 나의 앞에 서 있는 사람 수와 뒤에 서 있는 사람 수는 같다.
B: 나는 A보다 뒤에 서 있다.
C: 나는 D보다 앞에 서 있고, B보다 뒤에 서 있다.
D: 나는 A와 붙어 있으며, E보다 앞에 서 있다.
E: 나는 B보다 뒤에 서 있다.

① A, B
② B, E
③ C, D
④ D, E

23 다음 [보기]를 바탕으로 서로 대화할 수 없는 사람을 고르면?

보기

- A는 한국어와 영어를 할 줄 안다.
- B는 독일어와 일어를 할 줄 안다.
- C는 일어와 영어를 할 줄 안다.
- D는 한국어와 스페인어를 할 줄 안다.
- E는 스페인어와 독일어를 할 줄 안다.

① A, C
② A, D
③ B, E
④ C, E

24 다음 [조건]을 바탕으로 항상 옳은 것을 고르면?(단, 엘리베이터에는 이들을 제외한 다른 사람은 없었다고 가정한다.)

조건

- 영수, 정미, 승혁, 호영, 원준, 태영 6명은 모두 7층에서 1층까지 아래로 내려가는 엘리베이터를 탔다.
- 승혁과 태영은 같은 층에서 내렸으며, 정미보다 먼저 내렸다.
- 영수는 정미보다 먼저 내렸고, 호영은 정미보다 늦게 내렸다.
- 원준은 5층에서 혼자 내렸으며, 한 층에서 내린 최대 인원은 2명이다.
- 아무도 내리지 않은 층은 한 개 층이다.

① 호영은 2층에서 내렸다.
② 아무도 내리지 않은 층은 2층이다.
③ 정미는 3층 또는 2층에서 내렸다.
④ 영수와 호영이 내린 층 사이에는 2개 층이 있다.

25 **다음 중 피라미드 구조화 방법에 대한 설명으로 옳지 않은 것을 고르면?**

① 눈앞에 주어진 정보에서 의미를 찾아내 가치 있는 정보를 얻어 내는 사고이다.
② 하위의 사실로부터 상위의 주장을 만들어가는 방법이다.
③ 논리적 사고를 개발하기 위한 방법 중 하나이다.
④ 보조 메시지들을 이용해 주요 메인 메시지를 얻는다.

26 **스마트 폰을 제조하는 K사는 앱의 사용자들이 로딩 시간이 너무 길다는 불만을 접수하여 다음과 같은 방법으로 문제해결방안을 도출하였다. 이러한 문제해결방안을 일컫는 말을 고르면?** [2023 상반기 기출복원]

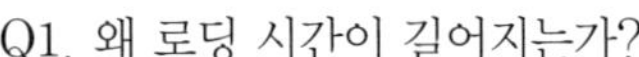

Q1. 왜 로딩 시간이 길어지는가?
A1. 이미지 및 파일 크기가 너무 큼

Q2. 왜 파일 크기가 큰가?
A2. 이미지 최적화가 이루어지지 않음

Q3. 왜 이미지 최적화가 이루어지지 않는가?
A3. 개발팀의 이미지 최적화 도구 미보유

Q4. 왜 최적화 도구가 없는가?
A4. 예산이 부족함

Q5. 왜 예산이 부족한가?
A5. 회사의 프로젝트 예산 분배 전략이 부재함

① 5WHY　　② 5answering
③ Logic tree　　④ Synectics

27 다음 [표]는 B공사의 휴가 규정에 관한 자료이다. 이에 대한 설명으로 옳지 않은 것을 고르면?

[표] B공사 휴가 규정

구분			공무원 복무기준	B공사 운영기준
경조사 휴가	결혼	본인	5일	5일
		자녀	1일	1일
	배우자 출산		10일	10일
	입양		20일	20일
	사망	배우자	5일	5일
		본인, 배우자의 부모	5일	5일
		본인, 배우자의 조부모·외조부모	3일	3일
		자녀와 그 자녀의 배우자	3일	3일
		본인, 배우자의 형제자매	1일	1일
출산 휴가(한 번에 둘 이상의 자녀를 임신한 경우 출산 휴가)			90일(120일)	90일(120일)
여성 보건휴가			매월 1일(무급)	매월 1일(무급)
방통대 출석			연가일수 초과 시 수업일수	0일
재해구호휴가			5일	5일
유산/사산휴가	임신기간 15주 이내		10일	(11주 이내) 5일 (15주 이내) 10일
	임신기간 16~21주		30일	30일
	임신기간 22~27주		60일	60일
	임신기간 28주 이상		90일	90일
인공(체외)수정, 불임 치료			1일	1일
체외수정 시 난자채취			1일	1일
포상 휴가			10일	0일
자녀돌봄휴가(자녀가 2명 이상인 경우)			2일(자녀가 3명 이상인 경우: 3일)	2일(자녀가 3명 이상인 경우: 3일)
임신검진휴가			10일	월 1회

① 공무원 복무기준과 기준이 다른 항목은 4가지이다.
② 임신기간이 28주 이상일 때 유산한 경우 자녀를 한 명 출산한 경우와 휴가 일수가 동일하다.
③ 남성만 사용할 수 있는 휴가 항목은 없다.
④ 자녀가 1명인 직원은 자녀돌봄휴가가 없다.

28 다음 [보기] 중 논리적 사고의 특징으로 옳은 것을 모두 고르면?

보기

㉠ 이 사고를 개발하기 위한 방법으로는 피라미드 구조화 방법과 so what 방법이 있다.
㉡ 당면한 문제를 해결하기 위해 이미 알고 있는 경험지식을 해체하여 새로운 아이디어를 다시 도출하는 것이다.
㉢ 어떤 논증, 추론, 증거, 가치를 표현한 사례를 타당한 것으로 수용할 것인지를 결정하는 능력이다.
㉣ 사고의 전개에 있어서 전후의 관계가 일치하고 있는지 살펴보는 능력이다.
㉤ 이 사고를 개발하기 위해서는 어떤 현상에 대해서 문제의식을 가지고, 고정관념을 버려야 한다.

① ㉠, ㉣ ② ㉠, ㉣, ㉤
③ ㉡, ㉢, ㉤ ④ ㉡, ㉢, ㉣, ㉤

29 홍보팀에서 근무하는 B씨는 신제품 홍보를 위한 전략을 구상하고 있다. B씨가 사용한 기법이 다음과 같을 때, B씨가 사용한 창의적 사고의 개발 방법으로 가장 적절한 것을 고르면?

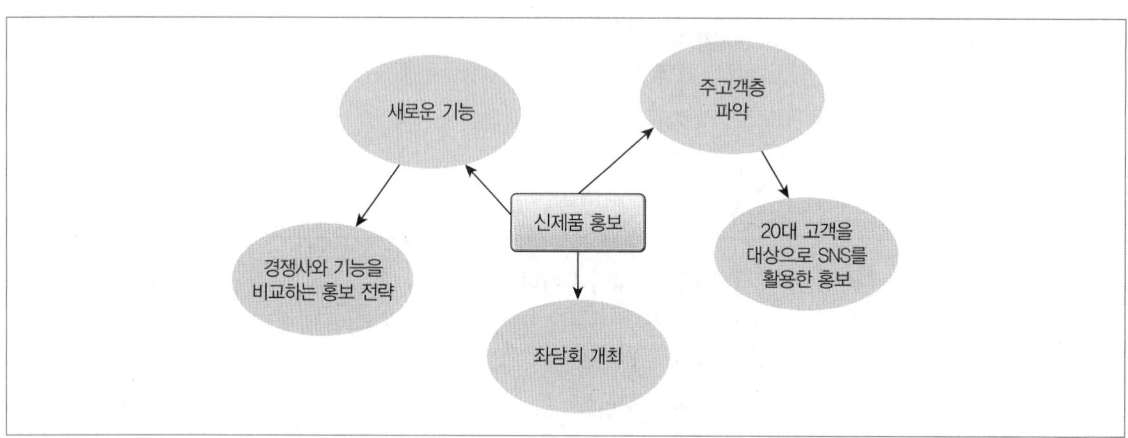

① 비교발상법 ② 강제연상법
③ 자유연상법 ④ 시네틱스법

30 A사의 경영지원팀에 근무하고 있는 귀하는 팀장의 지시에 따라 탕비실에 비치할 간식을 구매하고자 한다. 귀하가 구입할 간식의 개수를 고르면?

> 김 팀장: 이번 달에 탕비실에 비치할 간식은 직원들을 대상으로 조사한 간식 선호도와 비선호도 결과를 반영해 한 종류의 간식만 선정하여 구매를 진행해 주세요. 선호도 조사 순위가 가장 높은 품목부터 순서대로 10점, 8점, 5점, 3점의 점수를 매기고, 비선호도 조사 순위가 가장 낮은 품목부터 순서대로 10점, 8점, 5점, 3점의 점수를 매긴 뒤, 두 점수를 합산한 점수가 가장 높은 간식을 구입하도록 합시다. 아, 탕비실 간식 구입에 배정된 예산은 50만 원이니 예산 내에서 최대한 많은 개수의 간식을 구입해 주시면 됩니다.

[표] 간식 정보

구분	개당 가격	선호도 조사 순위	비선호도 조사 순위
초콜릿	800원	2위	4위
사탕	600원	3위	1위
에너지바	1,200원	1위	2위
젤리	700원	4위	3위

① 416개
② 625개
③ 714개
④ 833개

31 시간을 낭비하게 되는 이유로 시간 관리에 대한 오해를 꼽을 수 있다. 이때, 시간 관리에 대한 오해의 유형으로 적절하지 않은 것을 고르면? [2023 하반기 기출복원]

① 나는 약속을 표시해둔 달력과 해야 할 일에 대한 목록만으로 충분하다.
② 나는 시간에 쫓기면 일을 더 잘하는데, 시간을 관리하면 오히려 나의 이런 강점이 없어질지도 모른다.
③ 나는 회사에서 일을 잘하고 있기 때문에 시간 관리도 잘한다. 그러므로 시간 관리는 상식에 불과하다.
④ 나는 어떤 일을 할 때 완벽하지 않지만, 기한 내에 일을 꼭 끝낸다.

32 다음 [보기]는 물적자원을 적절하게 활용하지 못하게 하는 방해 요인에 관한 사례이다. 같은 종류의 방해 요인에 해당하는 것을 고르면?

보기

㉠ 이 대리는 복사용지 보관 장소를 몰라 창고에서 새로운 복사용지를 꺼내 이용하였다.
㉡ 박 대리는 업무용 스마트폰을 떨어뜨려 고장 내는 바람에 업무에 지장이 생겼다.
㉢ 최 대리는 퇴근길에 내일 신제품 홍보에 사용할 판촉물을 분실하였다.
㉣ 정 대리는 사원증을 옷에 넣고 세탁하는 바람에 사원증을 새로 발급받았다.

① ㉠, ㉡
② ㉠, ㉢
③ ㉡, ㉣
④ ㉢, ㉣

33 다음은 효과적인 자원관리 과정을 4단계로 구분한 것이다. 각 단계에 알맞은 내용을 [보기]에서 골라 순서대로 바르게 나열한 것을 고르면?

1단계	▶	2단계	▶	3단계	▶	4단계

보기

㉠ 계획대로 수행하기
㉡ 이용 가능한 자원 수집하기
㉢ 필요한 자원의 종류와 양 확인하기
㉣ 자원 활용 계획 세우기

① ㉡－㉢－㉠－㉣
② ㉡－㉢－㉣－㉠
③ ㉢－㉡－㉠－㉣
④ ㉢－㉡－㉣－㉠

34 O사에서는 고객들에게 자사의 로고가 새겨진 USB를 제공하고자 한다. 회의 내용을 고려하였을 때, 하 대리가 USB를 구입하는 데 필요한 금액을 고르면?

[표1] USB 구입 정보

구분	용량	형태	무상 A/S 기간
A제품	128GB	카드형	1년
B제품	64GB	스틱형	6개월
C제품	256GB	스틱형	2년
D제품	32GB	카드형	1년

[표2] USB 가격 정보

(단위: 원/개)

구분	50개 미만 구입 시	50개 이상 150개 미만 구입 시	150개 이상 구입 시
A제품	4,500	4,100	3,700
B제품	3,300	3,000	2,600
C제품	6,500	5,800	5,200
D제품	2,800	2,500	2,100

※ 로고 각인 비용은 개당 300원이 추가되나, 100개 이상 구입하는 경우 50% 할인하여 적용함

오 팀장: 고객사의 호감도를 높이고, 잠재 고객이 될 수 있는 사람들에게 회사를 널리 알리기 위해 회사의 로고가 각인된 USB를 제작하여 제공하고자 합니다.

하 대리: 네, 팀장님. 우리 회사의 고객들은 대부분 디자인 업무를 하시는 분들이니 넉넉한 용량의 USB를 구입하는 것이 좋을 것 같습니다.

오 팀장: 좋은 생각이에요. 제품별 용량을 확인하니 32GB부터 256GB까지 다양한 용량이 있네요. 용량이 가장 작은 제품은 제외하고 생각합시다. USB의 형태는 크게 신경쓰지 않아도 될 것 같군요.

양 과장: USB의 경우 고장이 나면 데이터를 모두 잃어버려 손실이 클 수도 있으니 무상 A/S 기간도 꼼꼼히 고려하는 것이 어떨까요?

오 팀장: 그러도록 하죠. 저 또한 고장난 USB 때문에 애를 먹은 경험이 많아요. 그렇다면 무상 A/S 기간은 최소 1년 이상은 되는 게 좋겠군요. 하 대리, 오늘 회의한 내용을 정리해 USB를 구입해 주세요. 모든 조건을 만족시키는 USB가 많다면 그중 가장 저렴한 것을 구입하도록 합시다. 이번에는 120개를 먼저 구입해 고객들에게 제공하고, 반응을 확인해보도록 합시다.

하 대리: 네, 구매를 진행하도록 하겠습니다.

① 462,000원 ② 510,000원
③ 528,000원 ④ 558,000원

35 E기업 인사팀에 근무 중인 박 과장은 7월 직원 연수 일정을 계획하고 있다. E기업 인사팀의 7월 업무 일정표에 확정되어 있는 업무 일정과 [조건]을 고려하였을 때, 다음 중 직원 연수 시작일로 가장 적절한 날짜를 고르면?

[표] 인사팀 7월 업무 일정표

일	월	화	수	목	금	토
		1	2	3	4	5
				김 부장 연차		
6	7	8	9	10	11	12
		박 과장 출장	박 과장 출장		회의	
13	14	15	16	17	18	19
	이 대리 연차 강 사원 연차			김 부장 출장	김 부장 출장	
20	21	22	23	24	25	26
	백 사원 연차		한 주임 출장 강 사원 연차		회의	
27	28	29	30	31		
		사내 체육대회				

조건

- 인사팀에 근무하는 직원은 김 부장, 박 과장, 최 대리, 이 대리, 한 주임, 강 사원, 백 사원으로 총 7명이다.
- 월요일부터 금요일까지의 업무 시간에는 최소 4명 이상이 사무실에서 근무해야 하며, 그중에는 부장 또는 과장이 반드시 포함되어야 한다.
- 7월 직원 연수는 2박 3일로 진행되며, 부장 또는 과장을 포함한 2명의 인사팀 직원이 참여한다.
- 직원 연수 기간에 주말은 포함되지 않거나 하루만 포함되어야 한다.
- 업무 일정표에 기입된 회의 및 사내 행사에는 모든 인사팀 직원이 참석해야 한다.

① 4일　　② 15일
③ 20일　　④ 26일

36 다음 [표]는 제조사인 F사의 재무 상황에 관한 자료이다. 이를 바탕으로 F사의 비용과 이익에 대한 설명으로 적절하지 <u>않은</u> 것을 고르면?

[표] F사의 재무 상황 (단위: 백만 원)

계정과목			금액
Ⅰ. 매출액			4,088.3
Ⅱ. 매출원가			3,230.0
상품매출원가			3,230.0
Ⅲ. 매출총이익			858.3
Ⅳ. 판매/일반관리비			502.9
	직접비용	직원급여	230.0
		복리후생비	30.0
		보험료	25.0
		출장비	19.0
		시설비	34.0
	간접비용	지급임차료	40.0
		통신비	12.0
		세금과공과	29.0
		여비교통비	4.2
		사무용품비	3.9
		소모품비	0.8
		광고선전비	38.0
		건물관리비	37.0
Ⅴ. 영업이익			355.4

① 영업이익이 해당 기간의 최종 순이익이라고 볼 수 없다.
② 여비교통비는 직접비용으로, 보험료는 간접비용으로 계상되어야 한다.
③ 위와 같은 표는 특정한 시점에서 그 상태의 자본 상황을 알 수 있는 자료이다.
④ 매출원가는 기초 재고액에 당기 제조원가를 합하고 기말 재고액을 차감하여 산출한다.

37 업무상 지출하는 비용은 회계상 크게 직접비와 간접비로 구분되며, 이러한 지출 비용은 개인의 가계에도 대입하여 구분할 수 있다. M씨의 개인 지출 내역이 [표]와 같을 때, 전체 지출 중 총간접비와 총직접비의 차액을 고르면?

[표] M씨의 개인 지출 내역 (단위: 만 원)

보험료	공과금	외식비	자동차 보험료	의류 구매	병원비
20	55	60	11	40	15

① 1만 원
② 19만 원
③ 21만 원
④ 39만 원

38 다음 대화의 A, B와 관련된 물품 보관의 원칙으로 옳은 것을 고르면?

> 김 과장: A의 경우 추가 생산되어 물류 창고 정리가 필요할 것 같습니다. 추가 생산된 상품은 물류 창고 뒤쪽으로 보관해야 합니다.
> 이 대리: 네, 알겠습니다.
> 김 과장: 추가로 들어오는 B의 경우 A와 동일한 품목의 제품이지만 크기가 조금 더 작고 가볍기 때문에 A보다 상층부에 보관해야 합니다.

① A는 높이 쌓기의 원칙, B는 동일성 및 유사성의 원칙이다.
② A는 선입선출의 원칙, B는 중량특성의 원칙이다.
③ A는 위치표시의 원칙, B는 선입선출의 원칙이다.
④ A, B 둘 다 선입선출의 원칙이다.

39 Z사원은 본사에서 출발하여 모든 거래처를 방문하고 본사로 다시 복귀할 예정이다. 이때, 가장 적게 드는 유류비를 고르면? [2023 하반기 기출복원]

[표1] 회사 차량 연비 및 유종

구분	A자동차	B자동차	C자동차
연비(km/L)	10.2	12.2	15
유종	경유	휘발유	휘발유

※ Z사원은 A~C자동차 중 1가지만 선택하여 이용할 수 있음

[표2] 고시가격

(단위: 원/L)	휘발유	경유
고시가격	1,800	1,500

※ 리터 단위로만 구매 가능

[표3] 본사와 각 거래처의 거리

(단위: km)	본사	A	B	C	D	E
본사	–	18	21	12	22	16
A		–	18	25	23	28
B			–	23	27	30
C				–	21	24
D					–	20
E						–

※ 출발지로부터 가장 가까운 거래처를 다음 방문함

① 12,000원　　② 14,400원
③ 16,400원　　④ 18,000원

05 실전모의고사 4회

40 B사의 인사팀에 근무 중인 귀하는 팀장님으로부터 신입사원 연수를 위해 연회장을 예약하라는 지시를 받았다. 팀장님의 지시와 연회장의 3월 예약 일정을 고려하였을 때, 신입사원 연수 시작일로 가능한 날짜를 고르면?

> 권 팀장: 이번 신입사원들을 위한 연수는 이틀간 진행하려고 합니다. 하루에 4시간씩 진행할 예정이며, 연수는 3월 둘째 주나 셋째 주 평일 중에 연속적으로 진행될 수 있도록 해주세요. 정리에 소요되는 시간을 생각하면 신입사원 연수 프로그램은 오후 5시 이전에 끝날 수 있도록 하는 것이 좋겠네요. 연수에 참석할 신입사원은 총 200명이며, 멘토로 참석할 직원들은 50명입니다.

[표1] 연회장 정보

구분	수용 가능 인원	이용 가능 시간
목련	250명	08:00~18:00
장미	300명	10:00~20:00
무궁화	200명	12:00~22:00
튤립	230명	09:00~21:00

[표2] 연회장 3월 예약 일정

일	월	화	수	목	금	토
		1	2	3	4	5
		목련 [08:00~13:00] 튤립 [10:00~15:00]	장미 [12:00~18:00] 튤립 [17:00~21:00]	무궁화 [12:00~18:00] 장미 [10:00~17:00]	목련 [10:00~18:00] 무궁화 [15:00~20:00]	목련 [10:00~18:00] 튤립 [13:00~21:00]
6	7	8	9	10	11	12
목련 [11:00~13:00] 장미 [10:00~15:00]	튤립 [09:00~13:00] 목련 [09:00~15:00]	무궁화 [12:00~18:00] 장미 [10:00~17:00]	장미 [13:00~19:00] 목련 [09:00~14:00]	목련 [08:00~13:00] 튤립 [09:00~13:00]	장미 [10:00~17:00] 목련 [11:00~18:00]	무궁화 [12:00~18:00] 장미 [10:00~17:00]
13	14	15	16	17	18	19
장미 [12:00~18:00] 튤립 [17:00~21:00]	무궁화 [12:00~18:00] 장미 [15:00~20:00]	목련 [08:00~13:00] 장미 [18:00~20:00]	장미 [12:00~18:00] 무궁화 [18:00~22:00]	목련 [12:00~18:00] 장미 [10:00~17:00]	튤립 [13:00~17:00] 무궁화 [15:00~20:00]	무궁화 [12:00~17:00] 튤립 [17:00~21:00]

※ 예약 일정은 '예약 홀 이름 [예약 시간]'으로 표기함

※ 연속적인 날짜의 예약을 진행하는 경우 동일 홀로 예약해야 함

① 3일　　② 7일

③ 10일　　④ 15일

41 다음은 조직을 구분하는 기준에 관한 설명이다. 이를 바탕으로 조직을 구분할 때, 옳은 것을 고르면?

> 조직은 공식화 정도에 따라 공식조직과 비공식조직으로 구분할 수 있다. 공식조직은 조직의 구조, 기능, 규정 등이 조직화되어 있는 조직을 의미하며, 비공식조직은 개인들의 협동과 상호작용에 따라 형성된 자발적인 조직을 의미한다. 즉, 비공식조직은 인간관계에 따라 형성된 것으로, 조직이 발달해 온 역사를 보면 비공식조직으로부터 공식화가 진행되어 공식조직으로 발전해 왔다.
> 또한 조직은 영리성을 기준으로 영리조직과 비영리조직으로 구분할 수 있다. 영리조직은 기업과 같이 이윤을 목적으로 하는 조직이며, 비영리조직은 공익을 추구하는 기관이나 단체 등이 해당한다.
> 조직을 규모로 구분하여 보았을 때, 가족 소유의 상점과 같이 소규모 조직도 있지만, 대기업과 같이 대규모 조직도 있으며, 최근에는 다국적 기업도 증가하고 있다. 다국적 기업이란 동시에 둘 이상의 국가에서 법인을 등록하고 경영활동을 벌이는 기업을 의미한다.

① 사기업은 비공식조직이며, 시민단체는 비영리조직이다.
② 병원은 비공식조직이며, 대학은 비영리조직이다.
③ 계모임은 비공식조직이며, 종교단체는 비영리조직이다.
④ 대기업은 비공식조직이며, 소규모 빵집은 비영리조직이다.

42 다음의 사례를 비추어 볼 때 마이클 포터의 본원적 경쟁 전략 중 '커피사랑'이 선택한 전략으로 가장 적절한 것을 고르면?

> ‘커피사랑’의 가장 큰 장점은 가격이다. 아메리카노 한 잔이 단 1,500원이다. 미국의 대표적인 커피브랜드 ‘아메리칸 커피’의 약 절반에 가까운 가격이다. ‘커피사랑’이 직접 원두를 수입하여 단가를 낮춰 가능한 가격이었으며, 이를 통해 시장점유율을 높이고 가성비 커피로 이름을 알리기 시작했다. ‘커피사랑’은 2011년에 경기 김포시의 작은 가게로 시작하여 현재는 1,000호점 개점을 앞두고 있다.

① 원가우위 전략
② 차별화 전략
③ 집중화 전략
④ 다각화 전략

43 다음 그림은 △△전자의 제품 X에서 필터결함을 발견한 후 이를 리콜하는 과정을 나타낸 것이다. 이에 대한 설명으로 옳지 <u>않은</u> 것을 고르면?

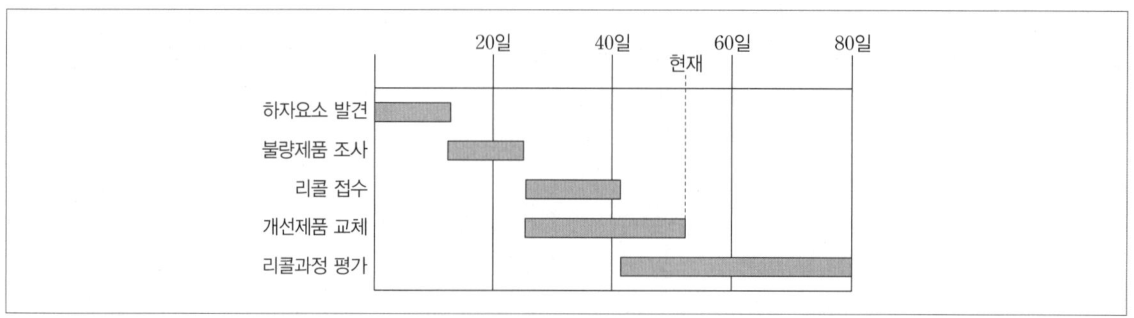

① H. L. Gantt가 창안한 차트이다.
② 전체적인 업무 파악에는 용이하지 않다.
③ 단계별 업무의 시작과 마무리에 소요되는 시간 확인이 가능하다.
④ 단계별로 소요되는 시간과 각 업무와의 상관관계를 파악할 수 있다.

44 다음은 △△회사의 조직도를 나타낸 것이다. 이 조직도를 바탕으로 할 때, △△회사에서 운영하는 조직 형태로 가장 적절한 것을 고르면? [2024 상반기 기출복원]

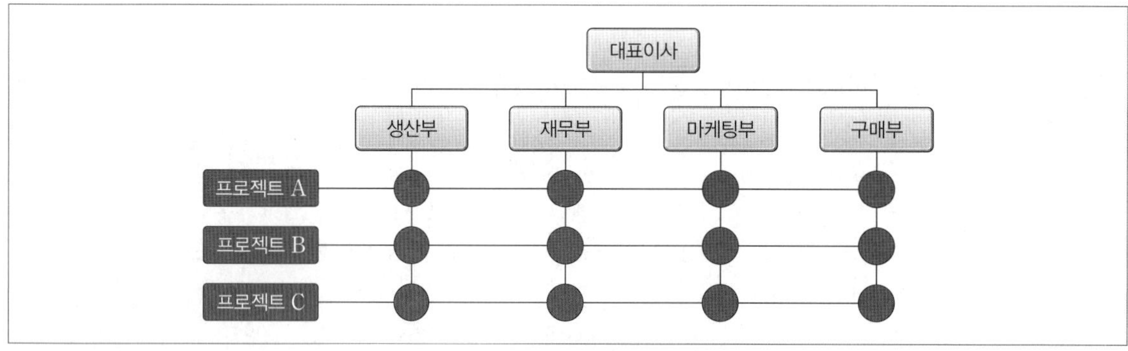

① 사업부제 조직
② 매트릭스 조직
③ 네트워크 조직
④ 기능 조직

45 다음 [상황]을 파악한 뒤 동료와 나눈 대화로 적절하지 않은 것을 고르면?

[상황]

기존 인사평가는 직속 상사의 단독 평가에 의존하여 주관성과 공정성 문제를 초래했다. 이에 따라 최근 여러 기업에서는 다수의 평가자가 다양한 관점에서 평가하는 방식을 도입하여, 인사고과의 객관성을 높이고 평가 결과에 대한 수용성을 강화하고자 검토 중이다. 그러나 새로운 방안 도입 시, 평가 방식과 기준의 설정, 평가자 구성 등 여러 요소를 체계적으로 연구하고 조율해야 하는 어려움이 따른다.

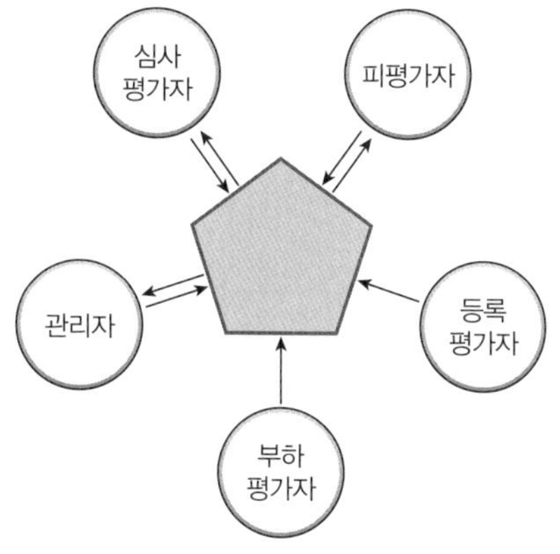

① "평가에 앞서 명확한 기준을 세우는 것이 필수적이겠어."
② "평가자의 숫자가 늘어나면 정확성도 비례적으로 높아지겠어."
③ "다양한 방면에서 인사고과를 평가할 수 있는 방법으로는 360도 다면평가제가 있어."
④ "기존의 인사고과평가방법으로는 고과자의 주관적인 감정이 들어갈 수 있다는 단점이 있겠군."

46 다음 글에서 설명하는 조직문화의 기능으로 가장 적절한 것을 고르면?

[2024 하반기 기출복원]

C사에 입사하면 마치 '부족(部族)'의 일원이 된다고 할 정도로 강한 유대감을 갖고 있다. 직원들은 거의 모든 에너지를 회사에 바치며, 회사는 성공을 직원들과 나누는 데 매우 관대하다. C사가 소중하게 여기는 두 가지는 '행복한 고객' 과 '높은 생산성을 가진 구성원'이다. C사는 구성원들에게 필요한 모든 혜택을 제공해 그들이 되도록 많은 시간을 일에 열중할 수 있도록 한다. 또 하나는 C사만이 갖고 있는 '친구·동료 캠페인' 문화이다. C사에 적합한 우수한 인력을 추천한 사람은 특별 보너스를 받는다. 그리고 가장 많이 추천한 사람은 최고급 스포츠카를 1년 동안 사용할 수 있다. 외부광고 보다 내부 추천을 통해 더 나은 그리고 훌륭한 직원을 채용할 수 있다고 믿는 것도 C사의 특징이다.

① 행동지침 제공
② 구성원의 조화와 단합
③ 환경 적응 강화
④ 조직 몰입의 강화

47 다음 중 경영참가제도의 도입에 따른 문제점으로 적절하지 않은 것을 고르면?

① 경영자 고유 권한인 경영권 약화 우려
② 노사 양측의 공동 참여로 인해 신속하지만 부실한 의사결정 우려
③ 경영능력이 부족한 근로자의 참여에 따른 부작용 우려
④ 노조의 고유 기능인 단체 교섭력 약화 우려

48 다음 [표]는 관리 조직의 일반적인 업무 내용에 관한 자료이다. 이를 바탕으로 관리 조직과 업무 내용의 연결이 가장 적절하지 않은 것을 고르면?

[표] 관리 조직의 일반적인 업무 내용

구분	업무 내용	
총무팀	• 비품 및 소모품의 구입과 관리 • 사무실 임차 및 관리 • 차량 및 통신시설의 운영 • 국내외 출장 업무 협조	• 법률 자문 및 소송 관리 • 사내외 홍보 광고 • 사내외 행사 주관 • 회의실 및 사무 공간 관리
인사팀	• 조직 기구의 개편 및 조정 • 업무 분장 및 조정 • 인력 수급 계획 및 관리 • 노사·평가·상벌 관리	• 인사 발령 • 교육체계 수립 및 관리 • 임금 제도 및 복리 후생 제도 지원 • 복무 및 퇴직 관리
기획팀	• 경영 계획 및 전략 수립 • 전사 종합 기획 및 조정 • 경영 정보 조사 및 기획 보고 • 경영 진단	• 종합 예산 수립 및 실적 관리 • 단기 사업 계획 종합 및 조정 • 사업 계획 및 손익 추정, 실적 관리·분석
외환팀	• 수출입 외화 자금 회수 • 외환 자산 관리 및 투자 • 수출 물량 해상 보험 관리	• 직원 외환 업무 관련 교육 시행 • 영업 활동에 따른 환차 손익 관리 및 손실 최소화 방안 강구
회계팀	• 회계 제도의 유지 및 관리 • 재무 상태 및 경영 실적 보고 • 결산 및 재무제표 분석·보고	• 법인세, 부가가치세, 국세, 지방세 업무 자문 및 지원 • 보험 가입 및 보상

① 회계팀 – 팀별 매출 실적 관리 및 윤리 강령 준수 여부 관리·감독
② 인사팀 – 해외 파견 주재원 급여 및 가족 이동 계획 관리
③ 기획팀 – 사업 계획 수립 및 경영 환경 분석
④ 외환팀 – 수출 물량에 대한 해상 보험 및 수출 보험 담당

49 **다음 글을 읽고 '소셜커머스'와 '전자상거래'의 관계에 대한 설명으로 가장 적절한 것을 고르면?**

> 소셜커머스는 소비자들에게 50% 이상 할인된 가격으로 지역 사업자의 제품과 서비스를 판매한다. 하지만 제한된 시간 내에 목표한 인원이 달성되어야만 할인이 되는 조건으로 인해 해당 제품을 구매하고자 하는 사람들이 자발적으로 주변의 지인들에게 입소문을 내도록 유도한다. 이때 소비자들은 주변 사람들에게 트위터나 페이스북 등의 SNS를 이용해 소문을 퍼뜨리는데, 이러한 방식의 소셜커머스의 대중적인 확산은 미국의 그루폰(Groupon)에서부터 시작되었다.
>
> 그루폰을 창업한 앤드류 메이슨은 그루폰과 같은 소셜커머스가 중소기업을 위한 아마존이라고 소개하면서 소셜커머스가 지역경제 활성화에 도움을 주는 방법이라고 소개하였다. 그루폰은 구매 고객이 정해진 인원을 넘어서는 경우에 점포에서 실제로 판매 중인 상품을 50% 이상의 파격적인 할인가로 제공한다. 구매자는 지역 점포의 상품과 서비스를 매우 저렴한 가격에 이용할 수 있으므로 효용이 증가하고 아울러 지역 점포는 홍보와 마케팅을 할 수 있어 반값 할인으로 판매하더라도 상품을 구매하는 최소 인원이 보장되기 때문에 박리다매 형태로 매출을 증가시킬 수 있어 구매자와 판매자 모두에게 혜택이 돌아가는 서비스 모델이다. 그루폰은 2011년 기준으로 전 세계 회원이 7천만 명이며, 기업 가치는 47억 달러에 이르는 거대 기업으로 성장하였다.

① 전자상거래보다 더욱 저렴한 가격으로 판매되는 형태가 소셜커머스이다.
② 거래의 활성화를 위해 소셜미디어를 활용하는 전자상거래가 소셜커머스이다.
③ 소셜커머스는 글로벌 판매망을 갖는 반면 전자상거래는 지역에 편중된 시장을 갖는다.
④ 일정한 고객의 규모를 넘어서는 시점부터 전자상거래는 소셜커머스로 바뀐다.

50 **귀하는 다음 주에 방문하기로 한 모로코 바이어를 맞이할 준비를 하던 중, 선배로부터 모로코는 이슬람 문화권에 해당하므로 식사 메뉴 선택 시 주의해야 한다는 조언을 들었다. 다음 중 모로코 바이어의 식사 메뉴로 적절하지 <u>않은</u> 것을 고르면?**(단, 모든 육류는 이슬람법에 따라 도살되었다고 가정한다.)

> 이슬람 문화권에서는 이슬람 율법에 어긋나지 않아 무슬림이 먹을 수 있는 음식인 '할랄'과 금지된 음식인 '하람'을 규정하고 있다. 육류 중에서는 이슬람법에 따라 도살된 소, 양, 닭, 염소, 오리 등이 할랄에 해당하고, 돼지, 개, 고양이, 육식 동물, 이슬람법에 따라 도살되지 않은 할랄 동물 등이 하람에 해당한다. 모든 곡물, 과일, 채소, 꿀, 식용 가능한 동물의 젖은 할랄로 분류된다. 식용할 수 있는 바다 생물의 종류에 관해서는 이슬람 내부에서도 여러 의견이 존재하는데, 4대 법학파에서는 공통적으로 장어를 제외한 어류를 할랄 식품으로 여긴다. 동물의 피, 주류 및 알코올, 파충류와 곤충 등은 하람으로 분류된다.

구분	메뉴
A	산나물 비빔밥, 가자미 구이, 무생채
B	오리불고기, 연어 샐러드, 배추김치
C	구운 치킨, 감자튀김, 레몬 셔벗
D	영양밥, 부대찌개, 달걀말이

① A ② B
③ C ④ D

정보능력

※ 부산교통공사 출제 영역
(부산시 통합채용 응시자는 P.209로 이동하여 푸십시오.)

41 **네트워크 상 전송되는 통신의 방향과 사례의 연결이 바르게 짝지어진 것을 고르면?** [2023 상반기 기출복원]

① 단방향-일반 전화기
② 반양방향-무전기
③ 양방향-TV 방송
④ 양방향-모스 부호

42 **다음 글을 참고할 때, [보기]의 ㉠~㉣을 정보, 지식, 지혜로 알맞게 구분한 것을 고르면?**

> 데이터가 의미있는 패턴으로 정리될 때 우리는 이를 정보라고 부른다. 정보는 가공 정도에 따라서 그 수준이 결정된다. 일단 받아들인 정보는 분석, 사유, 논리로 가공하여 체계화시키면서 일반화된 형태로 정리가 되면 지식 차원으로 발전한다. 지식은 개념을 사용하여 간접경험을 전달하는 데 효과적이다. 동종의 정보가 집적되어 일반화된 것이기 때문이다. 지식을 다시 치밀하게 가공하면 지혜 차원으로 발전한다. 지식을 지혜 차원으로 가공하는 과정은 분석, 사유, 논리를 사용하면서 지식을 이해하고 응용하여 발전해 나가려고 한다. 이러한 방법을 직관의 방법이라고 부른다. 이것은 마음과 같이 복잡하고 미묘한 현상을 다룰 때 유효하다.

보기

㉠ 수많은 선택이 어떠한 결과로 이어지는지를 알고 있는 것
㉡ 체계화된 자료가 활용 가능한 형태로 입력되어 있는 것
㉢ 다양한 개체들과 원칙이 어떻게 상호 관련되고 적용되는지에 대한 이해력
㉣ 내면의 양심에 따라 느끼고, 깨닫고, 실천하면서 얻게 되는 생활 철학

	정보	지식	지혜
①	㉠	㉡, ㉢	㉣
②	㉠, ㉡	㉢	㉣
③	㉡	㉢	㉠, ㉣
④	㉢	㉡	㉠, ㉣

43 다음 글을 참고할 때, 팀장의 지시를 수행하기 위하여 김 대리가 사용해야 할 단축키로 적절한 것을 고르면?

> 김 대리는 MS Excel을 활용하여 보고서를 작성하던 중 '손익계산서 참조'라는 말을 삽입하게 되었다. 팀장이 해당 내용을 자세히 보려면 팀원들의 공유 폴더에 있는 손익계산서 파일을 따로 열어볼 수 있도록 하기 위함이었다. 하지만 김 대리의 보고서를 검토한 팀장은 보고서 파일을 닫고 손익계산서 파일을 추가로 열어 보는 것보다 '손익계산서 참조'라는 말에 하이퍼링크를 걸어서 단어를 클릭하면 자동으로 해당 파일이 열릴 수 있도록 수정하라고 지시하였다.

① Ctrl + D
② Ctrl + K
③ Shift + F2
④ Shift + 0 Ins

44 다음 대화를 참고할 때, 빈칸에 들어갈 파일의 확장자 명이 순서대로 바르게 나열된 것을 고르면?

> A: RAW 파일은 가공되지 않은 원본 이미지 파일을 통칭하는 포맷인데, 촬영본 그대로의 정보를 보존하고 있어서 이미지 보정 작업을 할 때 빛을 발할 수 있대.
> B: 그렇구나. (　　　) 파일은 무손실 데이터 압축이 가능한 확장자래. JPEG 파일과는 달리 온라인에 업로드할 때 텍스트와 로고가 선명하게 유지된다고 하는군.
> A: (　　　) 파일은 비디오와 오디오 데이터뿐만 아니라 자막, 스틸 이미지 등의 데이터를 저장하는 데 사용할 수 있는 동영상 확장자이기도 하지.
> B: 동영상 확장자라고 해서 생각난 건데, (　　　)는 애플에서 개발한 동영상 포맷으로 여러 가지 종류의 코덱을 사용할 수 있지. iOS 계열의 기기에서 녹화한 영상은 이 포맷의 동영상으로 저장되기도 해.

① PNG, MP4, MOV
② PNG, HTM, GIF
③ GIF, MP4, PNG
④ GIF, PNG, MOV

45 전자제품 판매 매장에서는 MS Excel을 활용하여 다음 그림의 왼쪽과 같이 제품들에 대한 명세를 작성하였다. 하지만 제품명이 너무 길어 특수기능을 사용하여 제품명을 다시 타이핑하지 않고 오른쪽과 같이 항목별로 셀을 나누어 작성하였다. 이러한 셀 나누기 작업을 수행하는 방법에 대한 설명으로 옳지 않은 것을 고르면?

	A	B	C	D	E	F	G	H
1	번호	제품명		번호	제조사	제품종류	생산연도	모델명
2	1	A사-에어컨-21-A1		1	A사	에어컨	21	A1
3	2	A사-TV-20-B1		2	A사	TV	20	B1
4	3	B사-선풍기-22-C1	➡	3	B사	선풍기	22	C1
5	4	B사-이어폰-22-D1		4	B사	이어폰	22	D1
6	5	C사-라디오-20-E1		5	C사	라디오	20	E1
7	6	C사-냉장고-21-F1		6	C사	냉장고	21	F1

① 텍스트는 반드시 '-' 표시로 구분되어 있어야 작업을 수행할 수 있다.
② [데이터] 탭의 [텍스트 나누기] 메뉴를 선택하여 작업을 수행할 수 있다.
③ 각 필드가 일정한 너비로 정렬되어 있거나 쉼표로 나누어져 있어도 작업을 수행할 수 있다.
④ 나누기를 원하는 셀을 함께 지정하여 한 번에 작업을 수행할 수 있다.

46 J기업의 박 대리는 다음과 같이 법인카드의 월별 사용 내역을 정리하여 가장 많은 금액을 사용한 달부터 월별 순위를 알아보려고 한다. 이때 입력할 함수식에 대한 설명으로 적절한 것을 고르면?

	A	B	C	D	E	F	G	H	I	J	K	L	M
1													
2	구분	1월	2월	3월	4월	5월	6월	7월	8월	9월	10월	11월	12월
3	사용 내역	200,000	320,000	280,000	360,000	180,000	285,000	290,000	165,000	330,000	300,000	295,000	298,300
4	순위	10	3	9	1	11	8	7	12	2	4	6	5

① E4 셀에 입력된 수식은 '=RANK(E3, $B$3:$M$3, 2)'이다.
② B4~M4 셀에 입력된 수식의 맨 끝 인수가 3일 경우와 4일 경우의 결괏값은 서로 다르다.
③ 순위에 대한 결괏값을 산출하려면 반드시 자료를 가로로 정렬하여 수식을 입력해야 한다.
④ 가장 적은 금액을 사용한 달부터 순위를 매기고자 할 경우에는 입력할 수식의 맨 끝 인수만 '1'로 바꾸면 된다.

47 Ms Excel을 활용하여 다음과 같은 표를 만들었다. [보기]의 네 가지 함수식에 대한 결괏값이 큰 순서대로 나열한 것을 고르면? [2024 상반기 기출복원]

	A	B	C	D
1	5		8	9
2	4	−4		9
3	3	6	2	7

보기

㉠ =ABS(B2)
㉡ =COUNTA(A1:D3)
㉢ =INDEX(A1:D3,3,3)
㉣ =SQRT(D2)

① ㉠－㉡－㉢－㉣
② ㉠－㉡－㉣－㉢
③ ㉡－㉠－㉣－㉢
④ ㉡－㉢－㉣－㉠

48 아래한글을 활용하여 다음 (A) → (B) → (C)의 순서로 표 모양을 변화시켰다. (A) → (B), (B) → (C) 두 번의 표 모양 변화에 사용된 기능을 수행하는 단축키가 순서대로 바르게 짝지어진 것을 고르면?

(A) 표 생성

(B) 셀 합치기

<table><tr><td rowspan="3"></td><td></td><td></td></tr><tr><td></td><td></td></tr><tr><td></td><td></td></tr></table>

(C) 줄 추가하기

<table><tr><td rowspan="4"></td><td></td><td></td></tr><tr><td></td><td></td></tr><tr><td></td><td></td></tr><tr><td></td><td></td></tr></table>

	(A) → (B)	(B) → (C)
①	범위 지정하여 M	1행 2열 지정하여 Ctrl + Enter↵
②	범위 지정하여 M	1행 2열 지정하여 Shift + Enter↵
③	범위 지정하여 S	1행 2열 지정하여 Ctrl + Enter↵
④	범위 지정하여 S	1행 2열 지정하여 Shift + Enter↵

49 다음 중 CPU에 대한 설명으로 옳지 않은 것을 고르면?

① 제어장치는 컴퓨터의 모든 동작을 지시, 감독, 제어하는 장치이다.
② 연산장치는 산술연산과 논리연산을 수행하는 장치로 가산기, 보수기, 누산기 등으로 구성된다.
③ CPU의 성능을 나타내는 단위 중 MIPS는 1초당 100만 개 단위의 명령어를 연산하는 것을 의미하는 단위이다.
④ CISC는 범용 마이크로프로세서의 명령 세트를 축소하여 설계한 컴퓨터 방식으로, 주로 고성능의 워크스테이션이나 그래픽용 컴퓨터에서 사용된다.

50 다음 중 MS Excel에서의 매크로 실행 및 보안에 대한 설명으로 옳지 않은 것을 고르면?

① Alt+F1 키를 누르면 Visual Basic Editor를 실행하여 매크로를 수정할 수 있다.
② Alt+F8 키를 누르면 매크로 대화 상자가 표시되고, 목록에서 매크로를 선택하여 실행할 수 있다.
③ 매크로 보안 설정 사항으로는 모든 매크로 제외(알림 표시 없음), 모든 매크로 제외(알림 표시), 디지털 서명된 매크로만 포함, 모든 매크로 포함(위험성 있는 코드가 실행될 수 있으므로 권장하지 않음) 등이 있다.
④ '개발 도구–코드 그룹'의 매크로를 클릭하거나 매크로를 기록할 때 지정한 바로가기 키를 눌러 매크로를 실행할 수 있다.

최신판

부산시 공공기관 +부산교통공사

전공모의고사

※ 2024~2021년 시행된 필기시험의 기출 키워드를 반영한 문제를 수록하였습니다.

구분		페이지	문항 수	권장 풀이 시간	비고
전공	경영학	P.220~230	50문항	50분	객관식 사지선다형
	전기일반	P.231~239	50문항	50분	
	기계일반	P.240~249	50문항	50분	
	행정학	P.250~258	50문항	50분	

※ 직렬에 따라 전공 시험과목이 다릅니다.
※ 부산교통공사의 경우 전공 문항 수가 50문항에서 40문항으로 변경되었습니다. (2025년 상반기 공개채용부터 적용)

경영학

정답과 해설 P.55

※ 부산교통공사 응시자는 40분 동안 1~40번까지 푸십시오.

01 [2024 기출 키워드 반영]

다음 개념과 관련된 사례를 짝지은 것으로 적절하지 않은 것을 고르면?

① 형식지: 최근 인기를 끈 TV쇼에 출연한 A요리사의 핵심 요리 레시피를 담은 책이 발간되었다.
② 암묵지: B과장은 10년간의 영업 경험으로 고객의 말투, 표정을 통해 성향을 파악한다.
③ 개인지: 자동차 명장 C씨는 시동 소리만 듣고도 내연 기관의 문제점을 대략적으로 파악할 수 있다.
④ 조직지: D기업은 R&D를 통해 전기자동차에 필요한 구동 시스템 체계를 구축하였다.

02 [2024 기출 키워드 반영]

보상과 관련된 다음의 서술 중 가장 적절한 것을 고르면?

① 스캘론 플랜(Scalon plan)은 개인별 성과급에 속한다.
② 집단 성과 배분(gain sharing)에 따르면 회사가 적자를 내더라도 생산성 향상이 있으면 생산 이윤을 분배 받을 수 있다.
③ 럭커플랜(Rucker plan)은 기업의 총매출액을 성과 배분의 기준으로 하고 있다
④ 이윤 배분제(profit sharing)에 따르면 원가 절감이 발생할 때마다 금전적 형태로 종업원에게 보상한다.

03 [2024 기출 키워드 반영]

테일러의 과학적 관리법에 대한 설명으로 적절하지 않은 것을 고르면?

① 동일 작업에 대하여 과업을 달성하는 경우 고임금, 달성하지 못하는 경우에는 저임금을 지급한다.
② 과업 중심의 관리로 인간의 심리적, 사회적 측면에 대한 문제의식이 부족하다.
③ 시간과 동작 연구를 통하여 표준 작업량을 설정하였다.
④ 부품을 표준화하고, 동시에 작업을 시작하고 동시에 종료하는 동시관리를 실시하였다.

04 [2024 기출 키워드 반영]

다음 [보기]를 읽고, 관련 전략으로 가장 적절한 것을 고르면?

보기
B맥주회사는 C편의점과 협업하여 한정판 PB 맥주를 선보였다. 양사는 공동으로 광고비를 부담해 온라인 및 오프라인에서 프로모션을 진행하였다. B맥주회사는 C편의점 내 특별 진열대를 설치하여 시각적 주목도를 올리고, 배너 광고를 통해 소비자에게 집중 노출시켰다.

① 대항적 마케팅(Counter Marketing)
② 하이브리드 마케팅(Hybrid Marketing)
③ 푸쉬(Push) 마케팅
④ 동시화 마케팅(Synchro Marketing)

05 [2024 기출 키워드 반영]

페이욜(Fayol)의 경영 원칙과 기능에 대한 설명으로 적절하지 않은 것을 고르면?

① 페이욜은 경영의 5대 기능으로 계획, 조직, 지휘, 조정, 통제를 제시하였으며, 이는 현대 기업 경영에서도 활용되고 있다.
② 권한과 책임(Authority and Responsibility) 원칙은 조직 내에서 모든 직원이 동일한 수준의 권한을 가지고 의사결정에 참여하는 것이다.
③ 명령 단일성(Unity of Command) 원칙에 따르면 직원은 한 명의 상사로부터만 지시를 받아야 하며, 다수의 상사로부터 지시를 받는 것은 조직 운영에 혼란을 초래할 수 있다.
④ 페이욜은 관리자와 경영진의 역할을 중점적으로 연구하였으며, 경영의 문제를 작업현장에서 벗어나 조직 전체로 확대하였다.

06 [2024 기출 키워드 반영]

다음 [보기]는 윌리엄슨(Williamson)의 거래비용에 대한 설명이다. 이 비용에 대한 예시로 적절하지 않은 것을 고르면?

> 보기
>
> 윌리엄슨은 거래 과정에서 발생하는 재화와 용역의 가격을 제외한 모든 비용을 총칭하여 거래비용이라 규정하였다. 기업이 시장 거래와 내부화(수직적 통합)를 결정할 때 거래비용을 고려해야 한다고 주장한다. 거래비용은 정보 탐색, 계약 협상, 계약 집행 등과 관련된 비용을 포함하며, 거래비용이 높을 경우 기업은 내부화를 선호할 가능성이 크다.

① A기업이 새로운 원재료 공급업체를 찾기 위해 여러 업체와 접촉하고 가격 비교를 하는 과정에서 발생하는 비용
② B기업이 외부 협력업체와 계약 조건을 결정하고, 계약서 작성 및 검토를 위해 변호사를 고용하는 비용
③ C기업이 신제품을 개발하기 위해 연구개발(R&D)에 투자하는 비용
④ D기업이 계약 체결 후 올바르게 용역을 이행하는지 평가하는 비용

07 [2024 기출 키워드 반영]

동기부여 이론에 관한 설명으로 가장 적절한 것을 고르면?

① 허츠버그(Herzberg)의 이요인 이론(two factor theory)에 의하면, 작업환경을 개선하는 것으로 종업원의 만족도를 높일 수 없다.
② 매슬로우(Maslow)의 욕구단계 이론에 따르면 사회적 욕구의 충족이 좌절되었을 때, 안전 욕구를 충족시키고자 한다.
③ 아담스(Adams)의 공정성 이론(equity theory)에 의하면, 과다보상을 받았다고 느끼는 경우에 타인과 비교하여 만족도가 높기 때문에 행동의 변화가 나타나지 않는다.
④ 맥그리거(McGregor)의 Y이론에 의하며, 직원들이 경제적 보상에 의해 가장 큰 동기부여를 받는다고 가정하며, 급여 인상과 성과급 제도가 가장 효과적인 관리 방식이라고 주장한다.

08 [2024 기출 키워드 반영]

다음 중 블루오션 전략을 활용한 제품·시장 확장 매트릭스 전략과 가장 잘 연결되는 사례를 고르면?

① 기존 커피 시장에서 점유율을 높이기 위해 가격을 낮추고 할인 프로모션을 진행하는 S커피전문점
② 기존 고객을 대상으로 기존 스마트폰의 성능을 향상한 시리즈를 출시한 H전자
③ 기존 고사양 그래픽 시장에서 차별화된 모션 센서 기술로 새로운 고객층을 창출한 N게임사
④ 기존 소비자들에게 친숙한 맛을 유지하면서 칼로리를 낮춘 탄산음료를 출시한 L음료사

09 [2024 기출 키워드 반영]

다음 [보기]는 조직시민행동의 구성요소에 대한 설명이다. 빈칸에 들어갈 알맞은 말을 고르면?

보기

- (㉠): 타인을 도와주기 위해 자발적으로 하는 행동
- (㉡): 조직 내에서 갈등을 방지하고 원활한 관계를 유지하기 위한 배려심 있는 행동
- (㉢): 조직 내의 어려움이나 불만이 있더라도 긍정적인 태도를 유지하는 것

	㉠	㉡	㉢
①	이타적 행동	예의적 행동	신사적 행동
②	이타적 행동	신사적 행동	예의적 행동
③	신사적 행동	이타적 행동	예의적 행동
④	신사적 행동	예의적 행동	이타적 행동

10 [2024 기출 키워드 반영]

다음 중 퀸과 카메론(Quinn&Cameron)의 조직수명주기 이론에서 제시한 조직의 성장 단계에 대한 설명으로 가장 적절한 것을 고르면?

① 조직은 창업(Entrepreneurial), 집단공동체(Collectivity), 정교화(Elaboration), 공식화(Formalization)의 순서로 4단계를 거치며 발전한다.
② 집단공동체(Collectivity) 단계에서는 조직의 공식적인 절차와 규칙이 강화되며, 조직 구조가 정형화되어 관리 효율성이 극대화된다.
③ 공식화(Formalization) 단계에서는 조직의 운영이 체계화되며 절차와 규율이 강화되지만, 제도화된 R&D가 혁신의 주체가 된다.
④ 조직이 성장하면서 공식적인 구조와 절차가 강화되지만, 동시에 조직이 변화와 혁신을 통해 유연성을 유지할 수도 있다.

11 [2024 기출 키워드 반영]

다음 [보기]에 있는 조하리의 창(Johari Window)에 대한 설명 중 적절한 것을 모두 고르면?

보기

㉠ 조하리의 창은 개인이 타인에게 공개할 수 있는 정보의 양이 고정되어 있으며, 상대방과의 관계 변화에 따라 조정될 수 없다.
㉡ 조하리의 창에서 타인의 피드백을 수용하면 맹목적 영역(Blind Area)이 줄어들고, 자기 이해와 대인관계가 향상될 가능성이 크다.
㉢ 숨겨진 영역(Hidden Area)은 타인이 모르는 나에 대한 정보로 구성되며, 이 영역을 줄이기 위해서는 자기 개방이 필요하다.
㉣ 숨겨진 영역(Hidden Area)은 조직 내에서 불필요한 요소이며, 효과적인 커뮤니케이션을 위해서는 반드시 제거해야 한다.

① ㉠, ㉡　　② ㉠, ㉢
③ ㉡, ㉢　　④ ㉡, ㉣

12 [2024 기출 키워드 반영]

다음 [보기]에 나오는 사례에 가장 적절한 개념을 고르면?

보기

유럽연합(EU)은 국경을 초월하는 고속철도 네트워크 구축을 위해 여러 국가와 기업들이 참여하는 프로젝트를 조직하였다. 이 프로젝트에는 프랑스의 알스톰(Alstom), 독일의 지멘스(Siemens), 스페인의 탈고(Talgo) 등 주요 철도 차량 제조업체와 인프라 건설 기업들이 공동으로 참여했다. 이러한 구조를 통해 각국의 기술력과 자본이 결합되었으며, 단일 국가나 기업이 감당하기 어려운 대규모 프로젝트를 성공적으로 진행할 수 있었다.

프로젝트의 성공은 유럽 전역의 철도망을 연결하여 물류와 관광을 활성화하고, 친환경 교통수단 확대에도 기여했다.

① 카르텔(Cartel)
② 트러스트(Trust)
③ 콘체른(Konzern)
④ 신디케이트(Syndicate)

13 [2024 기출 키워드 반영]

다음 [보기]는 다양한 기업 형태에 대한 설명이다. 빈칸에 알맞은 말로 적절한 것을 각각 고르면?

보기

- (㉠): 동일 산업 내 기업들이 법적으로 합병되어 단일 기업처럼 운영되며, 시장에서 독점적 지위를 형성할 가능성이 높다.
- (㉡): 여러 기업이 독립성을 유지하면서 경쟁을 제한하기 위해 가격, 생산량, 시장 점유율 등을 조정하는 방식이다.
- (㉢): 한 기업이 전혀 다른 업종의 여러 회사를 인수·합병하여 사업 다각화를 추구하는 형태이다.

	㉠	㉡	㉢
①	카르텔	트러스트	콩글로메리트
②	트러스트	카르텔	콩글로메리트
③	카르텔	트러스트	콘체른
④	트러스트	카르텔	콘체른

14 [2024 기출 키워드 반영]

다음 [보기]를 읽고, 브룸의 기대이론에 따라 직원 B의 동기부여 수준(Motivation Force, MF)을 바르게 계산한 것을 고르면?

보기

직원 A는 새로운 프로젝트에 착수하였다. 이 프로젝트에 대한 노력을 했을 때 목표를 성취할 수 있는 가에 대한 주관적인 확률은 0.6이다. 하지만 예상치 못한 경제위기로 인해 성과에 대해 긍정적인 결과가 주어질 것이라는 예상이 부정적으로 변화하면서 수단성은 −0.4이다. 이 불이익에 대한 가치는 −25로 판단된다.

① 12　② 0
③ 6　④ −6

15 [2024 기출 키워드 반영]

리더십이론에 대한 설명 중 가장 적절한 것을 고르면?

① 미시건(Michigan) 학파의 리더십 연구는 리더행동을 배려와 구조 주도로 나누었다.
② 하우스(House)는 리더십을 지시적, 지원적, 참여적, 성취지향적 스타일로 구분하여 각각에 적합한 의사결정 상황을 제시하고 있다.
③ 블레이크 머튼(Blake & Mouton) 격자이론에서 일과 인간관계에 적당히 관심을 가지는 중간형(5, 5) 스타일이 최적의 리더십 스타일이라고 주장한다.
④ 피들러(Fiedler)의 리더십이론은 리더와 부하의 관계의 친밀도, 과업의 구조, 리더의 부하에 대한 권력 정도를 리더십을 둘러싼 상황요인으로 보았다.

16 [2024 기출 키워드 반영]

다음 소비자의 태도이론에 관한 설명 중 적절하지 <u>않은</u> 것을 고르면?

① 피시바인(Fishbein)의 확장모델에 의하면, 소비자의 구매 의도는 소비자의 특정대상에 대한 태도와 소비자의 행동에 대해 다른 사람들이 어떻게 볼 것인가와 관련된 주관적 규범에 의해 결정된다.
② 정교화가능성모델에 의하면, 소비자의 태도변화는 제시된 논점에 대한 사고의 결과로서 설득이 되는 중심경로와 광고모델의 매력성 등의 주변경로에 의해 일어난다.
③ 균형이론에 의하면, 외부대상에 대한 소비자의 지각이나 평가들 간의 불균형 상태에서 비롯되는 심리적 긴장감이 태도변화의 원천이다.
④ 사회적 판단 이론에 따르면, 새로운 정보가 기존 태도와 가까울수록 수용 가능성이 높아지며, 기존 신념과 너무 동떨어진 정보는 거부될 가능성이 높다.

17 [2024 기출 키워드 반영]

다음 중 JIT(Just-in-Time) 방식에 대한 설명으로 가장 적절한 것을 고르면?

① 로트(lot)의 크기를 최대화하여 단위 제품 당 생산시간과 생산비용을 최소화한다.
② 사전에 수립된 자재소요계획에 따라 실제 생산이 이루어지도록 지시하는 시스템이다.
③ JIT의 궁극적인 목표는 비용절감, 재고감소 및 품질향상을 통한 투자수익률 증대이다.
④ 생산준비 이후 동일 제품을 최대한 많이 생산하고 다음 제품으로 생산 전환을 하는 생산평준화를 실시한다.

18 [2024 기출 키워드 반영]

다음 중 각 회사 형태에 대한 설명으로 가장 적절하지 않은 것을 고르면?

① 합명회사는 모든 사원이 무한책임을 지며, 새로운 사원의 가입이나 지분 양도가 제한적이다.
② 합자회사의 무한책임사원은 회사의 경영을 담당하며, 회사 채무에 대해 무한책임을 진다.
③ 유한회사의 사원은 그 지분의 전부 또는 일부를 양도하거나 상속할 수 있다.
④ 유한책임회사의 업무집행자는 그 회사의 사원이어야 한다.

19 [2024 기출 키워드 반영]

다음 [보기]에서 설명하는 입지선정에 대한 개념으로 옳은 것을 고르면?

보기

복수시설의 입지선정 문제를 풀 수 있는 계량적 접근방법의 하나이다. 새로운 입지가 기존 시스템에 추가될 때 전체 운명 비용을 최소화 할 수 있는 최적의 배치를 찾는 특수한 기법이다. 또한 여러 곳이 기존 시스템에 추가되거나 새로운 시스템을 개발할 때 유용하다. 이 모형을 사용하면 각 시스템 구성 대안의 최소비용을 찾을 수 있다.

① 요인평가법　　② 수송모형
③ 무게중심법　　④ 손익분기점 분석

20 [2024 기출 키워드 반영]

다음 [보기] 중 시스템 이론에 대한 설명으로 적절한 것을 모두 고르면?

보기

㉠ 조직 내 부서 간 독립성을 강화하여 조직이 환경 변화에 적응할 수 있도록 한다.
㉡ 엔트로피 증가를 방지하고, 항상성을 통해 시스템 균형을 유지하고자 한다.
㉢ 하위 시스템의 문제를 해결하고자 할 때에도 전체 시스템의 목적에 부합하는 해를 구해야 한다.
㉣ 시스템 이론에서 투입, 변환과정, 산출의 과정을 통해 조직이 운영된다.

① ㉠, ㉡　　② ㉠, ㉢
③ ㉡, ㉢　　④ ㉡, ㉣

21 [2024 기출 키워드 반영]

동기부여 이론에 관한 설명으로 가장 적절한 것을 고르면?

① 앨더퍼(Alderfer)가 제시한 ERG이론에 따르면 한 욕구의 충족이 좌절되는 경우 개인은 이를 포기하는 대신 이보다 상위 욕구를 달성하기 위해 노력한다.
② 교육훈련이나 직무재배치는 기대이론에서 말하는 1차 결과(노력-성과 관계)에 대한 기대감을 높여주는 방법이다.
③ 직무특성이론에 의하면 과업의 분화가 많이 될수록 과업정체성이 높아진다.
④ 허츠버그의 이요인 이론에서 위생요인은 임금, 작업환경, 근로조건, 인정을 포함하고 근로자의 불만족을 제거하는 역할을 한다.

22 [2024 기출 키워드 반영]

기업의 기존 사업단위의 전략적 평가와 선택을 위해 사업 포트폴리오 모형이 많이 사용된다. 사업 포트폴리오 모형에 대한 다음 설명 중 적절하지 않은 것을 고르면?

① BCG 모형에서 상대적 시장점유율이 1보다 크다는 것은 그 시장에서 시장 점유율의 1위라는 것을 의미한다.
② GE 모형에서는 자금흐름보다는 투자수익률(ROI)를 더 중시한다.
③ GE 모형에서는 산업매력도와 제품의 질을 기준으로 구분한 9개의 영역으로 구성된다.
④ BCG 모형에서 원의 크기는 해당 사업단위의 매출액을 의미한다.

23 [2024 기출 키워드 반영]

공정의 성능을 측정하기 위한 지표들에 관한 설명으로 적절하지 않은 것을 고르면?

① 처리시간이 동일한 두 공정에서 일반적으로 주기시간이 짧은 공정의 재공품(WIP) 개수가 적다.
② 생산라인의 총유휴시간이 감소하면 밸런스지체(balance delay)는 감소한다.
③ 생산성(productivity) 향상을 위해서는 투입 대비 산출의 비율을 높여야 한다.
④ 모든 병목(bottleneck)공정의 주기시간을 단축시킴으로써 일반적으로 전체 공정의 주기시간을 단축시킬 수 있다.

24 [2024 기출 키워드 반영]

다음 중 균형성과표의 네 가지 관점에 대한 설명으로 적절하지 않은 것을 고르면?

① 재무적 관점은 투자된 자본에 대해 더 높은 이익률을 얻으려는 조직의 목표를 나타내는 것으로 고객충성도, 총자산수익률(ROA), 투자수익률(ROI) 등을 지표로 사용한다.
② 경영자들은 고객의 관점에서 기업이 경쟁할 목표시장과 고객을 확인하고 이 목표시장에서의 성과척도를 인식하여야 한다.
③ 내부프로세스 관점을 평가하기 위한 핵심적인 개념은 가치사슬(value chain)이다.
④ 재무, 고객, 내부프로세스 목표를 충족시키는 힘은 조직의 학습과 성장 역량에 달려 있으며, 성과척도로 이직률, 종업원 만족도 등이 사용된다.

25 [2024 기출 키워드 반영]

다음 [보기]의 설계기법과 이에 대한 설명을 가장 적절히 연결한 것을 고르면?

보기

㉠ 동시공학(concurrent enginnering)
㉡ 제조용이성설계(design for manufacturability)
㉢ 가치공학(value enginnering)
㉣ 품질기능전개(quality function deployment)
(A) 부품수 감축, 조립 방법 및 순서에 초점을 맞추는 설계
(B) 제품의 원가대비 기능의 비율을 개선하려는 노력
(C) 고객의 다양한 요구사항과 제품의 기능적 요소들을 상호 연결
(D) 여러 전문가들이 공동작업을 통해 제품과 서비스를 설계

	㉠	㉡	㉢	㉣
①	(D)	(A)	(B)	(C)
②	(D)	(A)	(C)	(B)
③	(D)	(B)	(A)	(C)
④	(D)	(B)	(C)	(A)

26 [2024 기출 키워드 반영]

공식적 의사소통네트워크에 관한 설명으로 적절하지 않은 것을 고르면?

① 쇠사슬형 커뮤니케이션은 정보가 한 방향으로만 전달되며 중간에 위치한 사람이 중요하다.
② 원형 커뮤니케이션은 인접한 사람과만 직접적으로 정보를 주고받을 수 있어 정보 전달 속도가 비교적 느릴 수 있다.
③ Y형 커뮤니케이션은 일부 구성원이 중요한 정보에서 배제될 가능성 있다.
④ 바퀴형 커뮤니케이션은 한 명의 중심인물을 통해 정보 교류가 이루어져 정보의 중복 전달 문제로 전달 속도가 느리다.

27 [2024 기출 키워드 반영]

생산 공정에서 병목공정과 비병목공정의 이용률에 대한 설명 중 가장 적절하지 않은 것을 고르면?

① 병목공정보다 비병목공정의 이용률이 낮을 경우 전체 생산성이 향상되며, 공장 가동률이 최적화될 가능성이 높아진다.
② 비병목공정에서 생산된 재공품이 병목공정에서 처리되지 못하고 대기 시간이 길어지면서 불필요한 재고가 증가할 수 있다.
③ 병목공정의 활용도를 극대화하기 위해 생산 일정을 조정하고, 비병목공정의 이용률을 병목공정의 속도에 맞춰 조절한다.
④ 병목공정이 전체 생산 속도를 결정하므로 이용률이 낮아지면 공장 전체의 생산성이 감소할 수 있다.

28 [2024 기출 키워드 반영]

설비배치에 관한 설명 중 옳은 것을 고르면?

① 공정별 배치는 범용기계의 사용이 가능하여 제품별 배치에 비해 기계 설비에 대한 투자가 비교적 적다.
② 공정별 배치는 유사한 공정을 그룹별로 모아 배치하므로 공장 내 반제품 및 원자재의 흐름을 파악하기 쉽고 생산계획 및 통제가 용이하다.
③ 제품별 배치에서는 제품이 정해진 경로를 따라 이동하지만 프로젝트 배치에서는 다양한 이동경로를 갖는다.
④ 제품별 배치가 공정별 배치보다 생산의 효율성이 낮은 경향이 있다.

29 [2024 기출 키워드 반영]

동시공학에 관한 다음 설명 중 적절하지 않은 것을 고르면?

① 동시공학은 제품 개발과정에 설계 담당자, 제조 엔지니어, 마케팅 담당자 등이 함께 참여하는 것을 말한다.
② 동시공학은 제품개발 과정에 시간, 품질, 가격, 유연성 등의 경쟁요소를 주입하고자 한다.
③ 동시공학은 매우 경쟁적인 시장상황에 적합한 제품개발방법이다.
④ 동시공학을 활용한 제품개발은 전문화의 원리에 충실한 기능별 조직 형태를 갖는다.

30 [2022 기출 키워드 반영]

다음 중 PERT와 CPM을 비교한 내용으로 옳지 않은 것을 고르면?

구분	PERT (Program Evaluation Review Technique)	CPM (Critical Path Method)
①	시간의 계획과 통제	시간과 비용을 통제
②	미해군의 미사일 사업계획 및 통제 목적으로 개발	미국 Dupont사에서 설비보존 시간 단축을 위해 개발
③	경험이 없는 새로운 프로젝트에 적용	과거의 충분한 경험과 자료가 있는 프로젝트에 유용
④	확정적 모형을 도입	확률적 모형을 도입

31 [2024 기출 키워드 반영]

학습과 교육훈련에 관한 설명으로 적절하지 않은 것을 고르면?

① 불쾌한 결과를 제거하여 바람직한 행위를 유도하는 방법을 소거(extinction)라고 한다.
② 커크패트릭(Kirkpatrik)은 교육훈련의 효과를 반응, 학습정도, 행동변화, 조직의 성과로 구분하여 측정할 필요가 있다고 하였다.
③ 직무현장훈련(on－the－job training, OJT)은 업무수행 과정을 통해 학습하기 때문에 훈련의 전이효과가 커지는 장점이 있다.
④ 직무외 훈련(off－the－job training)은 훈련 시설 설치 및 이용에 따른 경제적 부담이 유발된다.

32 [2024 기출 키워드 반영]

STP(segmentation, targeting, positioning)에 관한 설명으로 적절하지 않은 것을 고르면?

① 효과적인 시장세분화를 위해서는 세분시장의 규모가 측정 가능해야 한다.
② 시장세분화에서는 동일한 세분시장 내에 있는 소비자들의 이질성이 극대화되도록 해야 한다.
③ 시장세분화의 기준변수가 연속적인 경우에는 세분화를 위해서는 군집분석을, 기준변수가 연속적이지 않을 경우 교차분석을 이용한다.
④ 시장 세분화 기준을 고객 행동변수와 고객 특성변수로 나누었을 때, 성격은 고객 특성변수에 속한다.

33 [2024 기출 키워드 반영]

다음 [보기]는 합작투자에 대한 설명이다. 이 중 적절한 것을 모두 고르면?

보기

㉠ 일부 기능에만 국한된 기능별 제휴와 달리 여러 분야에 걸친 종합적인 협력관계가 필요할 때 실행하는 경우가 많다.
㉡ 합작투자에서 각 기업은 지분을 동일하게 나누어야 하며, 한 기업이 과반 지분을 보유하는 것은 불가능하다.
㉢ 합작투자는 참여 기업 간 경영권 및 의사결정권에 대한 갈등이 발생할 가능성이 있다.
㉣ 합작투자는 단기적인 프로젝트보다는 장기적인 협력을 목표로 하며, 법적·계약적 구조가 비교적 느슨하여 해체가 용이하다.

① ㉠, ㉡ ② ㉠, ㉢
③ ㉡, ㉢ ④ ㉡, ㉣

34 [2024 기출 키워드 반영]

수평적 통합과 수직적 통합 전략에 관한 다음의 설명 중 가장 적절하지 않은 것을 고르면?

① 수평적 통합은 경쟁 기업과의 합병을 통해 시장 내 독점적 지위를 강화하고 비용 절감을 실현할 수 있다.
② 후방 통합은 공급업자의 사업을 인수하거나 공급업자가 공급하던 제품이나 서비스를 직접 생산, 공급하는 방식의 전략이다.
③ 수평적 통합은 주로 기업 간 협력을 통해 이루어지며 독립된 법인 형태를 유지하는 반면, 수직적 통합은 합병이나 지분 인수를 통해 이루어지며 운영상의 독립성을 유지하기보다는 계열사로 편입하는 것이 일반적이다.
④ 생산시장과 구매시장에서 각각 독점적 지위를 누리고 있는 기업 간 수직적 통합을 통해 거래의 불확실성을 낮출 수 있다.

35 [2024 기출 키워드 반영]

핵크맨(Hackman)과 올드햄(Oldham)의 직무특성이론에 관한 설명으로 가장 적절하지 않은 것을 고르면?

① 과업정체성은 업무내용이 시작부터 끝까지 전체에 관한 것인지 아니면 일부에만 관여하도록 되어 있는지에 관한 것으로 정체성이 높은 직무에서 수행자는 수행결과에 대한 지식을 얻게 된다.
② 기술다양성은 직무를 수행하는데 있어 기술의 종류가 얼마나 여러 가지인가를 뜻하는 것으로 이를 높이기 위해서는 직무확대를 추구하게 된다.
③ 작업자의 성장욕구 수준이 높을수록 자율성이 많은 직무를 수행하면 직무에 대한 책임감을 더 많이 경험하게 된다.
④ 과업중요성은 수행업무가 조직 내외에서 타인의 삶과 일에 얼마나 큰 영향을 미치는가에 관한 것으로 중요성이 큰 직무에서 수행자는 업무에 대한 의미성을 느끼게 된다.

36 [2024 기출 키워드 반영]

조직의 기술과 조직구조의 관계에 대한 다음의 설명 중 가장 적절한 것을 고르면?

① 우드워드(Woodward)의 기술 분류에 따르면 기술의 복잡성이 높을수록 조직의 전반적인 구조는 더욱 유기적인 구조를 갖는 것이 바람직하다.
② 조직이 과업을 수행함에 있어 문제의 분석가능성이 높을수록 수평적 의사소통이 중요해진다.
③ 단위생산기술을 사용하는 조직은 전반적으로 기계적 조직 구조를 가지고, 대량생산기술을 가진 조직은 전반적으로 유기적 조직 구조를 가진다.
④ 연속생산기술은 산출물에 대한 예측가능성이 높고 기술의 복잡성이 높다.

37 [2024 기출 키워드 반영]

조합원이든 비조합원이든 모든 종업원은 단체교섭의 당사자인 노동조합에 조합비를 납부할 것을 요구하는 제도로 가장 적절한 것을 고르면?

① 오픈 숍(open shop)
② 클로즈드 숍(closed shop)
③ 에이전시 숍(agency shop)
④ 유니온 숍(union shop)

38 [2024 기출 키워드 반영]

소비자 의사결정과정에 관한 다음의 설명 중 가장 적절하지 않은 것을 고르면?

① 고려상표군에 포함되어 있는 상표의 수는 상기상표군에 포함되어 있는 상표의 수보다 많다.
② 소비자는 정보탐색, 문제인식, 대안평가, 구매결정, 구매 후 행동 순으로 구매의사결정을 내리게 된다.
③ 소비자로 하여금 행동을 취하도록 만들기에 충분할 정도로 강한 욕구를 동기(motive)라 한다.
④ 소비자가 가장 중요시 여기는 속성을 기준으로 최상으로 평가되는 상표를 선택하는 의사결정규칙을 비보완적 방식이라 한다.

39 [2024 기출 키워드 반영]

소비자의 관여도와 구매 행동에 대한 설명 중 다양성 추구 구매행동에 대한 설명으로 가장 적절한 것을 고르면?

① 소비자가 특정 브랜드에 대한 강한 애착을 가지고 반복 구매하는 경향이 있다.
② 소비자가 낮은 관여도를 가지며, 새로운 브랜드나 제품을 시도하는 경향이 있다.
③ 소비자가 높은 관여도를 가지며, 신중한 의사결정을 통해 제품을 선택한다.
④ 소비자가 동일한 제품을 별다른 고민 없이 습관적으로 구매하는 경향이 있다.

40 [2024 기출 키워드 반영]

다음 [보기]에서 시장세분화에 관한 설명 중 적절한 것을 모두 고르면?

보기

㉠ 지나친 세분시장 마케팅은 수익성을 악화시킬 수도 있다.
㉡ 혁신적인 신상품의 경우에는 시장세분화가 시기상조일 수 있다.
㉢ 도전자는 역세분화를 하는 것이 바람직할 수도 있다.
㉣ 경쟁회사의 세분시장에 대응될 수 있도록 세분시장을 결정해야 한다.

① ㉠　② ㉠, ㉡
③ ㉠, ㉡, ㉢　④ ㉠, ㉡, ㉢, ㉣

※ 부산교통공사 응시자는 여기까지 풀고 채점하십시오.

41 [2024 기출 키워드 반영]

가격전략에 관한 다음 설명 중 적절하지 않은 것을 고르면?

① 묶음 가격은 개별상품에 대해 소비자가 평가하는 가치가 동질적일 때 효과적이다.
② 재판매 유지 가격 정책은 경쟁을 제한할 수 있어, 법적으로 규제될 수 있다.
③ 특정 제품이 오랜 기간 동안 일정한 가격을 유지하는 경우 가격을 인상하고자 할 때 소비자의 저항에 부딪히게 된다.
④ 유보가격이 높은 집단에 높은 가격을 책정하는 것은 가격차별 중 하나이다.

42 [2024 기출 키워드 반영]

서비스업을 제조업과 비교하는 다음의 설명 중 가장 적절한 것을 고르면?

① 서비스제공과정에서 고객과의 접촉정도는 제조업에 비해 상대적으로 적다.
② 서비스업에서의 품질측정은 제조업에서의 품질측정보다 객관적으로 이루어질 수 있다.
③ 서비스창출과정은 고객의 소비와 동시에 일어나는 경우가 제조업보다 많다.
④ 제조업에서처럼 모든 서비스도 재고의 개념을 적용하여 고객수요에 대응할 수 있다.

43 [2024 기출 키워드 반영]

다음 [보기] 중 서비스품질의 측정도구인 SERVQUAL 모형에 대한 설명으로 가장 적절한 것을 모두 고르면?

보기

㉠ 고객 기대가 낮으면 낮은 성과도 좋은 품질로 평가될 수 있다.
㉡ 기대와 성과의 차이를 통해 서비스 개선 방향 제시가 가능하다.
㉢ 서비스 기업에서 품질관리 목적으로 개발되었으며, 여러 결정요인에 대해서 통계적 관리도를 구축하는 품질 통제 기법이다.
㉣ 고객이 서비스품질을 판단하는 차원에는 유형성, 공감성, 신뢰성, 확신성, 반응성 등이 있다.

① ㉠, ㉡ ② ㉠, ㉢
③ ㉡, ㉢ ④ ㉡, ㉣

44 [2022 기출 키워드 반영]

다음 중 노나카(Nonaka)의 지식변환 유형에 대한 설명으로 옳지 않은 것을 고르면?

① 사회화(socialization) – 최초의 유형으로 개인 혹은 집단이 주로 경험을 공유함으로써 지식을 전수하고 창조한다.
② 내면화(internalization) – 암묵지에서 암묵지를 얻는 과정이다.
③ 외재화(externalization) – 개인이나 집단의 암묵지가 공유되거나 통합되어 그 위에 새로운 지가 만들어지는 프로세스이다.
④ 연결화(combination) – 개인이나 집단이 각각의 형식지를 조합시켜 새로운 지식을 창조하는 프로세스이다.

45 [2024 기출 키워드 반영]

GT(group technology)배치에 관한 다음의 설명 중 가장 적절하지 않은 것을 고르면?

① 빠른 학습 효과로 인해 작업자의 능률이 향상되며, 소규모 작업팀 내에서 작업자들 간의 인간 관계가 더욱 개선된다.
② 제품 생산방식을 제품별 생산시스템에서 개별 생산시스템으로 변환하여 이점을 얻고자 한다.
③ 상대적으로 적은 종류의 제품으로 가동 준비횟수와 가동준비시간을 줄일 수 있다.
④ 셀(cell)은 몇 가지 생산단계를 결합하기 때문에 재공품 재고가 감소하고 부품의 이동과 대기 시간을 감축시킨다.

46 [2024 기출 키워드 반영]

다음 중 아웃소싱(Outsourcing)에 대한 설명으로 적절하지 않은 것을 고르면?

① 기업이 비핵심 업무를 외부 업체에 위탁하고, 내부 자원을 활용하여 핵심 경쟁력을 강화하는 전략이다.
② 기업은 내부 생산과 아웃소싱 중 거래비용을 고려하여 의사결정을 하며, 거래비용이 높다면 내부화를 선택할 가능성이 커진다.
③ 아웃소싱은 외부 업체에 업무를 위탁함에 따라 기업의 조직 구조를 표준화된 방식으로 운영할 수 있도록 한다.
④ 아웃소싱을 활용하면 외부업체에 대한 의존성이 심화되어 기업 자체의 역량이 약화될 수 있다.

47 [2022 기출 키워드 반영]

다음 중 경영환경에 영향을 미치고 있는 디지털 혁명의 특징에 해당하지 않는 것을 고르면?

① 범위의 경제(economies of scope)
② 수확체감의 법칙
③ 지식기반경쟁
④ 전략적 제휴의 강화

48

성격과 태도에 관한 설명으로 가장 옳지 않은 것은?

① Big 5 성격유형 중 경험에 대한 개방성이란 다른 사람들과 잘 어울리고 남을 신뢰하는 성향을 의미한다.
② MBTI(Myers−Briggs Type Indicator)에서는 개인이 정보를 수집하는 방식과 판단하는 방식에 근거하여 성격유형을 분석하고 성격유형에 적합한 직업을 제시하고 있다.
③ 성공의 원인은 자신의 능력이나 노력 등의 내재적 요인에서 찾고, 실패의 원인은 과업의 난이도나 운 등의 외재적 요인에서 찾으려는 경향을 자존적 편견(Self−serving Bias)이라고 한다.
④ 성격유형을 A형과 B형으로 구분할 때, A형의 성격을 지닌 사람은 B형의 성격을 지닌 사람보다 경쟁적이고 조급한 편이다.

49

다음 내용을 통해 설명하는 적대적 M&A의 방어방법으로 적절한 것을 고르면?

> 인수대상 기업이 공개매수자의 주식을 거꾸로 공개매수하겠다고 발표함으로써 먼저 상대 매수자의 이사회를 장악함으로써 공개매수(Tender Offer)를 좌절시키는 방법으로, 양 회사가 상호 10% 이상 주식을 보유하면 의결권이 제한되는 상법 규정을 이용한 것이다.

① 차입매수 ② 포이즌 필
③ 역공개매수 ④ 왕관의 보석

50

기업은 글로벌화(Globalization)를 추진하는 과정에서 다양한 방법들을 취할 수 있다. ㉠~㉣ 중 경영관리를 위한 이슈나 의사결정이 가장 많이 발생하는 것은?

> ㉠ 글로벌 소싱(Global Sourcing)
> ㉡ 전략적 제휴(Strategic Alliance)
> ㉢ 해외 자회사(Foreign Subsidiary)
> ㉣ 프랜차이즈(Franchise)

① ㉠ ② ㉡
③ ㉢ ④ ㉣

전기일반

정답과 해설 P.63

※ 부산교통공사 응시자는 40분 동안 1~40번까지 푸십시오.

01 [2024 기출 키워드 반영]

다음 그림과 같이 크기가 $1[C]$인 두 개의 같은 점 전하가 진공 중에서 $3[m]$의 거리를 두고 있다고 한다. 두 점전하에 작용하는 힘은 몇 $[N]$인지 고르면? (단, 진공 중 유전율은 ε_0이다.)

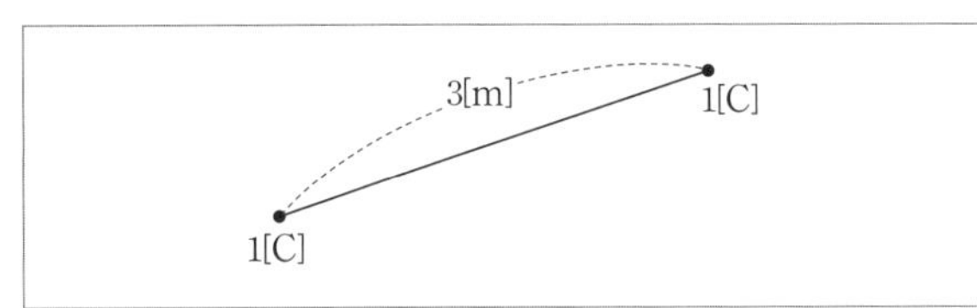

① $\frac{1}{4\pi\varepsilon_0}\times\frac{1}{3}$　② $\frac{1}{4\pi\varepsilon_0}\times\frac{1}{9}$

③ $\frac{3}{4\pi\varepsilon_0}$　④ $\frac{9}{4\pi\varepsilon_0}$

02 [2024 기출 키워드 반영]

다음 보기 중 부도체가 아닌 것을 모두 고르면?

보기

㉠ 알루미늄	㉡ 공기
㉢ 기름	㉣ 수은
㉤ 전해질	㉥ 애자
㉦ 구리	㉧ 순수한 물

① ㉠, ㉣, ㉤, ㉦
② ㉠, ㉣, ㉥, ㉦
③ ㉢, ㉣, ㉤, ㉥
④ ㉢, ㉣, ㉥, ㉧

03 [2022 기출 키워드 반영]

다음 중 빈칸 ㉠~㉢에 들어갈 내용이 바르게 짝지어진 것을 고르면?

> 표피효과는 투자율이 (㉠), 도전율이 (㉡), 주파수가 (㉢) 커진다.

	㉠	㉡	㉢
①	클수록	클수록	클수록
②	작을수록	작을수록	작을수록
③	클수록	클수록	작을수록
④	작을수록	클수록	클수록

04 [2023 기출 키워드 반영]

한국전기설비규정(KEC)에 의하여 지중전선로를 직접 매설식에 의하여 시설하는 경우 차량 기타 중량물의 압력을 받을 우려가 있는 장소인 경우에 매설 깊이는 몇 $[m]$ 이상으로 시설해야 하는지 알맞은 것을 고르면?

① 0.6　② 1.0
③ 1.2　④ 2.0

05 [2022 기출 키워드 반영]

다음 중 전선의 흔들림을 방지하기 위해 설치하는 것을 고르면?

① 아킹링　② 소호각
③ 오프셋　④ 댐퍼

06 [2022 기출 키워드 반영]

다음 중 강자성체의 성질로 옳지 않은 것을 고르면?

① 자기 포화 특성을 갖는다.
② 영구자석의 재료로 적합하다.
③ 비투자율이 1보다 매우 크다.
④ 강자성체의 예로 백금, 알루미늄, 산소 등이 있다.

07 [2022 기출 키워드 반영]

정상전압이 200[V], 영상전압이 50[V], 역상전압이 100[V]인 3상 불평형 전압의 불평형률[%]을 고르면?

① 25　　② 50
③ 75　　④ 80

08 [2023 기출 키워드 반영]

공통접지 시스템을 적용하는 경우에 고압 및 특고압 계통의 지락 사고 시 저압 계통에 가해지는 상용 주파 과전압은 얼마 이하인지 고르면? (단, 지락고장 시간이 5초를 초과하며, U_0는 중성선 도체가 없는 경우의 선간전압을 의미한다.)

① U_0+100　　② U_0+120
③ U_0+250　　④ $U_0+1,000$

09 [2023 기출 키워드 반영]

ACSR은 어떤 전선인지 고르면?

① 강심알루미늄연선
② 인입용 비닐절연전선
③ 옥외용 비닐절연전선
④ 0.6/1[kV] 비닐절연 비닐시스 케이블

10 [2022 기출 키워드 반영]

다음 그림과 같이 동일한 콘덴서 5개를 접속했을 때, 합성 정전 용량은 콘덴서 1개의 정전 용량 C[F]의 몇 배인지 고르면?

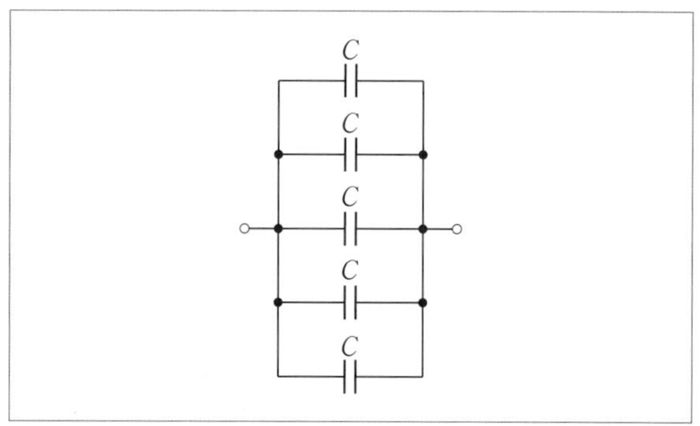

① $\frac{1}{10}$　　② $\frac{1}{5}$
③ 2.5　　④ 5

11 [2024 기출 키워드 반영]

두 벡터가 $\dot{A}=3i+4j-2k$, $\dot{B}=2i-3j$일 때 두 벡터의 외적을 고르면?

① $6i-4j+17k$　　② $6i+4j+17k$
③ $-6i+4j-17k$　　④ $-6i-4j-17k$

12

다음 중 고압용 차단기의 종류가 아닌 것을 고르면?

① OCB ② ABB
③ VCB ④ ACB

13 [2024 기출 키워드 반영]

전계 6[V/m], 주파수 10[MHz]인 전자파에서 포인팅 벡터의 크기는 몇 $[W/m^2]$인지 고르면?

① 9.5×10^{-3} ② 9.5×10^{-2}
③ 1.5×10^{-3} ④ 1.5×10^{-2}

14 [2023 기출 키워드 반영]

저압으로 수전하는 옥내 배선의 전압 강하는 일반적으로 다음 값 이하로 유지된다. 조명 부하의 경우, 옳은 것을 고르면?

① 3[%] ② 4[%]
③ 5[%] ④ 6[%]

15 [2024 기출 키워드 반영]

$E=4i-2j+k$[V/m]로 표시되는 전계가 있다. 원점 (0, 0, 0)[m]에 1[C]의 점 전하가 있고, 이 점 전하를 점 (2, 0, 0)[m]으로 이동하였을 때 전계가 한 일[J]의 값을 고르면?

① 4 ② 6
③ 8 ④ 10

16 [2022 기출 키워드 반영]

다음 중 전력계통에서 돌발적으로 발생하는 이상현상에 대비하여 대지와 계통을 연결하는 것으로, 중성점을 대지에 접속하는 것을 의미하는 용어를 고르면?

① 등전위본딩
② 유효접지
③ 계통접지
④ 보호접지

17

가공 전선을 200[m]의 경간에 가설하였더니 이도가 5[m]였다. 이도를 6[m]로 하려면 이도를 5[m]로 하였을 때보다 전선의 길이는 약 몇 [cm]가 더 필요한지 고르면?

① 8 ② 10
③ 12 ④ 15

18

A, B, C상 전류를 각각 I_a, I_b, I_c라 할 때, $I_x=\frac{1}{3}(I_a+a^2I_b+aI_c)$, $a=-\frac{1}{2}+j\frac{\sqrt{3}}{2}$으로 표시되는 I_x는 어떤 전류인지 고르면?

① 정상 전류
② 역상 전류
③ 영상 전류
④ 역상 전류와 영상 전류의 합

19 [2024 기출 키워드 반영]

지구를 동심구 도체로 간주할 때, 반지름 $r_1=a$[m]이고, 반지름 $r_2=b$[m] 사이($b>a$)를 유전율 ε인 유전체로 덮은 경우 두 동심구 사이의 정전 용량[F]의 값을 고르면?

① $\frac{4\pi\varepsilon ab}{a-b}$[F]
② $\frac{4\pi\varepsilon ab}{b-a}$[F]
③ $\frac{8\pi\varepsilon ab}{a-b}$[F]
④ $\frac{8\pi\varepsilon ab}{b-a}$[F]

20

다음 그림과 같이 RL 직렬 회로에 60[Hz]의 교류전압 50[V]를 인가할 때 저항은 6[Ω], 리액턴스는 4[Ω]이라고 한다. 이 회로에 120[Hz]의 교류전압 100[V]를 인가할 경우 회로에 흐르는 전류[A]의 값으로 알맞은 것을 고르면?

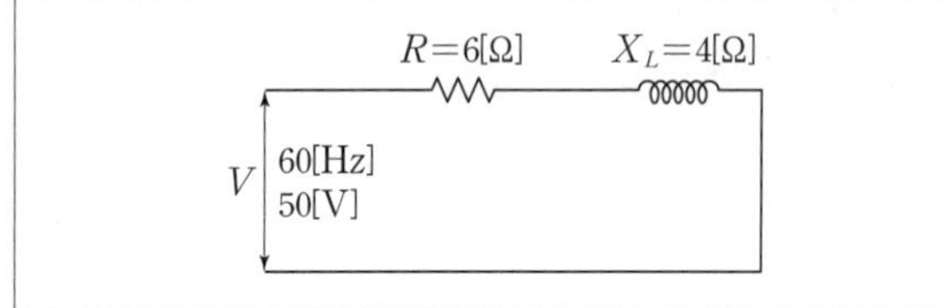

① $\frac{100}{\sqrt{52}}$
② 10
③ $\frac{50}{3}$
④ 25

21

자기 인덕턴스가 각각 L_1[H]와 L_2[H]인 2개의 코일이 직렬로 가동 접속되어 있다고 한다. 상호 인덕턴스를 M[H]이라고 하면 합성 인덕턴스[H]로 알맞은 것을 고르면?

① $\frac{L_1L_2-M^2}{L_1+L_2-2M}$
② $\frac{L_1L_2-M^2}{L_1+L_2+2M}$
③ L_1+L_2+2M
④ L_1+L_2-2M

22

극판 거리가 d[m]이고 정전 용량이 C[F]인 평행판 공기 콘덴서가 있다. 이 콘덴서에 그림과 같이 극판에 평행하게 비유전율이 ε_s이고 $\frac{d}{2}$[m] 두께의 유전체를 삽입하였다. 합성 정전 용량[F]으로 알맞은 것을 고르면?

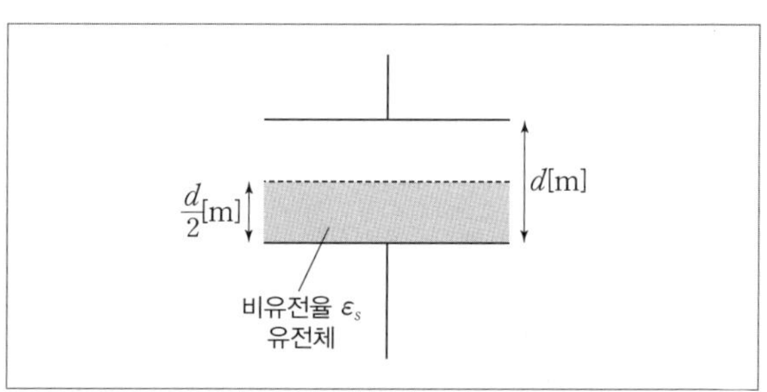

① $\frac{2\varepsilon_s C}{1+\varepsilon_s}$
② $\frac{\varepsilon_s C}{1+\varepsilon_s}$
③ $\frac{2\varepsilon_s C}{1+\frac{1}{\varepsilon_s}}$
④ $\frac{\varepsilon_s C}{1+\frac{1}{\varepsilon_s}}$

23

다음 설명을 보고 ㉠, ㉡에 알맞은 법칙을 고르면?

> ㉠: 유도 기전력의 크기는 폐회로에 쇄교하는 자속의 시간적 변화율에 비례한다는 법칙
> ㉡: 유도 기전력의 방향은 자속의 변화를 방해하는 방향으로 결정되는 법칙

① ㉠ 가우스의 법칙, ㉡ 플레밍의 오른손 법칙
② ㉠ 렌츠의 법칙, ㉡ 패러데이의 법칙
③ ㉠ 플레밍의 왼손 법칙, ㉡ 가우스의 법칙
④ ㉠ 패러데이의 법칙, ㉡ 렌츠의 법칙

24

전기회로와 자기회로의 대응관계를 나타낸 것으로 알맞지 않은 것을 고르면?

① 전류 I[A] ↔ 자속 ϕ[Wb]
② 저항 R[Ω] ↔ 자기 저항 R_m[AT/Wb]
③ 유전율 ε[F/m] ↔ 투자율 μ[H/m]
④ 전압 V[V] ↔ 기자력 F[AT]

25

어떤 건물에서 총 설비 부하 용량이 500[kW], 수용률이 60[%], 종합 역률이 0.8이라고 한다면 변압기의 최소 용량[kVA]으로 알맞은 것을 고르면?

① 240　② 300
③ 375　④ 400

26

선간 단락 고장을 대칭 좌표법으로 해석하려고 한다. 다음 중 필요한 것만 모은 것을 고르면?

> ㉠ 영상분
> ㉡ 정상분
> ㉢ 역상분

① ㉡　② ㉠, ㉢
③ ㉡, ㉢　④ ㉠, ㉡, ㉢

27 [2022 기출 키워드 반영]

전압비 10^6의 이득[dB]을 고르면?

① 40　② 80
③ 100　④ 120

28

동기기의 권선법 중 집중권과 분포권에 대한 설명으로 알맞은 것을 고르면?

① 집중권은 매극 매상의 도체를 2개 이상의 슬롯에 분포시켜 권선하는 방법이다.
② 분포권은 매극 매상의 도체를 단일 슬롯에 권선하는 방법이다.
③ 분포권은 집중권에 비해 발생하는 유기기전력이 작다.
④ 집중권은 분포권에 비해 고조파 개선이 뛰어나다.

29

다음은 애자사용 공사에 의한 저압 옥내배선 시설에 관한 내용이다. [보기] 중에서 알맞은 것을 모두 고르면?

보기

㉠ 전선은 인입용 비닐 절연전선을 사용해야 한다.
㉡ 전선 상호 간의 간격은 6[cm] 이상이어야 한다.
㉢ 전선의 지지점 간의 거리는 전선을 조영재의 윗면에 따라 붙일 경우에는 1[m] 이하이어야 한다.
㉣ 전선과 조영재 사이의 이격거리는 사용전압이 400[V]인 경우에는 2.5[cm] 이상이어야 한다.

① ㉠, ㉣　② ㉡, ㉣
③ ㉠, ㉡, ㉢　④ ㉡, ㉢, ㉣

30

다음 중 빈칸 ㉠~㉢에 들어갈 내용이 바르게 짝지어진 것을 고르면?

동일한 부하전력에 대해 전압을 n배 승압하면 전압 강하는 (㉠)배, 전압 강하율은 (㉡)배, 전력 손실은 (㉢)배가 된다.

① ㉠ n, ㉡ $\frac{1}{n}$, ㉢ n^2　② ㉠ n, ㉡ $\frac{1}{n^2}$, ㉢ n^2
③ ㉠ $\frac{1}{n}$, ㉡ $\frac{1}{n}$, ㉢ $\frac{1}{n^2}$　④ ㉠ $\frac{1}{n}$, ㉡ $\frac{1}{n^2}$, ㉢ $\frac{1}{n^2}$

31

다음 그림과 같이 한 변의 길이가 3[m]인 정삼각형 모양의 회로가 있다. 이 회로에 전류가 $I=1$[A] 만큼 흐르고 있다고 한다면 정삼각형의 중심점에서 자계의 세기 H[AT/m]로 알맞은 것을 고르면?

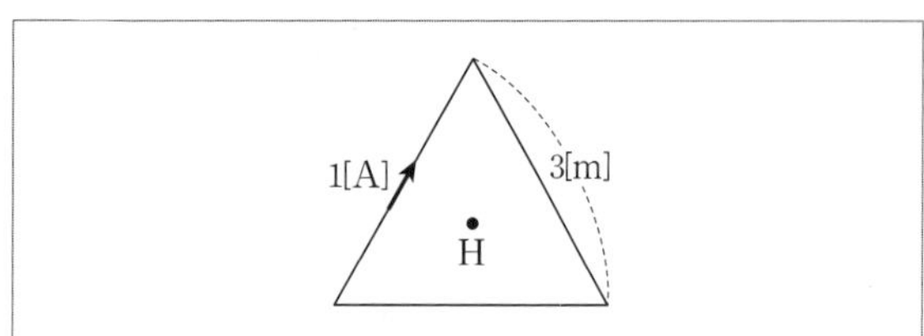

① $\frac{9}{4\pi}$　② $\frac{9}{16\pi}$
③ $\frac{3}{\pi}$　④ $\frac{3}{2\pi}$

32 [2022 기출 키워드 반영]

$R_1=10[\Omega]$, $R_2=20[\Omega]$, $R_3=30[\Omega]$의 직렬회로에 60[Hz], 300[V]를 인가하였을 때, 이 회로에 흐르는 전류[A]를 고르면?

① $5\sin 120t$　② $5\sqrt{2}\sin 120t$
③ $5\sin 377t$　④ $5\sqrt{2}\sin 377t$

33 [2022 기출 키워드 반영]

다음 그림과 같이 도체에 흐르는 전류를 I[A]라 하고, 전류가 흐르는 도체의 미소길이를 dl[m], 미소길이에 흐르는 전류의 접선방향과 P점의 각도를 θ[°], P점까지의 거리를 r[m]이라 할 때, P점에 형성되는 자계 dH[AT/m]의 세기를 고르면?

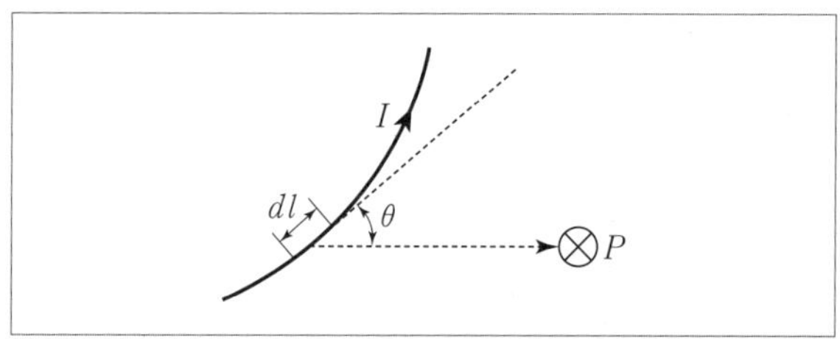

① $\frac{Idl\sin\theta}{4\pi r}$　② $\frac{Idl\sin\theta}{4\pi r^2}$
③ $\frac{Idl\cos\theta}{4\pi r}$　④ $\frac{Idl\cos\theta}{4\pi r^2}$

34 [2022 기출 키워드 반영]

다음 [보기]의 ㉠~㉣을 3상 유도 전동기 속도제어 방법에서 역률이 높은 순서대로 나열한 것을 고르면?

보기

㉠ 1차 전압 제어법
㉡ 2차 저항 제어법
㉢ 극수 변환법
㉣ 주파수 제어법

① ㉠－㉡－㉢－㉣　② ㉠－㉡－㉣－㉢
③ ㉣－㉢－㉠－㉡　④ ㉣－㉢－㉡－㉠

35 [2022 기출 키워드 반영]

다음 중 피뢰기의 구비조건으로 옳지 않은 것을 고르면?

① 충격 방전 개시 전압이 낮아야 한다.
② 상용 주파 방전 개시 전압이 낮아야 한다.
③ 속류 차단 능력이 우수해야 한다.
④ 제한 전압이 낮아야 한다.

36 [2022 기출 키워드 반영]

다음 중 빈칸 ㉠~㉢에 들어갈 내용이 바르게 짝지어진 것을 고르면?

> 3상 동기 발전기의 기전력에 포함되는 고조파의 영향을 줄이기 위하여 내부 결선을 (㉠)으로 채택하고, 매극 매상당의 슬롯수를 (㉡) 하며, 공극의 간격을 (㉢) 하여야 한다.

	㉠	㉡	㉢
①	Δ결선	크게	크게
②	Δ결선	크게	작게
③	Y결선	크게	크게
④	Y결선	크게	작게

37 [2023 기출 키워드 반영]

ACSR은 동일한 길이에서 동일한 전기 저항을 갖는 경동 연선과 비교하여 어떠한 특성을 갖는지 고르면?

① 바깥지름은 크고 중량은 작다.
② 바깥지름은 작고 중량은 크다.
③ 바깥지름과 중량이 모두 크다.
④ 바깥지름과 중량이 모두 작다.

38 [2022 기출 키워드 반영]

다음 중 함수 $f(t)=\cos\omega t$를 라플라스 변환한 것을 고르면?

① $\frac{s}{s^2-\omega^2}$　　② $\frac{s}{s^2+\omega^2}$
③ $\frac{\omega}{s^2-\omega^2}$　　④ $\frac{\omega}{s^2+\omega^2}$

39 [2022 기출 키워드 반영]

다음 [조건]에 대한 변압기 용량[kVA]을 고르면?

조건

1. 수용가의 정보

구분	설비용량	수용률
수용가 A	10[kW]	50[%]
수용가 B	15[kW]	60[%]
수용가 C	25[kW]	40[%]

2. 수용가 간의 부등률: 1.2
3. 역률 80[%]

① 25　　② 28
③ 30　　④ 32

40 [2022 기출 키워드 반영]

다음 내용이 설명하는 장치를 고르면?

> 변압기 상부에 설치되어 있으며, 변압기유를 바깥 공기와의 접촉을 차단하는 역할을 하며 호흡작용으로 인한 절연유의 열화를 방지하는 역할을 한다.

① 콘서베이터
② 브흐홀쯔 계전기
③ 충격 압력 계전기
④ 비율 차동 계전기

※ 부산교통공사 응시자는 여기까지 풀고 채점하십시오.

41 [2022 기출 키워드 반영]

다음 중 4단자망에서 파라미터 B가 의미하는 것을 고르면?

① 임피던스　② 어드미턴스
③ 전압비　④ 전류비

42 [2022 기출 키워드 반영]

다음 중 빈칸 ㉠~㉢에 들어갈 내용이 바르게 짝지어진 것을 고르면?

> 직류 전동기에서 전기자 반작용이 일어나는 경우, 토크는 (㉠), 회전속도는 (㉡), 주자속은 (㉢).

	㉠	㉡	㉢
①	감소하고	증가하고	감소한다
②	감소하고	증가하고	증가한다
③	증가하고	감소하고	증가한다
④	증가하고	감소하고	감소한다

43 [2022 기출 키워드 반영]

다음 내용이 설명하는 효과를 고르면?

> 동일한 두 금속을 접합하고 이에 전류를 흘리면 각 접합점에서 열의 흡수와 발생이 일어나는 현상

① 핀치 효과　② 제백 효과
③ 톰슨 효과　④ 펠티에 효과

44 [2022 기출 키워드 반영]

송전계통에서 나타나는 이상 전압 중에서 내부 이상 전압의 원인에 해당되지 않는 것을 고르면?

① 뇌운에 의한 직격뢰
② 고장 전류 차단 및 재폐로
③ 무부하 충전 선로의 개폐
④ 기본파 및 고조파의 공진

45 [2022 기출 키워드 반영]

다음 [보기] 중 3상 동기 전동기에 대한 설명으로 옳지 않은 것을 모두 고르면?

> 보기
> ㉠ 역률의 조정이 불가능하다.
> ㉡ 회전 속도의 조정이 가능하다.
> ㉢ 직류 여자기가 필요하다.
> ㉣ 별도의 기동 장치가 필요하다.

① ㉠, ㉡　② ㉠, ㉢
③ ㉡, ㉢　④ ㉢, ㉣

46 [2022 기출 키워드 반영]

다음 중 변압기의 병렬운전 조건에 해당되지 않는 것을 고르면?

① 극성이 일치해야 한다.
② 용량이 일치해야 한다.
③ 권수비가 일치해야 한다.
④ 저항과 리액턴스의 비가 일치해야 한다.

47 [2022 기출 키워드 반영]

다음 중 변압기의 원리에 해당되는 것을 고르면?

① 전자 유도 현상 ② 정전 유도 현상
③ 홀 효과 ④ 핀치 효과

48 [2022 기출 키워드 반영]

전류가 10[A], 전압이 300[V], 역률이 0.8일 때, 무효전력[Var]을 고르면?

① 1,500 ② 1,800
③ 2,400 ④ 3,000

49 [2022 기출 키워드 반영]

다음 중 빈칸 ㉠, ㉡에 들어갈 내용이 바르게 짝지어진 것을 고르면?

> • 무부하 상태에서 선로를 점검하기 위해서는 (㉠)를 조작해야 한다.
> • 전력량계에 전류를 공급하는 기기는 (㉡)이다.

	㉠	㉡
①	차단기	영상 변류기
②	차단기	계기용 변성기
③	단로기	영상 변류기
④	단로기	계기용 변성기

50 [2022 기출 키워드 반영]

다음 중 빈칸 ㉠~㉢에 들어갈 내용이 바르게 짝지어진 것을 고르면?

> 정전계는 전계 에너지가 (㉠)로 되는 상태로 시간적으로 변화하지 않고 일정한 분포를 지닌 전하에 의한 정전기력이 작용하는 범위의 공간으로 가장 안정된 상태이며, 전계의 세기는 유전율에 (㉡)하며, 그 방향은 도체의 표면과 (㉢)으로 작용한다.

	㉠	㉡	㉢
①	최대	반비례	수직
②	최소	반비례	수직
③	최대	비례	수평
④	최소	비례	수평

기계일반

정답과 해설 P.72

※ 부산교통공사 응시자는 40분 동안 1~40번까지 푸십시오.

01 [2023 기출 키워드 반영]

펌프를 사용하여 물을 다른 곳으로 이동시키고자 한다. 펌프의 효율은 75%이고, 물의 밀도는 $1,000kg/m^3$이다. 펌프가 $20m^3/min$의 유량으로 물을 30m 높이까지 들어 올릴 때, 펌프의 축동력(P_s)을 고르면?(단, 관 마찰 손실은 무시한다.)

① 13.8kW ② 15.7kW
③ 130.8kW ④ 150.7kW

02

다음 중 범용 플라스틱을 고르면?

① PA ② PC
③ PET ④ PVC

03

외접하는 원통마찰차의 속도비 $i=\frac{1}{3}$이고, $D_2=270mm$일 때, 지름 D_1과 중심거리 C를 고르면?

① $D_1=90mm$, $C=180mm$
② $D_1=100mm$, $C=200mm$
③ $D_1=110mm$, $C=220mm$
④ $D_1=120mm$, $C=240mm$

04

$1,600kg_f$의 하중을 받고 있는 저널에서 마찰계수 μ가 0.012, 접선에서의 평균 원주 속도 v가 1.34m/s일 때 마찰손실 마력[PS]을 고르면?

① 0.34 ② 2.62
③ 3.40 ④ 25.73

05

다음 중 금속 재료로서 특정한 온도 및 변형 조건에서 유리질처럼 늘어나는 재료를 고르면?

① 초탄성 합금 ② 초소성 합금
③ 초전도 합금 ④ 비정질 합금

06 [2023 기출 키워드 반영]

다음 중 절삭비와 절삭량(Material Removal Rate, MRR)의 관계에 대한 설명으로 거리가 먼 것을 고르면?

① 절삭량은 생산성을 나타내는 지표이다.
② 절삭비가 증가하면 절삭량은 증가한다.
③ 절삭비와 MRR은 서로 연관 관계가 있다.
④ 절삭비는 절삭 과정의 효율성을 나타내는 지표이다.

07

다음 그림과 같이 반지름 r이 60cm인 단주에서 편심거리 e에 압축하중 $P=80\text{kN}$이 작용할 때, 단면에 인장력이 생기지 않기 위한 e의 한계를 고르면?

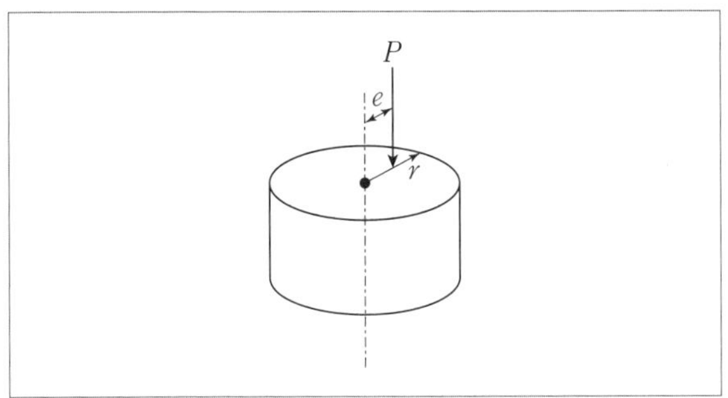

① 6cm ② 10cm
③ 15cm ④ 30cm

08 [2023 기출 키워드 반영]

다음 [보기] 중 비압축성 유체만의 특징으로 옳은 것을 모두 고르면?

보기
㉠ 밀도 변화 무시
㉡ 부피 변화 무시
㉢ 연속 방정식 성립
㉣ 유선 형성
㉤ 점성이 없음
㉥ 이상 유체로 가정이 가능

① ㉠, ㉡ ② ㉠, ㉡, ㉢, ㉣
③ ㉠, ㉡, ㉣, ㉤ ④ ㉠, ㉡, ㉤, ㉥

09

다음 중 KS기호로 나타낸 탄소 공구강을 고르면?

① SS330 ② STC140
③ SM400 ④ SAPH310

10 [2023 기출 키워드 반영]

다음 중 유체 흐름 특성을 예측하는 데 상대적으로 덜 사용되는 무차원수를 고르면?

① Euler 수
② Mach 수
③ Froude 수
④ Reynolds 수

11

다음 중 선반에서 센터작업 시 주축의 회전을 공작물에 전달하기 위해 돌리개와 함께 사용하는 부속장치로, 주축끝 나사부에 고정하는 부속장치를 고르면?

① 면판 ② 방진구
③ 맨드릴 ④ 회전판

12

다음 수차의 종류 중 물이 갖는 에너지를 기계적 에너지로 바꾸는 방법이 다른 것을 고르면?

① 펠톤 수차 ② 카플란 수차
③ 프로펠러 수차 ④ 프란시스 수차

13 [2023 기출 키워드 반영]

다음 중 유동 에너지에 대한 설명으로 가장 거리가 먼 것을 고르면?

① 단위 체적당 에너지로 표현된다.
② 압력과 속도의 영향만 받는다.
③ 유체가 운동하는 데 필요한 에너지이다.
④ 유동 에너지는 베르누이 방정식으로 표현할 수 있다.

14 [2021 기출 키워드 반영]

다음 중 가솔린기관과 디젤기관에 대한 설명으로 옳지 않은 것을 고르면?

① 가솔린기관은 연료소비율이 높고 열효율이 낮다.
② 디젤기관 연료의 착화성을 나타내는 것은 옥탄가이다.
③ 디젤기관의 압축비는 일반적으로 15에서 23 정도이다.
④ 디젤기관은 연소속도가 느린 경유나 중유를 사용하므로 기관의 회전속도를 높이기 어렵다.

15

다음 중 열처리하여 사용하는 스테인리스강을 고르면?

① 2상계
② 페라이트계
③ 석출경화계
④ 오스테나이트계

16

다음 중 초킹(Choking)현상에 대한 설명으로 옳은 것을 고르면?

① 질량유량을 늘리더라도 유속이 감소한다.
② 주로 기체가 통과하는 노즐에서 발생한다.
③ 유체의 흐름 속도가 음속보다 빠른 상태이다.
④ 질량유량이 증가하면 특정 지점에서 유속이 음속을 상회한다.

17 [2023 기출 키워드 반영]

실린더 내부에 피스톤이 왕복 운동을 한다. 피스톤의 전진 행정 시간을 t_1, 후진 행정 시간을 t_2라고 하고, 실린더의 단면적은 일정하며, 비압축성 유체가 가득 차 있다고 가정할 때 다음 [보기]에서 옳은 것을 모두 고르면?

보기

㉠ $t_1 > t_2$라면, $v_1 < v_2$이다.
㉡ $t_1 = t_2$라면, $v_1 = v_2$이다.
㉢ 피스톤의 전진 속도(v_1)는 후진 속도(v_2)보다 항상 빠르다.
㉣ 피스톤의 전진 행정 시 유체는 피스톤과 같은 방향으로 흐른다.

① ㉠, ㉡, ㉢　　② ㉠, ㉡, ㉣
③ ㉠, ㉢, ㉣　　④ ㉡, ㉢, ㉣

18 [2021 기출 키워드 반영]

수평면에 놓인 질량 $\sqrt{2}$ kg의 물체가 다음과 같은 방향의 힘 F의 작용으로 오른쪽으로 1m/s^2의 등가속도로 미끄러지고 있다. 이때 힘 F의 크기[N]를 고르면?(단, 수평면과 물체 사이의 운동마찰계수는 0.5, 중력가속도는 10m/s^2으로 가정한다.)

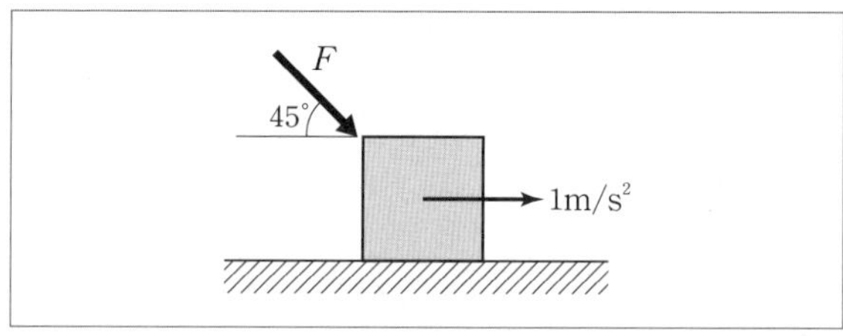

① 4　　② $5\sqrt{2}$
③ 10　　④ 24

19 [2023 기출 키워드 반영]

다음 [조건]에서 펌프의 손실 수두로 가장 근사한 값을 고르면?(단, π=3으로 계산한다.)

조건
관의 길이(L)=100m 관의 직경(D)=0.1m 유량(Q)=$0.05m^3/s$ 관 마찰 계수(f)=0.02, 중력 가속도(g)=$10m/s^2$

① 20.3m ② 30.1m
③ 44.4m ④ 50.0m

20

체결된 나사가 스스로 풀리지 않을 조건(self−locking condition)**으로 옳은 것을 [보기]에서 모두 고르면?**

보기
㉠ 마찰각>나선각(lead angle) ㉡ 마찰각<나선각(lead angle) ㉢ 마찰각=나선각(lead angle)

① ㉠ ② ㉡
③ ㉠, ㉢ ④ ㉡, ㉢

21

다음 중 광선 정반(Optical Flat)에 대한 설명으로 적절하지 않은 것을 고르면?

① 광선 정반의 평탄도 측정에는 단색광과 간섭무늬가 활용된다.
② 일반적으로 화강암이나 주철 등의 재료로 제작되며, 표면은 정밀하게 연마되어 있다.
③ 광학적인 간섭 현상을 이용하여 평탄도를 측정하며, 매우 높은 정밀도를 얻을 수 있다.
④ 높은 평탄도를 가진 정밀한 평면으로, 주로 측정기나 공작물의 정밀도를 검사하는 데 사용된다.

22

10ton 나사 프레스의 사각 나사의 바깥지름이 100mm, 골지름이 70mm, 피치가 10mm이다. 나사의 재질이 연강일 때, 이에 기울 강재 너트의 높이를 고르면?(단, 연강재의 허용접촉면 압력 q는 $1kg/mm^2$이다.)

① 15mm ② 20mm
③ 25mm ④ 30mm

23 [2021 기출 키워드 반영]

마찰이 없는 관속 유동에서의 베르누이(Bernoulli) 방정식에 대한 설명으로 옳지 않은 것을 [보기]에서 모두 고르면?

보기
㉠ 온도수두, 압력수두, 속도수두로 구성된다. ㉡ 유속과 압력은 반비례의 관계를 가진다. ㉢ 가열부 또는 냉각부 등 온도 변화가 큰 압축성 유체에도 적용할 수 있다. ㉣ 점성력이 존재하는 경우도 적용할 수 있다. ㉤ 유체의 흐름은 어느 단면에서나 총에너지는 항상 일정하다.

① ㉠, ㉡, ㉢ ② ㉠, ㉢, ㉣
③ ㉡, ㉢, ㉣ ④ ㉡, ㉣, ㉤

24 [2021 기출 키워드 반영]

드럼지름 D=200mm, 밴드 l=500mm, a=50mm의 밴드 브레이크가 있다. 브레이크 드럼축에 300kN·mm의 토크가 작용할 때, 드럼축의 우회전을 멈추기 위해 브레이크 레버에 주는 조작력(F)의 값[N]을 고르면?(단, $e^{\mu\theta}=4$로 한다.)

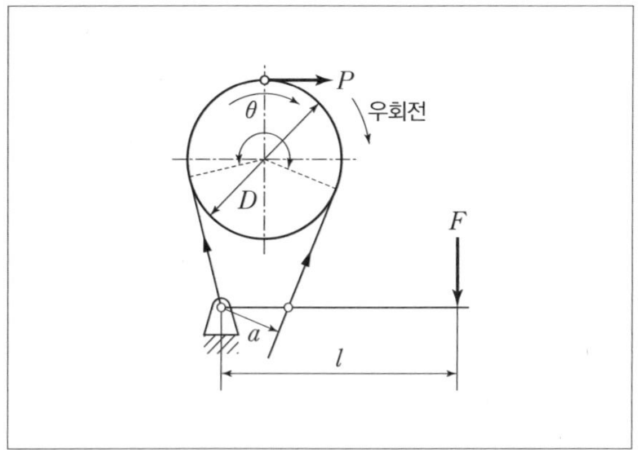

① 40　　② 60
③ 80　　④ 100

25

항공기가 고도 10,000m에서 200m/s의 속도로 비행하고 있다. 이 고도에서의 대기 밀도는 0.413kg/m^{3}이고, 대기압은 26,500Pa이다. 피토관을 사용하여 측정한 전압(P_t)을 고르면?

① 34,760Pa　　② 42,960Pa
③ 51,120Pa　　④ 59,320Pa

26

다음 그림과 같이 길이 l=50mm의 키로 외력 70kN을 안전하게 지지하려 할 때, 키의 폭(b)과 높이(h)를 고르면?(단, $b=2h$이고 허용전단응력은 70N/mm^{2}이다.)

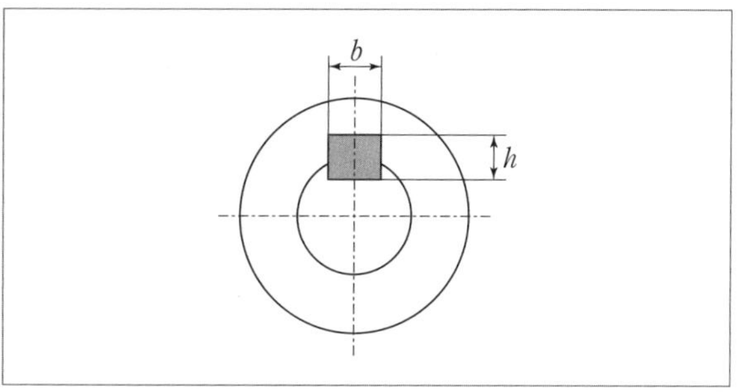

① b=10[mm], h=5[mm]
② b=20[mm], h=10[mm]
③ b=25[mm], h=12.5[mm]
④ b=30[mm], h=15[mm]

27

다음 [보기] 중 플라이휠(flywheel)에 대한 설명으로 옳은 것을 모두 고르면?

보기
㉠ 회전모멘트를 증대하기 위해 사용된다.
㉡ 에너지를 비축하기 위해 사용된다.
㉢ 회전방향을 바꾸기 위해 사용된다.
㉣ 구동력을 일정하게 유지하기 위해 사용된다.
㉤ 속도 변화를 일으키기 위해 사용된다.

① ㉠, ㉣　　② ㉡, ㉢
③ ㉡, ㉣　　④ ㉣, ㉤

28

다음 중 모듈이 동일한 기어에서 압력각이 14.5°인 경우와 20°인 경우 이의 강도를 바르게 설명한 것을 고르면?

① 이의 강도는 같다.
② 압력각은 이의 강도와 무관하다.
③ 20°인 경우가 이의 강도가 크다.
④ 14.5°인 경우가 이의 강도가 크다.

29 [2021 기출 키워드 반영]

다음 중 소성가공에 대한 설명으로 옳지 않은 것을 고르면?

① 회전천공–환봉에 반경 방향으로의 압축력이 작용하면 중심에 인장력이 발생하는 원리를 이용한 공정으로, 길고 두꺼운 이음매 없는 파이프와 튜브(seamless pipe and tube)를 만드는 열간가공공정이다.
② 관재압연–튜브를 주기적으로 회전시키면서 직경과 두께를 다양하게 가공하는 압연 공정으로 맨드릴을 사용하는 방법과 사용하지 않는 방법이 있다.
③ 링압연–이음매 없는 링모양의 제품을 만드는 공정으로 기차바퀴, 우주항공부품 및 마찰방지베어링, 자동차바퀴용 외륜 등을 제조 시 적용된다.
④ 아노다이징(Anodizing)–알루미늄을 이용하여 다이를 통과시키면서 이음매 없는 파이프를 만드는 공정이다.

30

다음 그림과 같은 단식 블록 브레이크(a=1,000mm, b=200mm, c=10mm, μ=0.2, D=300mm)가 있다. 레버 끝에 힘 F=10kg을 가할 때의 제동력 Q를 고르면?

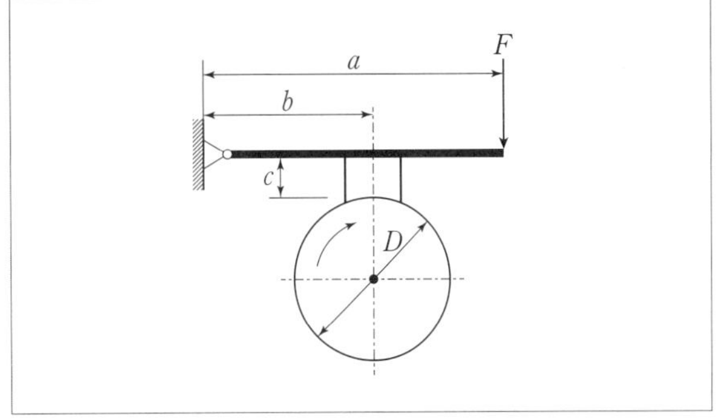

① 9.5kg
② 9.9kg
③ 10kg
④ 10.1kg

31

다음은 사출 성형품의 불량 원인과 대책에 대한 설명이다. 어떤 현상을 설명한 것인지 고르면?

> 금형의 파팅 라인(parting line)이나 이젝터 핀(ejector pin) 등의 틈에서 흘러나와 고화 또는 경화된 얇은 조각 모양의 수지가 생기는 것을 말한다. 이를 방지하기 위해서는 금형 자체의 밀착성을 좋게 하도록 체결력을 높여야 한다.

① 플로 마크(Flow Mark) 현상
② 플래시(Flash) 현상
③ 웰드 마크(Weld Mark) 현상
④ 실버 스트릭(Silver Streak) 현상

32

다음 중 원심펌프에서의 축추력(axial thrust) 방지법이 아닌 것을 고르면?

① 트러스트 베어링을 장착
② 단방향 흡입형 회전차를 선택
③ 평형 원판을 사용
④ 자기평형(self balance)방식 선택

33

다음 [보기]에서 열경화성 수지에 해당하는 것을 모두 고르면?

보기

㉠ PVC수지
㉡ 에폭시수지
㉢ 멜라민수지
㉣ 폴리프로필렌수지
㉤ 아크릴수지
㉥ 페놀수지
㉦ 폴리우레탄수지
㉧ 실리콘수지
㉨ 폴리아마이드수지

① ㉠, ㉡, ㉣, ㉧, ㉨
② ㉠, ㉢, ㉥, ㉧, ㉨
③ ㉡, ㉢, ㉥, ㉦, ㉧
④ ㉡, ㉤, ㉥, ㉦, ㉨

34

한 변의 길이가 a인 정사각형 단면의 보와 지름이 d인 원형 단면의 보가 있다. 각각의 보에 동일한 굽힘하중이 작용할 때, 같은 강도를 갖기 위한 a와 d의 비를 고르면?

① $\sqrt{6\pi} : \sqrt{16}$
② $\sqrt[3]{3\pi} : \sqrt[3]{16}$
③ $\sqrt[4]{6\pi} : \sqrt[4]{32}$
④ $\sqrt[4]{12\pi} : \sqrt[4]{32}$

35 [2021 기출 키워드 반영]

다음 그림과 같은 4절 링크(Four-bar Linkage)의 기구의 자유도(Degree of Freedom)를 고르면?

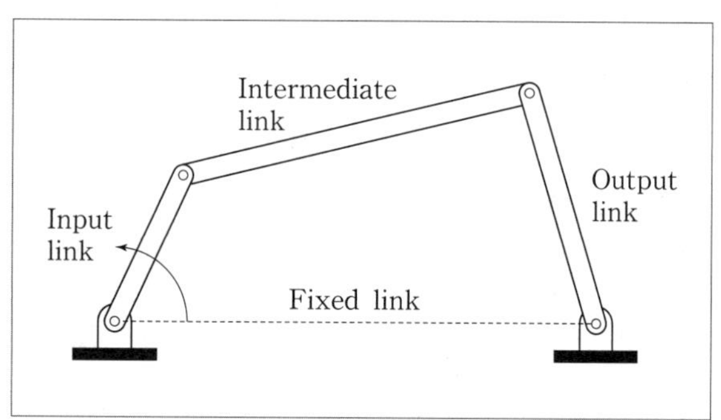

① 0
② 1
③ 2
④ 3

36 [2021 기출 키워드 반영]

다음 중 액체표면에 있는 분자가 표면에 접선인 방향으로 끌어당기는 힘으로, 단위길이당 힘으로 표시하는 것을 고르면?

① 비중량
② 표면장력
③ 비체적
④ 비중

37

다음 그림은 외팔보형 겹판 스프링을 두께가 균일한 단일판 스프링으로 모형화한 것이다. 자유단에서 하중 P가 작용할 때 최대 처짐량을 고르면?(단, 폭의 변화에 따른 형상 수정계수 K는 1.5로 한다.)

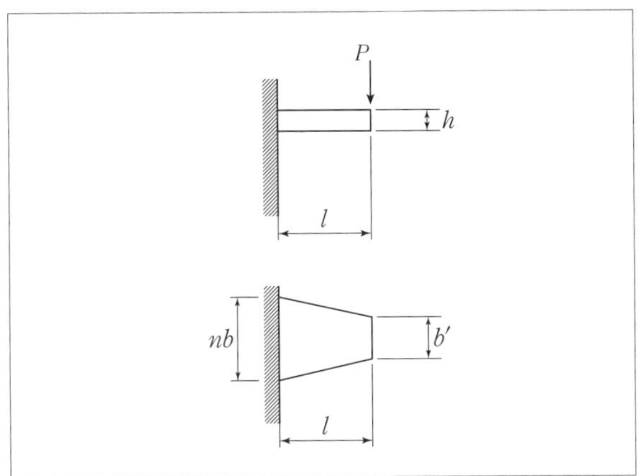

[표] 폭의 변화에 따른 형상 수정계수(K)

$\frac{b'}{nb}$	0	…	1.0
K	1.50	…	1.00

① $K \cdot \frac{Pl^2}{Enbh^3}$　② $K \cdot \frac{2Pl^2}{Enbh^3}$

③ $K \cdot \frac{2Pl^3}{Enbh^3}$　④ $K \cdot \frac{4Pl^3}{Enbh^3}$

38 [2021 기출 키워드 반영]

다음 중 미끄럼 베어링과 볼 베어링에 대한 설명으로 옳은 것을 고르면?

① 미끄럼 베어링은 스러스트 하중과 레이디얼 하중을 동시에 받을 수 없다.

② 볼 베어링은 외부 급유장치를 필요로 한다.

③ 미끄럼 베어링은 저융금속을 베어링 메탈로 사용하므로 고온에 강하다.

④ 미끄럼 베어링은 구름 베어링에 비해 충격에 약하다.

39

다음 [보기]의 각종 용접법에 대한 설명으로 옳은 것을 모두 고르면?

보기

㉠ MIG 용접은 주로 교류를 사용한다.
㉡ 전자빔 용접은 용접 입열이 커서 예열하지 않으면 변형을 유발할 수 있다.
㉢ 테르밋 용접은 테르밋 반응으로 최고 2,000℃까지 고 열원을 얻을 수 있다.
㉣ TIG 용접은 텅스텐이 거의 소모되지 않으므로 비용극식 또는 비소모식 불활성가스 용접법이라 한다.
㉤ 전기저항 용접은 금속에 전류가 흐를 때 일어나는 줄(Joule)열을 이용하여 압력을 주면서 접합하는 방법이다.
㉥ 서브머지드아크 용접은 특수한 장치를 사용하지 않는 한 용접자세가 아래보기 또는 수평필렛 용접에 한정된다.

① ㉠, ㉡, ㉢　② ㉡, ㉢, ㉣

③ ㉢, ㉣, ㉤　④ ㉣, ㉤, ㉥

40

다음 중 열간압연과 냉간압연을 비교한 설명으로 옳지 않은 것을 고르면?

① 열간압연은 냉간압연에 비하여 재료의 강도가 낮아진다.

② 큰 변형량이 필요한 재료를 압연할 때는 열간압연을 많이 사용한다.

③ 냉간압연은 재결정온도 이하에서 작업하며 강한 제품을 얻을 수 있다.

④ 열간압연판에서는 이방성이 나타나므로 2차 가공에서 주의하여야 한다.

※ 부산교통공사 응시자는 여기까지 풀고 채점하십시오.

41 [2021 기출 키워드 반영]

다음 [보기] 중 자동차 엔진의 피스톤 링에 대한 설명으로 옳은 것을 모두 고르면?

보기

㉠ 압축 링과 오일 링으로 구분할 수 있다.
㉡ 압축 링의 주 기능은 피스톤과 실린더 사이의 기밀 유지이다.
㉢ 오일 링은 실린더 벽에 뿌려진 과잉 오일을 긁어내린다.
㉣ 탄성을 주기 위하여 절개부가 없는 원형으로 만든다.

① ㉠, ㉣
② ㉠, ㉡, ㉢
③ ㉠, ㉢, ㉣
④ ㉡, ㉢, ㉣

42

CNC 공작기계에서 서보기구의 형식 중 앤코더에서 위치를 검출하고 모터에 내장된 타코 제너레이터에서 속도를 검출하여 피드백하는 제어방식을 고르면?

① 폐쇄회로방식(closed loop system)
② 개방회로방식(open loop system)
③ 하이브리드방식(hybrid servo system)
④ 반폐쇄회로방식(semi-closed loop system)

43 [2021 기출 키워드 반영]

판재에 펀치를 사용하여 두께가 t, 지름이 d인 구멍을 만들고자 할 때 펀치에 가해지는 하중 W를 구하는 식으로 옳은 것을 고르면?(단, 원주율은 π, 재료의 전단강도는 τ이다.)

① $W=\pi \cdot d \cdot t \cdot \tau$
② $W=\dfrac{\pi}{d \cdot t \cdot \tau}$
③ $W=\dfrac{\pi \cdot d}{t \cdot \tau}$
④ $W=\dfrac{1}{\pi \cdot d \cdot t \cdot \tau}$

44

다음 중 절삭공정에 따른 절삭운동과 이송운동이 잘못 짝지어진 것을 고르면?

	절삭공정	절삭운동	이송운동
①	선삭공정	공작물의 회전운동	공구의 직선운동
②	평삭공정	공구의 회전운동	공작물의 직선운동
③	보링공정	공구의 회전운동	공구의 직선운동
④	밀링공정	공구의 회전운동	공작물의 직선운동

45

연삭 작업 중에 떨림(chattering)이 발생하면 표면거칠기가 불량하고 정밀도가 저하된다. 다음 중 떨림의 원인이 아닌 것을 고르면?

① 결합도가 너무 높다.
② 숫돌이 진원이 아니다.
③ 연삭 작업 중 과열이 발생했다.
④ 센터 및 방진구가 부적정하다.

46

다음 중 이미 응고가 시작된 용탕의 합류 시 유동선단의 온도가 저하되면서 용탕이 결합이 어려운 상태가 되었을 때 나타나는 주물결함을 고르면?

① 스캡　② 버클
③ 와시　④ 콜드셧

47

도면의 표제란에 기입하는 내용에 해당하는 것을 [보기]에서 모두 고르면?

보기
㉠ 품명　㉡ 수량　㉢ 척도
㉣ 각법(투상법)　㉤ 재질　㉥ 표면거칠기

① ㉠, ㉡, ㉢　② ㉠, ㉡, ㉢, ㉣
③ ㉠, ㉡, ㉢, ㉣, ㉤　④ ㉠, ㉡, ㉢, ㉣, ㉤, ㉥

48 [2021 기출 키워드 반영]

구 안쪽 반지름이 r, 두께가 t인 얇은 살두께의 구형 압력용기 안쪽 표면에서 압력 p에 의해 발생하는 면외(out-of-plane) 최대 전단응력을 고르면?

① $\frac{pr}{2t}+\frac{p}{2}$　② $\frac{pr}{4t}+\frac{p}{2}$
③ $\frac{pr}{2t}+\frac{p}{4}$　④ $\frac{pr}{t}+\frac{p}{4}$

49

다음 중 구상흑연 주철에 들어가는 원소를 고르면?

① S　② Si
③ Cr　④ Mg

50

세장비가 동일한 정사각형 단면의 기둥과 원기둥이 있다. 각기둥 단면의 한 변의 치수는 a이고 원기둥의 직경은 d라 할 때, a와 d의 치수가 같은 경우 두 기둥의 길이 l의 비율을 고르면?

① $\frac{3}{4}$　② $\frac{\sqrt{3}}{2}$
③ $\frac{\sqrt{3}}{3}$　④ $\frac{\sqrt{3}}{4}$

행정학

정답과 해설 P.80

※ 부산교통공사 응시자는 40분 동안 1~40번까지 푸십시오.

01 [2023 기출 키워드 반영]

다음 중 시·군세가 아닌 것을 고르면?

① 등록면허세　　② 지방소득세
③ 자동차세　　④ 담배소비세

02 [2023 기출 키워드 반영]

다음 중 정책결정요인론에 관한 설명으로 옳지 않은 것을 고르면?

① 정책의 내용에 영향을 미치는 요인이 무엇인가를 규명하려는 이론이다.
② 초기 연구에서는 정치적 요인보다 사회경제적 요인이 정책내용에 더 큰 영향을 미치는 것으로 나타났다.
③ 후기 연구에서는 사회경제적 요인과 함께 정치적 요인도 정책내용에 영향을 미치는 것으로 나타났다.
④ 사회경제적 요인의 중요성을 과소평가했다는 비판을 받고 있다.

03 [2024 기출 키워드 반영]

다음 중 대표관료제에 관한 설명으로 옳은 것을 고르면?

① 엽관주의 폐단을 시정하기 위해 등장하였다.
② 내부통제를 강화하는 기능을 가지고 있다.
③ 실적주의와 조화되어 행정능률 향상에 기여한다.
④ 역차별의 문제를 해소한다.

04 [2024 기출 키워드 반영]

다음 중 엽관주의에 관한 설명으로 옳은 것을 고르면?

① 행정의 전문성 확보
② 행정의 안정성과 계속성 확보
③ 행정의 민주성과 대응성 제고
④ 행정의 능률성 제고

05 [2023 기출 키워드 반영]

다음 중 예산편성과 결산절차에 관한 설명으로 옳지 않은 것을 고르면?

① 각 중앙관서의 장은 매년 1월 31일까지 해당 회계연도부터 5회계연도 이상의 기간 동안의 신규사업 및 기획재정부장관이 정하는 주요 계속사업에 대한 중기사업계획서를 기획재정부장관에게 제출하여야 한다.
② 기획재정부장관은 국무회의의 심의를 거쳐 대통령의 승인을 얻은 다음 연도의 예산안편성지침을 매년 3월 31일까지 각 중앙관서의 장에게 통보하여야 한다.
③ 각 중앙관서의 장은 예산안편성지침에 따라 그 소관에 속하는 다음 연도의 세입세출예산·계속비·명시이월비 및 국고채무부담행위 요구서를 작성하여 매년 6월 30일까지 기획재정부장관에게 제출하여야 한다.
④ 기획재정부장관은 「국가회계법」에서 정하는 바에 따라 회계연도마다 작성하여 대통령의 승인을 받은 국가결산보고서를 다음 연도 4월 10일까지 감사원에 제출하여야 한다.

06 [2023 기출 키워드 반영]

다음 중 집중화 · 관대화 · 엄격화 경향을 방지하기 위해 사용하는 방법을 고르면?

① 강제선택법　② 강제배분법
③ 대인비교법　④ 산출기록법

07 [2023 기출 키워드 반영]

다음 중 공직자윤리법상 의무가 아닌 것을 고르면?

① 재산등록 및 공개
② 부동산의 매각 또는 신탁
③ 선물신고
④ 퇴직공직자의 취업제한

08 [2023 기출 키워드 반영]

다음 중 예산 통일성원칙과 완전성원칙의 예외에 해당하는 것을 고르면?

① 수입대체경비　② 이용과 전용
③ 특별회계　④ 사고이월

09 [2023 기출 키워드 반영]

다음 중 기금에 대한 설명으로 옳은 것을 고르면?

① 대통령령으로 설치한다.
② 국가에서 특정한 사업을 운영할 때 설치한다.
③ 세입 · 세출예산에 의하여 운영한다.
④ 국회의 심의 및 의결을 받는다.

10 [2023 기출 키워드 반영]

다음 중 조세지출예산제도에 관한 설명으로 옳지 않은 것을 고르면?

① 조세 지출의 내용과 규모를 예산 형식으로 만들어 일정한 기간마다 발표하여 명확한 감시 · 감독을 하도록 하는 제도이다.
② 조세지출은 재정지출에 대응하는 개념으로 특례 규정에 의한 세금 감면이나 비과세를 의미한다.
③ 형식적으로는 지출의 일종이지만, 실제로는 조세의 성격을 가지며 일종의 감추어진 보조금의 역할을 한다.
④ 조세제도 안에 조세지출의 요소가 많이 포함되어 있으면 자원배분의 비효율성이 발생할 수 있다.

11 [2023 기출 키워드 반영]

다음 중 영기준예산에 관한 설명으로 옳은 것을 고르면?

① 투입지향적 예산제도이다.
② 정부 활동 단위를 중심으로 예산을 배분하다.
③ 정책부문별로 예산이 수직적으로 배분된다.
④ 분권적 예산제도이다.

12 [2023 기출 키워드 반영]

다음 중 자주재원인 것을 고르면?

① 국고보조금　② 지방교부세
③ 세외수입　④ 조정교부금

13 [2023 기출 키워드 반영]

다음 중 자치단치에 대한 설명으로 옳지 <u>않은</u> 것을 고르면?

① 법률적 차원의 자치를 실현하려는 것이다.
② 자치권에 대한 인식은 전래권으로 본다.
③ 권한부여 방식은 포괄적 위임주의이다.
④ 기관위임사무에 대해 조례를 제정할 수 있다.

14 [2023 기출 키워드 반영]

다음 중 포크배럴(pork barrel)이나 로그롤링(log rolling)과 같은 정치적 현상이 나타나기 쉬운 정책유형을 고르면?

① 분배정책　② 보호적 규제정책
③ 경쟁적 규제정책　④ 재분배정책

15 [2023 기출 키워드 반영]

다음 중 하위정부모형의 적실성을 약화시키는 이유가 <u>아닌</u> 것을 고르면?

① 이익집단의 증대와 다원화
② 이익집단간 경쟁의 격화
③ 비정부조직(NGO)의 정책과정 참여
④ 미국적 다원주의의 발달

16 [2023 기출 키워드 반영]

다음 중 립스키(Lipsky)의 '일선관료제'에서 일선관료가 처하는 업무환경의 특징으로 옳지 <u>않은</u> 것을 고르면?

① 재량권 행사
② 권위에 대한 도전
③ 모호하고 대립되는 기대
④ 자원의 부족

17 [2023 기출 키워드 반영]

다음 중 메이(May)의 의제설정 모형에서 대중의 지지가 높은 정책문제에 대한 정부의 주도적 해결을 설명하는 모형을 고르면?

① 외부주도형　② 동원형
③ 굳히기형　④ 내부접근형

18 [2023 기출 키워드 반영]

다음 중 교차영향분석에 관한 설명으로 옳지 <u>않은</u> 것을 고르면?

① 관련 사건의 발생 여부에 기초하여 미래 특정 사건의 발생 가능성에 대한 판단을 이끌어내는 분석기법이다.
② 선행사건을 규명하여 관련된 사건 간의 상호작용이 미치는 잠재적 효과를 분석하는 것이다.
③ 연결의 방향, 강도, 시차 등 3가지 측면을 고려하며 조건확률이론에 근거를 둔다.
④ 특정사건의 발생가능성을 객관적인 판단에 입각해서 예측하는 양적 분석이다.

19 [2023 기출 키워드 반영]

다음 행정가치 중 본질적 가치가 <u>아닌</u> 것을 고르면?

① 공익　② 형평
③ 능률성　④ 자유

20 [2023 기출 키워드 반영]

다음 중 회사모형 특징이 <u>아닌</u> 것을 고르면?

① 문제성 있는 선호　② 불확실성의 회피
③ 문제 중심적 탐색　④ 갈등의 준해결

21 [2023 기출 키워드 반영]

다음 중 조직군생태학이론에 관한 설명으로 옳지 <u>않은</u> 것을 고르면?

① 조직을 외부환경의 선택에 따라 좌우되는 피동적인 존재로 본다.
② 조직의 분석 수준은 단일조직보다 일정한 경계 내의 조직군이다.
③ 환경 변화에 대한 조직의 적응능력을 둔감하게 하는 구조적 타성 개념을 제시한다.
④ 조직군에 대한 연구에 생물학의 자연선택론을 적용하기 때문에 횡단적 분석이다.

22 [2023 기출 키워드 반영]

다음 중 좋은 거버넌스(good governance)에 대한 설명으로 옳지 <u>않은</u> 것을 고르면?

① 유엔개발계획(UNDP)에서 부패와 무능 등 개발도상국의 잘못된 지배구조인 나쁜 거버넌스(bad governance)를 개선하기 위한 논의과정 중 제시된 모형이다.
② 행정의 투명성, 책임성, 통제 및 대응성이 높을수록 좋은 거버넌스라고 할 수 있다.
③ 독립적인 사법체계 및 계약 집행을 위한 법률구조, 책임성 있는 공공기금 관리, 모든 수준의 정부에서 법과 인권을 존중 등이 전제되어야 된다고 본다.
④ 자유민주주의를 옹호하는 좋은 거버넌스는 효율성을 강조하는 신공공관리와는 결합되기 어렵다.

23 [2023 기출 키워드 반영]

다음 중 미국 행정학에 관한 설명으로 옳지 않은 것을 고르면?

① 미국 행정학은 무국가성(無國家性)을 전제로 형성되었기 때문에 다원주의적 국가론에 입각해 행정이론체계가 발전하였다.
② 건국 이후 미국 정치체제는 자유주의와 민주주의 이념을 상징하는 해밀턴-윌슨철학이 지배했다.
③ 엽관주의는 건국 이후 미국 행정부 내에 누적되었던 특정 지역 및 계층 중심의 관료 파벌을 해체하기 위한 유용한 혁신 수단이었다.
④ 19세기 이후 급속한 산업화와 함께 정부의 역할이 확대되고 업무가 복잡해지면서 엽관제의 비효율성 문제가 심각해졌다.

24 [2023 기출 키워드 반영]

다음 중 허츠버그(Herzberg)의 욕구충족요인 이원론에서 동기요인에 해당하는 것을 고르면?

① 성취감 ② 대인관계
③ 보수 ④ 감독

25 [2023 기출 키워드 반영]

다음 중 예산 이용의 조건이 아닌 것을 고르면?

① 법령상 지출의무의 이행을 위한 경비 및 기관운영을 위한 필수적 경비의 부족액이 발생하는 경우
② 공익사업의 시행에 필요한 손실보상비로서 대통령령으로 정하는 경비
③ 재해대책 재원 등으로 사용할 시급한 필요가 있는 경우
④ 환율변동·유가변동 등 사전에 예측하기 어려운 불가피한 사정이 발생하는 경우

26 [2023 기출 키워드 반영]

다음 중 조직발전(OD)에 관한 설명으로 옳은 것을 고르면?

① 인간에 대한 가정은 맥그리거(McGregor)의 X이론이다.
② 조직발전에서 가정하는 조직은 폐쇄체제이다.
③ 변화관리자의 도움으로 단기간에 급진적 조직변화를 추구한다.
④ 지속적이고 전반적 변화 추구한다.

27 [2023 기출 키워드 반영]

다음 중 후기행태주의와 관련이 없는 것을 고르면?

① 현상학 ② 사회적 형평성
③ 가치중립성 ④ 사회적 적실성

28 [2023 기출 키워드 반영]

다음 중 제도의 개념을 가장 넓게 해석하는 입장으로 횡단면적 측면에서 조직간 유사성을 설명하는 것을 고르면?

① 사회학적 신제도론 ② 역사적 신제론
③ 합리적 선택 신제도론 ④ 법제도론

29 [2023 기출 키워드 반영]

피터스(B. Guy Peters)의 거버넌스 유형 중 총체적 품질관리나 팀제를 중시하며, 평면조직으로의 개편을 통해서 상하단계를 줄이려고 하는 모형을 고르면?

① 시장적 정부모형　② 참여적 정부모형
③ 신축적 정부모형　④ 탈내부규제 정부모형

30 [2023 기출 키워드 반영]

다음 중 포스트모더니티의 핵심개념으로 옳지 않은 것을 고르면?

① 상상　② 해체
③ 과학주의　④ 탈영역화

31 [2023 기출 키워드 반영]

다음 중 신공공서비스론에 관한 설명으로 옳지 않은 것을 고르면?

① 시장주의와 신관리주의가 결합한 이론이다.
② 방향을 잡기보다는 시민에 대해 봉사해야 한다.
③ 공익을 공유된 가치를 창출하는 담론의 결과물로 인식해야 한다.
④ 단순한 생산성보다 사람에 대한 가치 부여를 중요하게 여긴다.

32 [2023 기출 키워드 반영]

다음 중 현상학에 관한 설명으로 옳지 않은 것을 고르면?

① 인간의 주관적이고 내면적인 의식세계를 연구한다.
② 인간을 의식과 의도성을 지닌 능동적 존재로 파악한다.
③ 행동이 아니라 행태를 관찰한다.
④ 개별문제 중심적인 연구에 치중한다.

33 [2023 기출 키워드 반영]

다음 중 넛지이론에 관한 설명으로 옳지 않은 것을 고르면?

① 정부는 사람들의 선택의 자유를 존중하면서 보다 나은 의사결정을 하도록 도와줄 수 있다는 것이다.
② 직접적이고 강제적인 방식의 정부개입방식으로서 억제적 정책수단의 성격을 띠고 있다.
③ 엄격하게 검증된 증거에 기반을 두어 정책을 선택하거나 결정하는 것을 강조한다.
④ 급진적 점증주의(radical incrementalism) 관점에 기초하고 있다.

34 [2023 기출 키워드 반영]

다음 중 민간위탁의 대상으로 옳지 않은 것을 고르면?

① 국민의 권리 · 의무와 직접 관계된 사무
② 단순 사실행위인 행정작용
③ 공익성보다 능률성이 현저히 요청되는 사무
④ 특수한 전문지식 및 기술이 필요한 사무

35 [2023 기출 키워드 반영]

다음 중 사회적 자본에 관한 설명으로 옳은 것을 고르면?

① 신뢰를 통해 거래비용을 감소시키는 기능이 있다.
② 사회적 자본이 증가하면 제재력이 약화되는 역기능이 있다.
③ 사회적 자본의 사회적 교환관계는 동등한 가치의 등가교환이다.
④ 사회적 자본은 사용할수록 감소한다.

36 [2023 기출 키워드 반영]

다음 중 미국의 규범적 관료제모형 가운데 지방분권에 의한 민주적인 행정이 최선임을 강조하는 모형을 고르면?

① 해밀턴주의　　② 제퍼슨주의
③ 매디슨주의　　④ 잭슨주의

37 [2023 기출 키워드 반영]

다음 중 행정과 경영의 비교로 옳지 않은 것을 고르면?

① 행정은 공익을 추구하지만 경영은 이윤의 극대화를 목적으로 삼는다.
② 행정은 경영보다 엄격한 법적 규제를 받는다.
③ 행정은 법 앞에 평등이 적용되나, 경영은 고객들 간 차별대우가 요인된다.
④ 행정은 성과측정이 용이하나 경영은 성과측정이 곤란하다.

38 [2023 기출 키워드 반영]

다음 중 시장실패 원인으로 옳지 않은 것을 고르면?

① 공공재　　② 외부효과
③ 내부성　　④ 정보의 비대칭성

39 [2023 기출 키워드 반영]

다음 중 윌슨 규제정치모형 중 수입규제와 관련된 유형을 고르면?

① 이익집단정치　　② 고객의 정치
③ 기업가적 정치　　④ 다수의 정치

40 [2023 기출 키워드 반영]

다음 중 막스 베버(Max Weber)의 관료제에 대한 설명으로 옳지 않은 것을 고르면?

① 계층제 구조를 본질로 하고 있다.
② 정의적 행동(personal conduct)이 기대된다.
③ 법규에 의한 지배가 이루어진다.
④ 문서에 의해 업무처리가 이루어진다.

※ 부산교통공사 응시자는 여기까지 풀고 채점하십시오.

41

다음 중 정부규제를 경제적 규제와 사회적 규제로 구분할 경우 사회적 규제의 성격이 가장 강한 것을 고르면?

① 환경규제 ② 진입규제
③ 가격규제 ④ 수입규제

42 [2022 기출 키워드 반영]

다음 중 「전자정부법」상 전자정부의 원칙에 해당하지 않는 것을 고르면?

① 대민서비스의 전자화 및 국민편익의 증진
② 개인정보 및 사생활의 보호
③ 행정정보의 공개 및 공동이용의 확대
④ 기술개발 및 운영 외주의 원칙

43 [2022 기출 키워드 반영]

다음 중 신행정론(New Public Administration)에 관한 설명으로 옳지 않은 것을 고르면?

① 행정학의 실천적 성격과 적실성을 회복하기 위해 정책 지향적인 행정학을 요구하였다.
② 전문직업주의와 가치중립적인 관리론에 대한 집착을 비판하였다.
③ 사회적 형평성의 실현을 위한 행정인의 적극적 역할을 강조하였다.
④ 가치평가적인 정책연구보다 가치중립적인 과학적 연구를 지향하였다.

44 [2022 기출 키워드 반영]

다음 중 우리나라의 공무원 인사제도에 관한 설명으로 옳지 않은 것을 고르면?

① 전직은 직렬을 달리하는 임명을 말한다.
② 전보는 같은 직급 내에서의 보직 변경 또는 고위공무원단 직위 간의 보직 변경을 말한다.
③ 전입은 인사 관할을 달리하는 기관 상호 간에 타소속 공무원을 이동시키는 것이다.
④ 강등은 같은 직렬 내에서 하위 직급에 임명 또는 하위 직급이 없어 다른 직렬의 하위 직급으로 임명하거나, 고위공무원단에 속하는 일반직 공무원을 고위공무원단 직위가 아닌 하위 직위에 임명하는 것을 말한다.

45

다음 중 무의사결정론에 관한 설명으로 옳지 않은 것을 고르면?

① 엘리트들에게 안전한 이슈만이 논의되고 불리한 이슈는 거론조차 못하게 봉쇄된다고 한다.
② 바흐라흐(P. Bachrach)와 바라츠(M. Baratz)는 신다원론적 관점에서 정치권력의 두 개의 얼굴 중 하나인 무의사결정을 주장하였다.
③ 변화를 주장하는 사람으로부터 기존에 누리는 혜택을 박탈하거나 새로운 혜택을 제시하여 매수한다.
④ 넓은 의미의 무의사결정은 정책의 전 과정에서 일어난다.

46 [2022 기출 키워드 반영]

다음 중 지방자치법에 관한 내용으로 옳은 것을 고르면?

① 지방자치단체의 기관구성은 기관대립형만을 채택하고 있다.
② 농산물·임산물·축산물·수산물 및 양곡의 수급조절은 국가사무이다.
③ 지방의회의원은 특별지방자치단체의 의회 의원을 겸할 수 없다.
④ 구성 지방자치단체의 장은 특별지방자치단체의 장을 겸할 수 없다.

47 [2022 기출 키워드 반영]

다음 중 내적 타당성의 저해요인이 아닌 것을 고르면?

① 호손효과
② 역사요인
③ 회귀요인
④ 검사요인

48 [2022 기출 키워드 반영]

다음 중 거시조직이론에 관한 설명으로 옳지 않은 것을 고르면?

① 상황적응이론은 모든 상황에 적합한 유일 최선의 관리방법을 모색한다.
② 조직군생태론은 조직 변동이 외부환경의 선택에 의하여 좌우된다고 본다.
③ 대리인이론에 따르면 정보의 비대칭성으로 인해 도덕적 해이와 역선택이 발생할 수 있다.
④ 거래비용이론에 따르면 거래비용이 조정비용보다 클 경우 거래를 내부화하는 것이 효율적이다.

49 [2022 기출 키워드 반영]

다음 중 합리주의 예산이론에 관한 설명으로 옳지 않은 것을 고르면?

① 계획예산제도(PPBS)와 영기준 예산제도(ZBB)는 합리주의 접근을 적용한 대표적 사례이다.
② 자원이 부족한 경우 소수 기득권층의 이해를 먼저 반영하게 되어 사회적 불평등을 야기할 우려가 있다.
③ 예산결정에 관련된 모든 요소를 관리과학적인 분석기법을 사용하여 종합적으로 평가한다.
④ 목표와 수단 간 연계관계를 명확히 밝혀 합리적 대안의 선택을 모색한다.

50 [2022 기출 키워드 반영]

다음 중 경력직 공무원과 특수경력직 공무원에 관한 설명으로 옳지 않은 것을 고르면?

① 경력직공무원이란 실적과 자격에 따라 임용되고 그 신분이 보장되며 평생 동안 공무원으로 근무할 것이 예정되는 공무원을 말한다.
② 특수경력직공무원이란 경력직공무원 외의 공무원을 말하며, 정무직공무원, 별정직공무원이 있다.
③ 일반직공무원은 기술·연구 또는 행정 일반에 대한 업무를 담당하는 공무원이다.
④ 헌법재판소 헌법연구관은 특수경력직공무원이다.

최신판

부산교통공사

| 관계법령모의고사 |

※ 2025년 상반기 채용부터 부산교통공사 필기시험에 관계법령이 포함되었습니다.

구분		출제영역	문항 수	권장 풀이 시간	비고
관계법령	1회	지방공기업법 지방공기업법 시행령 철도안전법 철도안전법 시행령 도시철도법 도시철도법 시행령	10문항	10분	객관식 사지선다형
	2회		10문항	10분	

관계법령모의고사 1회

정답과 해설 P.90

※ 2025년 상반기 채용부터 부산교통공사 필기시험에 관계법령이 포함되었습니다.

01

다음 [보기]에서 지방공기업법의 적용을 받는 사업으로 옳지 않은 것을 모두 고르면?

보기

㉠ 수도사업(마을상수도사업을 포함한다)
㉡ 공업용수도사업
㉢ 궤도사업(도시철도사업은 제외한다)
㉣ 자동차운송사업
㉤ 지방도로사업(유료도로사업만 해당한다)
㉥ 토지개발사업
㉦ 주택(행정안전부령으로 정하는 공공복리시설을 포함한다)·토지 또는 공용·공공용건축물의 관리 등의 수탁
㉧ 「도시 및 주거환경정비법」 제2조제2호에 따른 공공재개발사업 및 공공재건축사업

① ㉠
② ㉠, ㉡
③ ㉠, ㉢, ㉦
④ ㉠, ㉢, ㉦, ㉧

02

지방공기업법상 다음 공사의 정관 및 설립등기에 관한 설명으로 옳지 않은 것을 고르면?

① 공사의 정관에는 사채 발행에 관한 사항, 정관 변경에 관한 사항 및 그 밖에 대통령령으로 정하는 사항이 포함되어야 한다.
② 공사는 정관을 변경하려는 경우 지방자치단체의 장의 허가를 받아야 한다.
③ 공사는 그 주된 사무소의 소재지에서 설립등기를 함으로써 성립한다.
④ 공사의 설립등기 및 그 밖의 등기에 필요한 사항은 대통령령으로 정한다.

03

지방공기업법 시행령에 따른 다음 임원추천위원회의 구성과 운영에 관한 설명으로 옳은 것을 고르면?

① 임원추천위원회는 공사에 두며 그 지방자치단체의 장이 추천하는 사람 2명, 그 의회가 추천하는 사람 3명, 그 공사의 이사회가 추천하는 사람 2명으로 구성한다.
② 지방자치단체의 공무원인 당연직이사 또는 임원후보 공개모집에 응모하려는 임원은 제1항제3호에 따라 추천위원회의 위원을 추천하기 위한 이사회의 의결에 참여할 수 있다.
③ 공사의 임·직원(비상임이사를 제외한다) 및 그 지방자치단체의 공무원(의회의원을 제외한다)은 추천위원회의 위원이 될 수 없다.
④ 이 영에서 규정한 사항 외에 추천위원회의 구성 및 운영 등에 필요한 사항은 대통령령으로 정한다.

04

도시철도법상 다음 도시철도망구축계획의 수립 등에 관한 설명으로 옳지 않은 것을 고르면?

① 특별시장·광역시장·특별자치시장·도지사 및 특별자치도지사는 관할 도시교통권역에서 도시철도를 건설·운영하려면 관계 시·도지사와 협의하여 10년 단위의 도시철도망구축계획을 수립하여야 한다.
② 시·도지사는 도시철도망계획을 수립하거나 변경하려면 국토교통부장관의 승인을 받아야 한다.
③ 국토교통부장관은 도시철도망계획의 내용 중 필요한 사항을 조정하여 관계 행정기관의 장과 협의한 후 「국가통합교통체계효율화법」 제106조에 따른 국가교통위원회의 심의를 거쳐 승인하고, 이를 관보에 고시하여야 한다.
④ 시·도지사는 도시철도망계획이 수립된 날부터 3년마다 도시철도망계획의 타당성을 재검토하여 필요한 경우 이를 변경하여야 한다.

05

도시철도법상 다음 폐쇄회로 텔레비전의 설치·운영에 관한 설명으로 옳은 것을 고르면?

① 도시철도운영자는 범죄 예방 및 교통사고 상황 파악을 위하여 도시철도차량에 국토교통부령으로 정하는 기준에 따라 폐쇄회로 텔레비전을 설치하여야 한다.
② 도시철도운영자는 승객이 폐쇄회로 텔레비전 설치를 쉽게 인식할 수 있도록 대통령령으로 정하는 바에 따라 안내판 설치 등 필요한 조치를 하여야 한다.
③ 도시철도운영자는 설치 목적과 다른 목적으로 폐쇄회로 텔레비전을 임의로 조작하거나 다른 곳을 비춰서는 아니 되나, 녹음기능은 사용할 수 있다.
④ 도시철도운영자는 법원의 재판업무수행을 위하여 필요한 경우 폐쇄회로 텔레비전으로 촬영한 영상기록을 이용하거나 다른 자에게 제공하여서는 아니 된다.

06

도시철도법 시행령에 따른 다음 도시철도운임의 조정 및 협의 등에 관한 설명으로 옳지 않은 것을 고르면?

① 시·도지사는 도시철도 운임의 범위를 정하려면 해당 시·도에 운임조정위원회를 설치하여 도시철도 운임의 범위에 관한 의견을 들어야 한다.
② 운임조정위원회는 민간위원이 전체 위원의 2분의 1 이상이어야 한다.
③ 도시철도운송사업의 면허를 받은 자가 해당 도시철도를 「한국철도공사법」에 따라 설립된 한국철도공사가 운영하는 철도 또는 다른 도시철도운영자가 운영하는 도시철도와 연결하여 운행하려는 경우에는 도시철도의 운임을 신고하기 전에 그 운임 및 시행 시기에 관하여 미리 한국철도공사 또는 다른 도시철도운영자와 협의하여야 한다.
④ 시·도지사는 운임의 신고를 받으면 신고받은 사항을 기획재정부장관 및 대통령에게 각각 통보하여야 한다.

07

철도안전법상 다음 승인의 취소 등에 관한 설명으로 옳은 것을 고르면?

① 국토교통부장관은 안전관리체계의 승인을 받은 철도운영자등이 다음 각 호의 어느 하나에 해당하는 경우에는 그 승인을 취소하거나 6개월 이내의 기간을 정하여 업무의 제한이나 정지를 명하여야 한다.
② 거짓이나 그 밖의 부정한 방법으로 승인을 받은 경우는 승인을 취소할 수 있다.
③ 안전관리체계를 지속적으로 유지하지 아니하여 철도운영이나 철도시설의 관리에 중대한 지장을 초래한 경우 업무의 제한이나 정지를 명할 수 있다.
④ 승인 취소, 업무의 제한 또는 정지의 기준 및 절차 등에 관하여 필요한 사항은 대통령령으로 정한다.

08

철도안전법상 다음 [보기]에서 운전면허를 받을 수 없는 경우가 몇 개인지 고르면?

보기

㉠ 19세 미만인 사람
㉡ 철도차량 운전상의 위험과 장해를 일으킬 수 있는 정신질환자 또는 뇌전증환자로서 대통령령으로 정하는 사람
㉢ 철도차량 운전상의 위험과 장해를 일으킬 수 있는 약물 또는 알코올 중독자로서 대통령령으로 정하는 사람
㉣ 두 귀의 청력 또는 두 눈의 시력을 완전히 상실한 사람
㉤ 운전면허가 취소된 날부터 2년이 지나지 아니하였거나 운전면허의 효력정지기간 중인 사람

① 2개　　② 3개
③ 4개　　④ 5개

09

철도안전법 시행령에 따른 과징금의 부과 및 납부에 관한 설명으로 옳은 것을 고르면?

① 국토교통부장관은 과징금을 부과할 때에는 그 위반행위의 종류와 해당 과징금의 금액을 명시하여 이를 납부할 것을 서면 또는 구두로 통지하여야 한다.
② 통지를 받은 자는 통지를 받은 날부터 20일 이내에 국토교통부장관이 정하는 수납기관에 과징금을 내야 한다.
③ 과징금을 받은 수납기관은 그 과징금을 낸 자에게 영수증을 내줄 수 있다.
④ 과징금의 수납기관은 과징금을 받으면 7일 이내에 그 사실을 국토교통부장관에게 통보하여야 한다.

10

다음 [보기]는 철도차량정비기술자의 인정기준에 관한 설명이다. 괄호 안에 들어 갈 숫자로 옳은 것을 고르면?

보기

- 철도차량정비기술자는 자격, 경력 및 학력에 따라 등급별로 구분하여 인정하는데 1등급 철도차량정비기술자의 경우 역량지수는 (㉠)점 이상이다.
- 자격별 경력점수에서 기술사 및 기능장의 경우 (㉡)점/년이다.
- 학력점수의 경우 철도차량정비 관련 학과 석사 이상인 경우는 (㉢)점이다.

	㉠	㉡	㉢
①	80	10	25
②	10	80	25
③	25	10	80
④	80	25	10

관계법령모의고사 2회

정답과 해설 P.92

※ 2025년 상반기 채용부터 부산교통공사 필기시험에 관계법령이 포함되었습니다.

01

지방공기업법상 공사와 공단의 조직변경에 관한 설명으로 옳지 않은 것을 고르면?

① 공사와 공단은 사업의 효율적 운영을 위하여 필요한 경우에는 청산절차를 거치지 아니하고 공사는 공단으로, 공단은 공사로 조직변경을 할 수 있다.
② 공사의 사장 또는 공단의 이사장은 조직변경을 하려는 경우에는 조직변경에 관한 사항에 대하여 지방자치단체의 장의 승인을 받아야 하고, 조직변경에 관한 조례안과 함께 의회의 의결을 거쳐야 한다.
③ 공사의 사장 또는 공단의 이사장은 의회의 의결이 있은 날부터 20일 이내에 채권자 등 이해관계자에게 조직변경 사실을 통보하여야 한다.
④ 공사 또는 공단이 의결을 받은 경우에는 2주 내에 그 주된 사무소의 소재지에서 종전의 공사 또는 공단에 관하여는 해산등기를, 변경된 공사 또는 공단에 관하여는 설립등기를 하여야 한다.

02

다음 [보기]에서 지방공기업평가원에 대한 출연에 관한 설명으로 옳지 않은 것의 개수를 고르면?

보기

㉠ 지방공기업평가원의 이사장은 편성한 전체 및 각 지방자치단체·지방공기업별 다음 연도 출연금 요구안에 대하여 매년 7월 31일까지 행정안전부장관과 협의하여 출연금 규모를 결정하여야 한다.
㉡ 출연금 요구를 받은 해당 기관의 장은 출연금예산이 확정된 경우에는 이를 평가원에 통지하여야 한다.
㉢ 평가원은 확정·통지된 출연금을 교부받고자 할 경우에는 출연금교부신청서에 자금집행계획서를 첨부하여 해당 기관에 제출하여야 한다.
㉣ 평가원은 출연금을 평가원 고유사업 및 운영경비로 사용하여야 한다.
㉤ 평가원은 결산 후 발생한 잉여금을 이사회의 의결을 거쳐 기본재산 또는 운영자금으로 편입하여야 한다.
㉥ 평가원의 이사장은 매 회계연도 종료 후 2개월 이내에 행정안전부장관에게 출연금 지급 및 사용에 관한 사항을 보고하여야 한다.

① 0개 ② 1개
③ 2개 ④ 3개

03

지방공기업법 시행령상 과태료 부과기준에 따라 [보기]의 ㉠~㉢에 들어갈 금액을 바르게 나열한 것을 고르면?

보기

- 업무검사원의 검사장 또는 사무소 출입을 방해한 경우 3차 이상은 (㉠) 이하의 과태료를 부과한다.
- 회계검사에 필요한 자료를 지정기일까지 제출하지 않거나 거부한 경우 1차 위반은 (㉡) 이하의 과태료가 부과된다.
- 재산검사원이 요구한 자료를 지정기일까지 제출하지 않은 경우 1차 위반은 25만 원, 2차 위반은 50만 원, 3차 이상은 (㉢) 이하의 과태료를 부과한다.

	㉠	㉡	㉢
①	100만 원	50만 원	100만 원
②	100만 원	40만 원	120만 원
③	120만 원	40만 원	100만 원
④	120만 원	50만 원	120만 원

04

도시철도법상 다음 [보기]의 감독, 보고 및 검사에 관한 설명으로 옳지 않은 것을 모두 고르면?

보기

㉠ 국토교통부장관은 필요하다고 인정하면 도시철도건설자 및 도시철도운영자에게 업무에 관하여 감독상 필요한 명령을 할 수 있다.

㉡ 국토교통부장관은 필요하다고 인정하면 도시철도건설자 및 도시철도운영자로 하여금 그 업무 및 자산 상태에 관하여 보고를 하게 하거나 소속 공무원에게 도시철도건설자 및 도시철도운영자의 사무소나 그 밖의 사업소에 출입하여 업무 상황 또는 장부·서류나 그 밖에 필요한 물건을 검사하게 할 수 있다.

㉢ 국가·지방자치단체나 도시철도공사가 아닌 도시철도건설자 및 도시철도운영자에 대한 경우에는 시·도지사가 도시철도건설자 및 도시철도운영자로 하여금 보고를 하게 하거나 도시철도건설자 및 도시철도운영자를 검사하여야 한다.

㉣ 사무소나 그 밖의 사업소에 출입하여 검사를 하는 공무원은 그 권한을 표시하는 증표를 지니고 관계인에게 보여주어야 한다.

㉤ 시·도지사는 국가·지방자치단체나 도시철도공사가 아닌 도시철도건설자 및 도시철도운영자에 대하여 감독 및 명령을 하여야 한다.

① ㉠, ㉡　② ㉡, ㉢
③ ㉢, ㉤　④ ㉢, ㉣, ㉤

05

도시철도법상 다음 [보기]에서 2년 이하의 징역 또는 2천만 원 이하의 벌금에 처해지지 않는 것이 몇 개인지 고르면?

보기

㉠ 면허를 받지 아니하고 도시철도운송사업을 경영한 자
㉡ 사업정지 기간에 도시철도운송사업을 경영한 자
㉢ 설치 목적과 다른 목적으로 폐쇄회로 텔레비전을 임의로 조작하거나 다른 곳을 비춘 자 또는 녹음기능을 사용한 자
㉣ 사업개선명령을 위반한 자
㉤ 「철도사업법」 제28조제3항을 위반하여 우수서비스마크 또는 이와 유사한 표지를 도시철도차량 등에 붙이거나 인증사실을 홍보한 자

① 0개　② 1개
③ 2개　④ 3개

06

도시철도법 시행령에 따른 폐쇄회로 텔레비전의 안내판 설치 등에 관한 설명으로 옳지 않은 것을 고르면?

① 도시철도운영자는 승객이 도시철도차량 내 폐쇄회로 텔레비전의 설치를 쉽게 인식할 수 있도록 폐쇄회로 텔레비전이 설치된 위치 부근에 다음 각 호의 사항이 포함된 안내판을 설치하여야 한다.
② 이 경우 안내판에는 한글과 영문, 중문을 함께 표기하여야 한다.
③ ①번에서 말하는 다음 각 호의 사항에는 설치 목적, 설치 장소, 촬영 범위, 촬영 시간, 담당 부서, 책임자 및 연락처 등이 포함된다.
④ 도시철도운영자는 도시철도차량에 폐쇄회로 텔레비전이 설치되었다는 사실을 주기적인 안내방송 등을 통하여 승객에게 알려야 한다.

07

도시철도법 시행령상 [보기]에서 과징금의 부과 및 납부에 관한 설명으로 옳지 않은 것을 모두 고르면?(단, 가중·감경하는 경우는 제외한다.)

보기

㉠ 도시철도운송사업의 면허기준을 위반한 경우 300만 원 이하의 과징금을 부과한다.
㉡ 시·도지사가 정한 날짜 또는 기간 내에 운송을 개시하지 않은 경우 300만 원 이하의 과징금을 부과한다.
㉢ 허가를 받지 않거나 신고를 하지 않고 도시철도운송사업을 휴업하거나 같은 조 제3항에 따른 휴업기간이 지난 후에도 도시철도운송사업을 재개하지 않은 경우 500만 원 이하의 과징금을 부과한다.
㉣ 사업개선명령을 따르지 않은 경우 300만 원 이하의 과징금을 부과한다.
㉤ 사업경영의 불확실 또는 자산상태의 현저한 불량이나 그 밖의 사유로 사업을 계속함이 적합하지 않은 경우 500만 원 이하의 과징금을 부과한다.

① ㉠　② ㉠, ㉢
③ ㉠, ㉢, ㉤　④ ㉠, ㉡, ㉢, ㉣, ㉤

08

철도안전법상 다음 여객열차에서의 금지행위에 관한 설명으로 옳지 않은 것을 고르면?

① 정당한 사유 없이 여객열차 밖에 있는 사람을 위험하게 할 우려가 있는 물건을 여객열차 밖으로 던지는 행위를 하여서는 아니 된다.
② 정당한 사유 없이 국토교통부령으로 정하는 여객출입 금지장소에 출입하는 행위를 하여서는 아니 된다.
③ 운전업무종사자, 여객승무원 또는 여객역무원은 금지행위를 한 사람에 대하여 필요한 경우 금지행위의 제지 및 금지행위의 녹음·녹화 또는 촬영을 할 수 있다.
④ 철도운영자는 국토교통부령으로 정하는 바에 따라 여객열차에서의 금지행위에 관한 사항을 여객에게 안내하여야 한다.

09

철도안전법상 다음 벌칙에 관한 설명으로 옳지 않은 것을 고르면?

① 사람이 탑승하여 운행 중인 철도차량에 불을 놓아 소훼(燒燬)한 사람은 무기징역 또는 5년 이상의 징역에 처한다.

② 철도시설 또는 철도차량을 파손하여 철도차량 운행에 위험을 발생하게 한 사람은 5년 이하의 징역 또는 5천만 원 이하의 벌금에 처한다.

③ 업무상 과실이나 중대한 과실로 사람이 탑승하여 운행 중인 철도차량을 탈선 또는 충돌하게 하거나 파괴한 사람은 3년 이하의 징역 또는 3천만 원 이하의 벌금에 처한다.

④ 업무상 과실이나 중대한 과실로 철도시설 또는 철도차량을 파손하여 철도차량 운행에 위험을 발생하게 한 사람은 2년 이하의 징역 또는 2천만 원 이하의 벌금에 처한다.

10

철도안전법 시행령상 다음 과태료 부과기준에 관한 설명으로 옳지 않은 것을 고르면?

① 위반행위의 횟수에 따른 과태료의 가중된 부과기준은 최근 1년간 같은 위반행위로 과태료 부과처분을 받은 경우에 적용한다.

② 이 경우 기간의 계산은 위반행위에 대하여 과태료 부과처분을 받은 날과 그 처분 후 다시 같은 위반행위를 하여 적발된 날을 기준으로 한다.

③ 가중된 부과처분을 하는 경우 가중처분의 적용 차수는 그 위반행위 전 부과처분 차수(기간 내에 과태료 부과처분이 둘 이상 있었던 경우에는 높은 차수를 말한다)의 다음 차수로 한다.

④ 하나의 행위가 둘 이상의 위반행위에 해당하는 경우에는 그 중 가벼운 과태료의 부과기준에 따른다.

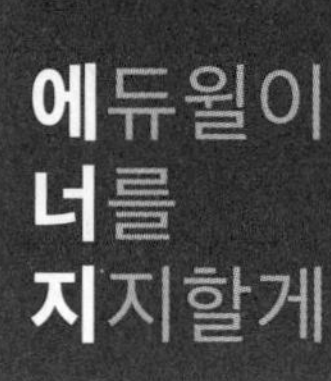

ENERGY

삶의 순간순간이
아름다운 마무리이며
새로운 시작이어야 한다.

– 법정 스님

여러분의 작은 소리
에듀윌은 크게 듣겠습니다.

본 교재에 대한 여러분의 목소리를 들려주세요.
공부하시면서 어려웠던 점, 궁금한 점,
칭찬하고 싶은 점, 개선할 점, 어떤 것이라도 좋습니다.

에듀윌은 여러분께서 나누어 주신 의견을
통해 끊임없이 발전하고 있습니다.

에듀윌 도서몰 book.eduwill.net
- 부가학습자료 및 정오표: 에듀윌 도서몰 → 도서자료실
- 교재 문의: 에듀윌 도서몰 → 문의하기 → 교재(내용, 출간) / 주문 및 배송

부산시 공공기관 통합채용+부산교통공사 실전모의고사

발 행 일	2025년 4월 15일 초판
편 저 자	에듀윌 취업연구소
펴 낸 이	양형남
개발책임	김기철, 윤은영
개 발	윤나라
펴 낸 곳	(주)에듀윌
I S B N	979-11-360-3678-0
등록번호	제25100-2002-000052호
주 소	08378 서울특별시 구로구 디지털로34길 55 코오롱싸이언스밸리 2차 3층

www.eduwill.net
대표전화 1600-6700

누적 판매량 15만 부 돌파
베스트셀러 1위 677회 달성

학사장교·항공준사관·부사관 통합 기본서

* 에듀윌 군 간부 교재 누적 판매량 합산 기준 (2016년 8월 25일~2024년 10월 31일)
* 온라인서점(YES24) 주별/월별 베스트셀러 합산 기준 (2016년 10월 4주~2024년 12월 ROTC·학사장교/육군부사관/공군부사관/해군부사관 교재)
* YES24 국내도서 해당 분야 월별, 주별 베스트 기준